子路传

仲大军◎著

中国文史出版社

图书在版编目（CIP）数据

子路传／仲大军著. —北京：中国文史出版社，
2019. 5

ISBN 978-7-5205-1101-8

I. ①子… II. ①仲… III. ①仲由（前542—前480）
-传记 IV. ①B222. 3

中国版本图书馆 CIP 数据核字（2019）第 088102 号

责任编辑：方云虎
封面设计：三味书屋

出版发行：中国文史出版社

社　　　址：北京市海淀区西八里庄路 69 号　　　邮编：100412
电　　　话：010-81136630
传　　　真：010-81136666
印　　　装：廊坊市海涛印刷有限公司
经　　　销：全国新华书店
开　　　本：710 毫米×1000 毫米　　　1/16
印　　　张：17. 75
字　　　数：188 千字
版　　　次：2019 年 11 月北京第 1 版
印　　　次：2019 年 11 月第 1 次印刷
定　　　价：56. 00 元

子 路 行 迹 图

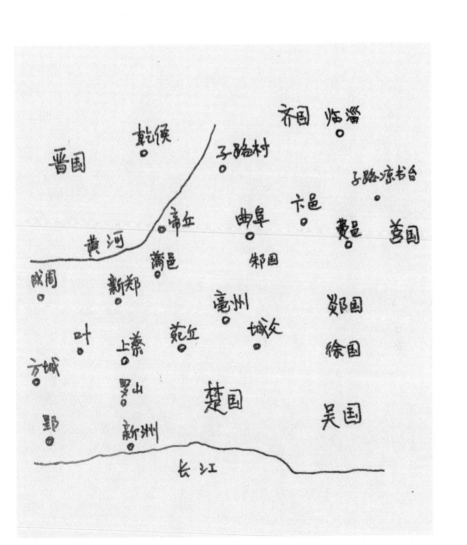

序　言

仲跻和

"食其食者不避其难"，不知道人们看到子路这句话后会想起什么？我心里产生的感叹是太需要了，太好了！回望历史，真正做到"食其食者不避其难"的人能有几何？

《子路传》是仲大军先生的呕心沥血之作，好多章节是我辈在正"黄粱"之时写成的。当我早上醒来的时候，看到凌晨两点多他发给我的书稿段落，不由得想起了"起早的遇上了带晚的"这句话。应当说我是这本书写作过程的见证人，他写完一章，传一章给我看，并请我把关，提意见。他的辛苦少有人看到，两个多月下来真把人写得油干灯枯。好在这是十年磨一剑，多年的研究一朝喷发。

以前见过几本介绍子路的书，都比较简单，像此书这样把子路放在一个大的时代背景下和儒门众人物一起来探索和描写的几乎没有。另外，此书最大的特点是简练，一部纷纭繁杂的春秋晚期史，短短十八万字就说清楚了。说它是对历史的凝缩，并不过誉。此书写的是中华历史中的一段核心历史，补上了儒家人物史的一块空白。

尤为珍贵的是，此书写出了子路和孔子鲜为人知的一些事实。譬如，公元前517年，两人随鲁昭公出走到了齐国，两三年之后他们从齐国到了哪里，是回到了鲁国曲阜，还是到某个地方隐居了起来？再如，是什么原因导致了孔子和子路出走鲁国，周游列国？他

1

们的足迹最远到过哪些地方？孔子和子路见没见过楚昭王？子路被害后，卫国出现了什么情况，凶手得到了什么报应，下场如何？以前这些模糊的历史问题，都在此书里得到了解答。

《子路传》的问世实属不易，时隔二千五百多年，经历无数次的灾难与战争，子路和其他儒家人物流传下来的史料已经不多了。这些有限的资料十足珍贵，但也不乏模糊和相互抵触的地方，要准确地写出那段历史并不容易。这需要作者做大量的研究，才能写出真实的子路。

写历史最忌凭空捏造，只有忠实地依据史料，进行合理的推测，才能更接近历史真实。《子路传》引经据典，作者通过通读先秦历史著作以及儒家经典，凝练地写出了这部儒家人物史，可喜可贺。当然，此书乃一家之言，出版后一定会有不同的看法。这也在所难免，人们都有自己的解读，但只有深谙春秋历史和儒家历史的人才能写得更符合真实。

在我看来，后人见到的历史，就像油画家的底色板，很难分清真正的色彩，又像农家的抹桌布，五味杂陈，酸甜苦辣尽裹其中。如果后人为了写传，非要去分清七色五味，去逐一辨识当时不同的表情呈现，就难免人云亦云，更难免以"我想的"和"我以为的"角度去为历史人物写传。像子路这样的千古贤人，要写得独树一帜自然是难上加难。此书作者积十几年研究之功，敢于挑战，勇于突破，是我学习的榜样。

对仲大军先生之前早有耳闻，但因跨界太远，又因我个性不善言谈，时间也未曾允许，直到2016年4月才有了面缘。当时在江苏海安，仲研会召开讨论修谱与修志的研讨会，我邀请了仲大军先生参加。会议时间是短暂的，他给我留下的印象是深刻的。

于我而言，身为子路后裔，有人写《子路传》宣扬始祖美德，就应尽所能支持。就像仲彬教授出版的《子路的道德情操与中华传统美德》一样，买些书赠送给族人、朋友、同事，也就是举手之劳。同时，也巧妙地回答了一个哲学难题：我从哪里来？老纠结于从哪里来，钻在哲学里出不来的话，人就活得太累了。

这本《子路传》，用文学叙述的方法来写学术论文，既忠于事实，又生动有趣，我认为是个不错的选择。纯学术论文，枯燥艰深，往往缺乏可读性。纯文学创作，又难免会离史实太远。不论是无限拔高夸大，还是将其戏剧化庸俗化，都是对历史人物的不敬。在叙述中直接写出史料引用的出处，有时用文学的笔触加上一些合理的想象与场景描写，这样既可以尽可能地忠于历史，又大大增加了可读性、亲近感和真实度。但愿有更多的人在读了本书后引发出这样的感叹。

通过本书，我们可以看到，子路不仅是实干家，而且爱憎分明、疾恶如仇、有勇有谋、敢于斗争，给儒家文化带来了阳刚之气，弥补了孔子及其他孔门诸子"阴柔有余而阳刚不足"的遗憾。仲大军先生在行文中始终秉持对其他孔门诸子客观评价的原则，这是非常可贵的。

借这次为《子路传》写序，我挤时间把《史记》六十七卷认真阅读了一遍。有几句话给我留下了很深的印象："自吾得由，恶言不闻于耳"，"嗟乎，由死矣"。前一句，是孔子切身体会到子路的作用。子路是孔子的大将军和保护神，自从有了子路，孔子的安全便有了保障。第二句是孔子对子路心碎般的痛惜和伤心。至于子路临死前所说的一句话："食其食者不避其难。"最是令我心动。短短八个字，包含了义气、忠诚和担当。如果把这句话送给员工，送给教师，送给医生，送给公务员，送给各条战线的从业者，真是太有必要了。

从"食其食者不避其难"中，我读到了先人的责任心是何等强烈，而这正是当下世人所缺少的。身为企业人，我很有感触：如果多些像子路一样"食其食者不避其难"的人，这个社会将会和谐很多。中国梦、民族梦、企业梦、员工梦、老师梦、学子梦、医生梦、病人梦……每个人将会离梦想更近。这也许是子路为今人留下的最宝贵的精神食粮。

借此机缘，我还认真拜读了《论语》等书。《四库全书》自买回来后还没好好翻过，这次总算有了机会。我前后共花了四个晚上的时间，光是《论语》看了好几遍，结合《子路传》，子路的形象在我心中逐渐明晰起来：

"愿车马衣轻裘，与朋友共，敝之而无憾。"

"不畏强御，不侮矜寡，其言循性，其都以富，材任治戎，是仲由之行也。"

"受小拱大拱而为下国骏庞，荷天子之龙，不戁不悚，敷奏其勇。强乎武哉，文不胜其质。"

"由愿得白羽若月，赤羽若日，钟鼓之音，上震于天，旌旗缤纷，下蟠于地，由当一队而敌之，必也攘地千里，搴旗执馘。"

"千乘之国，摄乎大国之间，加之以师旅，因之以饥馑；由也为之，比及三年，可使有勇，且知方也。"

……

读之引以为傲，思之则又汗颜，我辈自愧不如始祖多矣。在此，感谢作者给予我的外力推动，让我拨开俗务，沉下心来领悟了始祖的美德与精神。这份滋养，自当久远。

2018 年 12 月，于江苏海安

自 序

为子路正名，是我写此书的主要目的。

仲由，字子路，鲁国卞邑人，比孔子小九岁，早年跟孔子学习，后来帮孔子办学，是孔子的重要助手。中年以后从政，曾任鲁国执政季氏家的家宰，后任卫国执政孔氏家的家宰。在氏族社会里，家宰是很高的官位。《周礼》在介绍周朝的官职时，将周天子的家宰列在排名第一，其顺序是：天官冢宰、地官司徒、春官宗伯、夏官司马、秋官司寇、冬官司空。子路在鲁国和卫国担任的都是核心要职，是鲁卫两国的重要政治家。

子路与孔子相依为命四十多年，是孔子的监护者和终生事业伙伴，是儒家的第二号掌门人。晚年的子路，是齐、鲁、卫、郑等国之间有影响的政治家，孔子的政治思想多从子路的从政实践中体现出来。但这样的子路并不被人们所熟知，《论语》中的只言片语未能反映他的全貌，其形象甚至被歪曲。在曲阜的孔庙里，子路地位甚至排在一些小弟子后面。这种情况，促使作者撰写这本书，还其历史本来面目。子路不是孔子的普通弟子，而是孔子的终生事业伙伴，是孔门的管理者和掌门人，然而，子路在儒家的作用和地位被很大程度地忽视了。

孔子是伟大的思想家、教育家。子路有幸来到孔子身旁，投身于教育事业，辅佐孔子成就了一番大业。孔子也有幸得到子路这样一个伙伴，子路是孔子学校的管理者，是孔子办学成功的基石，也是孔子事业成功的保障。通过下面几件事情我们可以了解子路的重要性。

第一件事，公元前503年左右，鲁国费邑的邑宰公山不狃因不满季氏家政，或出于个人野心，在费邑搞独立，想自立王国，派人来邀请孔子前去相助。孔子当时在曲阜教学，渴望从政已久，见此机会，就想动身，但被子路拦住。子路认为公山不狃已经是个叛臣，走上了分裂鲁国的道路，正人君子不能到这种地方去。子路此年四十岁了，多年的学习思考，使他已成为一个以捍卫正义为己任的人。孔子认为，如果公山不狃用他，他将把费邑建成一个强盛的王朝。

孔子雄心勃勃，总想施展政治才能，所以不管是什么地方，都想去发挥作用，甚至想建立一个像东周式的大国，但他忽视了道义和风险。孔子如果真的去了费邑和公山不狃合作起来，可能成为鲁国的叛臣。正是子路在关键时刻加以制止，孔子才放弃了这次行动，并有了被鲁定公起用的机会。一年之后，鲁国国君便任命他去做中都宰，之后升任为大司空，继而大司寇，最后达到"相鲁"的高位。如果不是子路的反对，孔子能有这种仕途吗？投靠公山不狃还是鲁定公，结局大不一样。可见子路这次的否决对孔子影响有多大。

第二件事，孔子见南子，子路不悦。孔子从鲁国出走到卫国，被卫国国君夫人南子看上了，南子是有名的风流女人。孔子去与南子见了一面，就被子路说了一顿。若不是子路坚决阻拦，阻止了他两人关系的继续发展，孔子不知会在卫国干出什么风流韵事。要是这样，孔子的名声就要出问题。通过这件事，可以看出子路是学校的道德品行以及组织纪律的管理者，不仅要管学生，甚至连孔子都要管。子路的约束保证了孔子的名声清洁。这种管束生活中可能还很多，只是没有记述。孔子学校是有严格的组织纪律的，这个执行者就是子路。

第三件事，孔子和子路周游列国时，晋国中牟的邑宰佛肸（bì xī）

叛变，也想学鲁国费邑公山不狃那样割据一方，派人前来邀请孔子前去相助，共谋大事。孔子又要去，又被子路拦住。此时正是孔子落难的时候，这次机会对孔子来说充满诱惑。但子路横在那里，就是不让孔子去。孔子无奈地说：我能像一个匏瓜吊在那里，只能看不能吃吗？但孔子哪里知道，佛肸的反叛仅仅几年便被晋国收拾掉了。若孔子真的去了那里，性命都难保，哪有后来的圣人荣光。子路在重要关头又保了孔子一把。

这只是书上记下来的三件事，实际生活中，子路约束孔子这种事不知发生了多少。为什么子路能约束孔子？说到底两人是同辈，是伙伴关系，子路早已不是一个弟子。从鲁定公时期开始，子路已成为孔门管理者，孔子在一些事情上也要听子路的安排。子路不仅是孔子人身安全的保障，也是孔子政治事业安全的保障。到公元前496年，孔子出奔鲁国周游列国时，他和子路已经成为共担风险的落难伙伴，到哪儿去，怎么行动，都要与子路商量。周游列国期间，基本上都是子路在指挥，儒家学校的管理权很大程度落在子路身上。看完本书后人们便会明白。

再来看辈分。从鲁定公时期孔子第二次办学，从第二代学生入校起，子路就成了学校的管理者，学生们的师叔、孔子的助教。第二代学生颜回、冉求、子贡等都要称子路为夫子和师叔。儒家对辈分是有严格要求的，《礼记·曲礼上》载："年长以倍则父事之，十年以长则兄事之，五年以长则肩随之。"儒家规定，对年长一倍的人，应当像父亲一样对待，在称呼上肯定要称叔或伯。第二代学生颜回、子贡、冉求都比子路小二十岁，肯定要称子路为师叔或师伯。到了周游列国时期，孔子和子路，一个五十多岁，一个四十多岁，带着一批十几岁的小学生。像子夏、子游这样的，都要规规矩矩地称子路师伯，再小的就要称呼师爷爷了。即使不称师叔师爷，也要称夫子。

夫子，是小弟子对当了老师的老弟子的称呼，也是老弟子之间的互相称呼。《史记·仲尼弟子列传》载："孔子卒，原宪遂亡在草泽中。子贡相卫，而结驷连骑，排藜藿，入穷闾，过谢原宪。宪摄敝衣冠见子贡。子贡耻之，曰：夫子岂病乎?"子贡称呼原宪为夫子。这事发生在孔子去世后，原宪隐居于乡下，发迹了的子贡前去探望他。当时子贡快五十岁了，原宪四十多岁，两人以夫子相称。子路在学校里更要被弟子们称为夫子。

在儒家成员中，子路是最有故事可写的一个人。尽管在本书之前已有一些介绍子路的书籍，但把子路放到大的历史背景中来写，这还是第一部。这本书写的不仅是子路，更有孔子和孔门弟子以及当时那个社会。短短的十九万字，凝缩了春秋末期鲁、齐、卫、楚之间一段重要的历史。在某种意义上说，此书不仅是一部个人传记，也是一个时代传记和孔门人物的传记。一本小书，是在卷帙浩繁的史料研究中产生的。

子路和孔子的足迹遍布大江南北，游历的国家不计其数。实际上孔子与子路一生中有三次周游列国，第一次是公元前521年左右游历周都洛邑，途经卫国、郑国甚至还有晋国。第二次出游是从公元前517年，孔子和子路因鲁昭公之难出奔齐国，在齐国待了三年，到鲁、卫、晋三国边境一带又待了三四年，直到鲁昭公在晋国病逝，国内矛盾缓和，两人才回到鲁国曲阜。第三次周游列国时间最长，历时十四年，行走的路程最长，从鲁国到卫国，从卫国到宋国、郑国、陈国，又返回卫国，前去晋国，走到黄河边又返回卫国，又来楚国上蔡（上蔡此时已归楚国所管），从上蔡向西到叶地，再到今天的河南南阳（当时属于楚国），返回上蔡后又去楚国郢都，走到今天武汉一带的长江边上折回上蔡。又应楚昭王之召去城父，半路被围困在陈国宛丘，绝粮而返。在上蔡待了三年后返回卫国帝丘，子路去蒲邑任邑宰，一干就是三四年，后随孔子返回鲁国曲阜，两年后又返回卫国，担任卫国执政大夫孔圉的家宰。子路的一生，很多时间是在游动中度过的。从距离上计算，估计要有几个万里长征。读万卷书，行万里路。可以说孔子和子路的很多知识都是在旅行的过程中获得的。

儒家的命运在多少年里时而扬至青天，时而贬至黄泉。尊者，仍陷入历史上的尊孔套路难以自拔。否者，则把儒学说得一无是处。这些做法都不利于传承我国优秀的历史文化。好在时代总是在进步，总是赋予我们新视角、新观点和新发现。此书就是依据历史事实，对子路和孔子进行的一次新认识。

子路最后为捍卫卫国的安全而遇难。这一义薄云天的壮举使子路世世代代为后人纪念。子路赴义而死，践行了儒家视死如归的精神，子路成为义的化身。他恪尽职守，见义勇为，奋不顾身，大义凛然，他的所作所为永远受人民的尊敬和爱戴。中华民族不能没有这种精神，中国文化不能没有子路。是子路，带出了一群无私无畏、刚正不阿、视金钱如粪土、视功名利禄如浮云的人。原宪于草泽之中不齿荣华富贵，颜回居陋巷乐在其中，高柴秉公执法清正廉洁，子路一诺千金，居高位不避国难。儒家成员的事迹可歌可泣，是中华民族宝贵的精神支柱，发展中国家尤其需要。

孔子用毕生的精力建立起一套维护社会秩序和人际关系的伦理纲常，子路一生都在帮助孔子建立这座道德屏障。孔子继承和发扬了周公和管子的礼治思想，为中华民族建起一座伦理道德丰碑。今天，这些优秀的传统伦理道德仍然在维系着中华民族的生存与发展。任何时候，中国都不能缺失自己的文化屏障。子路与孔子一样，是儒家的开山人。

孔子三千弟子，七十二贤人，形成传记的人物几乎没有。由于历史久远，春秋时期的人物没有像三国和水浒人物一样被文学化。也由于儒家过去是被圣化了的一群，这也使他们成了文学加工的禁区。历史上不乏各个时代的演义，唯独没有孔门春秋演义。按理说，孔子这么多生徒，有多少故事可讲可写，但明代的说书人不敢讲这一段历史。因此，这一时期演义类的文学作品几乎是空白。

历史的机遇终于在今天出现了，一是写作的条件已经成熟。经过这么多年来的思想变化和认识进步，我们终于可以比较客观地认识先人，评价古人。二是信息技术的发达，今天的写作条件比以前方便多了。写子路这样的人物，不仅要从书上找史料，还要从各个地方的历史遗迹中找。《左传》《史记》《礼记》等到处都有子路的记载，但子路的事迹不仅记在史书里，更记在中国大地上。感谢现代科技，感谢百度地图，使我足不出户就可知道众多的子路行踪和遗迹。因此，《子路传》的成书，实在感谢网络时代。

本书的写作得到不少朋友们给予的启发与帮助。仲子研究会的会长仲跻和先生学富五车，通览了我的整个写作过程，对本书的写作提出了指导性的意见。这里要特别感谢仲跻和先生。最需要感谢的是山东曲阜师范大学历史学教授骆承烈先生，多年来骆教授对我的研究给予了许多指导，这次又对本书做出了重要的评论。我多年来对骆承烈教授一直心存感激。需要感谢的还有仲伟帅先生，是他多次陪我考察了路故里，鲁中大地，亲身体验了历史。当然还有我的家人，没有妻子辛辛苦苦日夜照料，这部著作是无法诞生的。

最后要感谢国防大学政治学院的仲彬教授，他在我即将向出版社交稿之际夜以继日地通览了全书，查漏补缺，提出许多宝贵意见。血浓于水，这份情谊确实不一样，我向他深表感谢。

子路与孔子及众弟子们一场相聚，至今没有一本专著来研究他，实属遗憾。这本书是我关注子路大约二十年的成果，是真正的十年磨一剑。此书出版后，文学著作和影视剧本也会跟上。本书也是为以后的文学创作开辟道路。其实此时，一部有关子路和孔门故事的文学剧本已经在我心中酝酿成熟。假如我的体力和精力允许，会拿出一部更加有血有肉的文学剧本，有兴趣的影视人可与我联系。

愿《子路传》抛砖引玉，促进中国历史文化的伟大复兴，让中华民族的优秀精神发扬光大。

仲大军，2018 年 11 月 28 日初记，2019 年 2 月 18 日修改

目 录

第一章　卞邑仲氏

仲　由　出　生

公元前 542 年，周景王三年，鲁襄公三十一年，周历九月七日，一个小男孩出生在鲁国卞邑城东边约三十里地的地方，我们暂把这个地方叫仲里。此地西依雷泽湖，东临蒙山龟蒙顶，位于今天山东平邑县仲村镇和泗水县泉林镇之间，更确切地说，是在仲村镇西边的民合村一带。民合村过去有仲子祠，现在这一带有三个仲家村，是平邑县的仲村镇所在地。

小男孩姓仲，名由，字子路，又叫季路。子路出生的这户人家，应当是一个农民家庭。当时的鲁国，就像欧洲人开发美国新大陆一样，地多人少，农户零零星星地散布在广大的土地上。子路家或许就一家人居住在一个地方，周围不远还有几户仲姓人家。春秋时的习惯是氏族聚族而居，一个姓氏的族人居住在一个地方。我判断，当时不会只有一户仲姓人家住在这里，仲氏族人还会有几户甚至十几户。

今天的仲姓人士往往把祖宗上溯到子路，把子路当成仲姓始祖，这是个认识误区。今天姓仲的并不都是子路的后裔。鲁国当时仲氏族人不少，譬如季氏家里的一个重要家臣仲梁怀，就是仲姓人士，子路

1

仅仅是诸多仲姓族人之一。但由于其他仲氏家庭没有家谱传世，只有仲由家里有，于是仲姓人士便根据仲由家谱排辈字，排分支。那些非仲由家族的仲姓人士的后裔也混杂在里面，都成了仲由的后裔。所以，我在此书中必须指出，仲由并非仲姓始祖，仲由家族仅仅是仲姓氏族的一个分支，今天的仲由家谱不能囊括所有的仲姓人士。如果把今天姓仲的都说成是仲由的子孙，是非常不科学的。

今天的山东临沂市有两个仲村镇，一个是兰陵县的大仲村镇，一个是平邑县的仲村镇，这两个仲村镇都是仲姓人士早年生活的地方。这说明山东南部地区是仲氏族人生活的范围。仲由这一支居住在靠北边的平邑县和泗水县一带，还有一支生活在兰陵县一带。北边的一支现已迁徙到济宁地区，南边的一支大约迁移到今天的江苏赣榆和沭阳。这就是仲姓的大概分布。

我们再来想象子路小时候的生活环境。当时的房子很简陋，是用土坯和木头搭起来的草房。房子周围或许有木栅栏围墙，院子里或养着牲畜，鸡和猪羊在春秋时期已成为家畜。

房屋周围是田野、牧场和森林，远处还有大片的湖泊。西边不远处，是一条由北向南流淌的大河——浚河，河边长满了大树和灌木，附近还有一片片的水洼。仲里处在平原地带，地势稍有起伏。西边和西北是雷泽湖，一片汪洋。东边三十里是一座大山——蒙山。北边几十里是一片山地，南边几十里也是山地。

卞这个地方，历史悠久，堪称中华民族之摇篮。传说这里是大暤伏羲氏的故乡，舜的故乡。《太平御览》说："大迹出雷泽，华胥履之，生伏羲。"据说，华胥所居之华胥国，就在雷泽西北十几公里处的古华渚，今名黄沟。当地有华胥山，今名黄粟山，俗称黄山寨。又有华村，为汉代所置泰山郡华县的旧治。此地自古建有伏羲庙、女娲庙。

大暤伏羲氏风姓，雷泽一带古为风、莱二族共居之地。伏羲以下几千年，其风姓后裔长期居住繁衍于雷泽及泗水上下游地区。例如，春秋时期风姓的任国、宿国、须句国和颛臾国都分布在卞邑周围。他们的子孙后代祖祖辈辈生活在这片土地上。譬如，平邑县至今有颛臾村，村里的人都姓公，很可能是大皞伏羲氏的后人。子路出生在这个地方，其祖先也可能上溯到大皞伏羲氏。

仲子故里西南二十里，有一座山叫历山，这就是舜帝当年在这里耕作的地方。今天历山的脚下仍有历山村。《墨子·尚贤》说："古者舜耕历山，陶河濒，渔雷泽。"舜在历山耕种，在浚河边上制作陶器，在雷泽湖里打鱼。可以说，舜劳作的三个地点都在子路家乡周围。"陶河濒"的河，可能就是今天平邑县境内的浚河或泗水县境内的泗水。《孟子》从另一个方面证明了舜的位置："舜生于诸冯，迁于负夏，卒于鸣条，东夷之人也。"诸冯村在历山之东南，距离仲村七十多里。舜出生于今天平邑县境内，是东夷人。

在雷泽和历山周围，留有众多舜的历史遗迹。元代《舜帝庙碑》载："出泗水县治，溯朝阳而行，八十里之遥，有山曰历山，世传为舜帝所耕之地，其旁九男之渚，二女之台，遗迹者甚多。山之东有祠，有石刻，金大安元年重修也。"明嘉靖十年《重修舜帝庙记碑》文："泗邑东南七十里有历山，乃故圣君大舜耕稼之地也。"又有明碑记："泗邑东去封内七十里，有历山，山之左有民舍千余家，自古为集。村依山名焉，为先帝大舜耕、陶、渔之处也。"今天上百度地图一搜便可查到历山东村和历山西村。

卞邑一带历史传说众多，文化底蕴深厚，还与地理和气候有关。一万多年前，正是冰川期最寒冷的时候，海水退到今天海平面以下一百多米，人类有的都跑到海底大陆架上居住了。后来气候变暖，海水开始上涨，一直涨到太行山脚下，覆盖了华北平原，当然也淹没了山东大片地区。八九千年前，山东在今天的海拔五十米以下的地区基本上都被海水淹没，人类都退到山脚一带生活。卞邑周边的山地都是气候变暖时人类的居住地。当时的蒙山、泰山就像大海中的一座座孤岛，鲁中山地成了人类生活的摇篮。七八千年前，海水渐渐退去，卞邑一带的陆地露出水面，山上的人类下到平原地区生活。春秋时期卞邑的气候应当比今天暖和得多，仲里四季分明，冬暖夏凉，植物丰茂。

卞邑城在鲁国都城曲阜的东边，约一百多里地。卞邑原来一直是鲁国国君的领地，但三桓（鲁国的三家贵族）一点点蚕食国君的食邑，终于在襄公二十九年，即公元前544年，子路出生前两年，季武子趁鲁襄公访楚，接管了卞邑政务，把卞邑攫为己有。

鲁襄公出访楚国，从周历正月过去，直到五月方归。这么长时间在外，国内怎能不闹事。《左传·襄公二十九年》记载了这件事："公还，及方城。季武子取卞，使公冶问。公谓公冶曰：吾可以入乎？对曰：君实有国，谁敢违君？公欲无入，荣成伯赋《式微》，乃归。"

从这段话中可以看出鲁国的季氏家族权力大到何种程度，鲁襄公从楚国回来，走到方城（今费县东边的方城镇），听到卞邑被占的消息，他问前来迎接的公冶说，我可以回国吗？公冶说，国家是你的，谁敢违背你？鲁襄公气得不想回国了，身边的大夫荣成伯用《式微》里的诗句来劝解他，"式微式微，胡不归"，鲁襄公才同意回国。

这就是子路出生时的鲁国背景。卞邑归季氏家的领地了，由季氏管理。那么子路出生在一个什么样的家庭呢？《仲里志》记载，子路的祖上是卞邑大夫，但到他这一代已成为普通平民。司马迁的《史记·仲尼弟子列传》这样描述他："子路性鄙，好勇力，志伉直，冠雄鸡，佩猳豚（jiā tún），陵暴孔子。"这是子路早期的形象，性鄙，说明他是边远地区的人。冠雄鸡，佩猳豚，这是东夷人的打扮，头上插着雄野鸡的翎子，脖子上挂着公野猪的獠牙。商代时东方民族以佩戴野猪獠牙为美，象征勇敢。商人还有在墓葬里陪葬猪牙的习惯。

卞邑城位于今天泗水县泉林镇卞桥村三村。这里是南北两列山地中间的一片平原。泗水由东向西，贯穿于这片平原。卞邑城坐落在泗水河的南岸。2009年10月4日，笔者与济宁地区的仲氏族人去探寻仲子故里。从曲阜出发向东行驶五十里到达泗水县城，又向东行驶四十里，到达泉林镇卞桥村三村，在泗水县朋友的指引之下参观了仲子胡同。据当地人传说，子路当年就生活在这个地方。但后来经笔者研究，子路可能在卞邑城里生活过，但他的家乡是东边二十多里远的乡下，即今天平邑县仲村镇的仲村。

2011 年 7 月笔者受邀去平邑，县史志办的人安排笔者到仲村镇参观，看到镇上有一个仲子广场，有一尊高高的子路塑像，尽管这个镇目前已没有仲姓人口，仲村镇人仍没忘记仲由这位曾经在这里生活过的人。但仲子故里具体在何地方，已无人所知。只能根据当年仲子祠的位置，大概判断在今天的民合村一带。

子路时代的卞邑，人口不多。周代早期，邑是很小的地方。《周礼・地官・小司徒》记载："九夫为井，四井为邑，四邑为丘。"九夫指九家农户，耕种四个井田的三十六户农家合起来为一邑。以每家十口人计算，三十六户一个邑的人口也不过三四百人，仅等于今天一个很小的村庄。但井田制在实行过程中是有变化的，子路出生时鲁国的井田制早已消失，取而代之的是自耕农的时代。邑的概念也发生了变化，由原来的井田概念演化成地域概念。因此，卞邑的人口和土地规模应当增大了不少。

公元前 594 年，鲁宣公十五年，鲁国实行"初税亩"。"普天之下，莫非王土"，实际上变成了土地归农夫私有，但给王公交税。初税亩的诞生对于鲁国来说是一场经济革命，是对农民的大解放。初税亩之后，鲁国的九夫耕作井田的形式被打破了，土地放开，没有公田和私田之分了，反正只要有地就要给公卿贵族交税。农民可以自由地开荒种地，土地面积不断增加，人口也不断增加，税收也会有所增加。可以说农户与领主都得到了好处。随着农户在树林里不断开垦荒地，邑的土地规模和人口规模可能增大了很多。

到了子路出生的时候，卞邑的人口估计要有五六千人，但这些人不会集中在一块，而是分散在许多地方。当代人无法想象两千五百年前卞邑的景象，偌大的空间仅生存着五六千人，这与今天的加拿大和澳大利亚差不多。今天泗水县的人口是六十万，平邑县是一百零一万，古今人口相差是相当大的。原来一个人生存的自然空间，现在变成了一百人。早年大片的森林、草地和湖泊消失了，变成了田地。古人和今人在自然环境资源的享受上是不一样的。如果一个现代人穿越两千五百年回到卞邑，他会发现到处是青山绿水，到处是森林草地，流水潺潺。

这就是子路出生时的生活环境，在鲁中群山环抱的山间平地上，树林茂密，河水清清，下湖可以捕鱼，入林可以打猎，爬山登高可以望远。这是一片肥沃的土地，迷人的山水。笔者是以今天澳大利亚的空间来想象当年的鲁国的。童年和少年子路就是在这样的大自然环境里无拘无束地长大的。

在子路故里，可以清晰地看到东面巍峨耸立的蒙山。这里的河是从北向南流的浚河，它向南流到平邑城北，向东经临沂流入大海。而西边的泗水，则是向西流。子路家的地势高一点，是一道分水岭，挡住了西边的水向东流。

提到泗水，不能不多说一句。这是一条很少见的从东向西流的河，流到曲阜后向南拐弯，后经微山湖、徐州向东流入大海。《山海经·海内东经》里提到了泗水："泗水出鲁东北，而南。"泗水源自于东蒙山的南麓，据说有四个源头，因此得名。北边的源头是位于卞邑北边的卞山，今天叫青龙山。东北边一个源头是今天新泰市的太平顶山，海拔814米，另一个源头是位于今天泗水县东部的陪尾山，此山就在泉林附近。泗水和洙水，可以说是鲁国的母亲河，她滋润了鲁国西部大地。浚河向东南流，她滋润了鲁国的东部大地。

卞邑由于是山间平原，盆底出现了一片的地下泉涌，就像济南的趵突泉和珍珠泉，泉水成了泗水河的一个源头。此泉在卞邑城和子路故里之间，各相距十几里地。今天这个泉涌之处叫泉林，清代皇帝在这里建造了豪华的行宫，康熙皇帝南下时四次光临此地，乾隆皇帝下江南，六次驻跸泉林。今天的泉林已成为著名的风景旅游区。

自然山水虽好，子路家人的物质生活依然匮乏，这是因为春秋时期，农耕技术落后，亩产量很低，打的粮食基本上不够吃，所以才有了子路"百里负米"之说。

在粮食短缺的情况下，子路有很多时间是放牧和外出打猎，畜牧是一大生活来源，猎物也可以补贴生计。那时候的卞邑野兽很多，野猪、麋、鹿、虎、狼、野兔、野鸡，到处出没。古时候的卞邑，河流众多，湖泊遍地，水量比今天大得多。河里的鱼虾不少，鱼也应当是卞邑人的重要副食。古代人的肉食比例应当比今人高得多。

另外对卞邑的气候还要提到一笔。《孔子家语·子路初见》中有一段孔子与子路的对话，子路说："南山有竹，不柔自直，斩而用之，达于犀革。"话里提到了竹子和犀牛，可见当时卞邑的山谷里绿竹遍地，森林里甚至有犀牛。两千五百年前，鲁国的气候应当比今天温暖，植被也相当完好，动物很多。子路肯定是个好猎手，用竹子做箭，可以射杀犀牛。若没有亲身经历，子路不会说出这番话的。

子 路 家 世

仲氏家志记载，子路的祖上是卞邑大夫，家谱中记载的最早祖先是仲咨，后来咨生奂，奂生式，式生度，度生肇，肇生拱北，拱北生虺，仲虺即子路的父亲。到了子路父亲时，仲家就是普通的农民。

孔子说过"吾少也贱"，是从社会下层一步步走向社会上层的。子路的身份估计和孔子一样。春秋时期，鲁国是个等级社会，人们的身份高低不同。《左传·昭公七年》有楚国大夫无宇论述"人有十等"这样的记载："天有十日，人有十等，下所以事上，上所以共神也。故王臣公，公臣大夫，大夫臣士，士臣皂，皂臣舆，舆臣隶，隶臣僚，僚臣仆，仆臣台。马有圉，牛有牧，以待百事。"

7

当时社会的等级的确很厉害，但子路并不属于这十等人。这些人都是在国都里的贵族与臣仆，与农村里干活的人不相同。子路这样的卞邑居民也就是庶人。社会职业分工可以分出十等，但在政治地位上，当时社会基本上有这样几大类人，王公贵族、士人、庶人（平民）和家奴。贵族分公侯伯子男，大多数是庶人平民，奴隶是少数，这种人往往是罪犯，或战争俘虏，或外来户。

贵族和庶人有什么区别呢？贵族有封地，根据尊贵等级的高低，多少不等。《国语·晋语四》说："公食贡，大夫食邑，士食田，庶人食力，工商食官，皂隶食职。"这句话的意思是，大夫有封邑，靠封邑的人供养，有身份的士拥有土地，靠地租生活，庶人靠给贵族干活生活。庶人食力，是说庶人靠给别人卖力气生活，手艺人和商人从官那里获得收入。

庶人也有土地和生产资料。自公元前594年鲁国实行初税亩后，随着新开垦出来的土地增加，私田大量出现。一些农户自己开垦土地，土地所有权已掌握在农民自己的手里，国君和士大夫只管征税。不管卞邑封给谁，土地都是农民自己的。"普天之下，莫非王土"，已经变成普天之下的土地都要交税。

在子路出生的时代，鲁国并不存在奴隶制，并且中国历史上并不存在西方式的奴隶制。中国是氏族社会，以宗族为单位，以国为单位，族人一起劳动一起生活。《诗经·国风·七月》这首诗最详细地记载了周族人共同生活的情景：

"朋酒斯飨，曰杀羔羊。跻彼公堂，称彼兕觥，万寿无疆。"

忙碌了一年，杀猪宰羊，大家都来到公堂上，端起酒杯，互相敬祝万寿无疆。看，这景象多么其乐融融！哪有奴隶制的影子？所以，中国的历史模式不能照搬西方。

早在五百年前，周人驾着兵车从西方打过来，曲阜一带的奄人对周人进行过抵抗。这一仗打了大约三年，后来奄人被打败，周人灭商奄，建立了新的国家——鲁国，统治"殷民六族"。

《左传·定公四年》记载了早年的情况："周公相王室，以尹天下，于周为睦。分鲁公以大路，大旗，夏后氏之璜，封父之繁弱，殷民六族，条氏、徐氏、萧氏、索氏、长勺氏、尾勺氏。使帅其宗氏，辑其分族，将其类丑，以法则周公，用即命于周。是使之职事于鲁，以昭周公之明德。"

周公辅佐王室，以治理天下，诸侯和周朝和睦相处，分赐给鲁公大路（即马车）、大旗、夏后氏的璜玉，封父的良弓，还有殷朝的六个家族：条氏、徐氏、萧氏、索氏、长勺氏、尾勺氏，让他们率领本宗各氏族，集合其余的小宗族，统领六族的族人，来服从周公的法制，听取周朝的命令，管理鲁国的事务，宣扬周公的明德。

"殷民六族"有条氏、徐氏、萧氏、索氏、长勺氏、尾勺氏。如果子路是商殷人，那就在殷民六族的范围内，但子路能是哪一族呢？他的祖上会不会是氏族的首领？如果他的祖上果真如家志中所说曾是卞邑大夫，那可能是在周朝早期，周人仍然起用原来的殷民六族的头领，让他们自己管理自己。

但是到子路这一代，家境已经一般。子路在晚年时回忆往事，感叹地说过几句话："昔者由也，事二亲之时，常食藜藿之实，为亲负米百里之外。亲殁之后，南游于楚，从车百乘，积粟万钟，累茵而坐，列鼎而食。愿欲食藜藿，为亲负米，不可复得也。枯鱼衔索，几何不蠹。二亲之寿，忽若过隙。孔子曰：由也事亲，可谓生事尽力，死事尽思者也。"（《孔子家语·致思》）

这段话透露了子路家庭困苦的情景，"常食藜藿之实"，用今天的话来说，就是经常吃糠咽菜，用野菜来充饥。"藜藿"后来常指粗劣的饭菜。粮食不够，以至于子路到曲阜后经常从百里之外往家带米。并且，二亲的寿命也不长，忽若过隙，人穷寿命就短。通过这些信息，可以知道子路的家境一般，基本上属于乡邑贫民。

写到这里，我思索起一个问题：社会地位低下的人，精神和行为举止上也卑微低下吗？从史料记载看，子路不是这样。他总是一副雄赳赳、勇往直前不卑不亢的样子。儒家文化就是靠这种奋发自强的精神，把一批出身于小人的下层庶民变成了有知有识的君子。

子路的一生都是在提高自己，把一个平民百姓变成在社会上可以发挥更大作用的人。有教无类，通过教育和学习，自强不息，让普通人变得有尊严，小人变成大人。这种对人身份的改变，应当是儒家文化的基本精神。是儒学，改造了周王朝早期的封建等级文化。

从此，在传统的社会等级之外，中国诞生了一个新的身份：君子。不管出身如何，只要有了文化，就可以成为在社会上被尊重的君子，就可以治理和管理国家。君子超越了公侯伯子男，凌驾于传统等级之上，君子打破了官职世袭制。孔子很多出身低下的学生都成为邑宰。通过教育，改变人们的身份，这不能不说是中国政治的一场革命。以后的隋唐科举制就是君子文化的结晶，孔子办教育的结果。子路的一生都献给了这一伟大的事业。

仲 姓 起 源

现在我们要考察一下子路更远的身世。由于仲氏家谱上，仲由往上七代就没有记录了，所以不知仲姓更早的先祖是谁。

很多姓氏都可以上溯到很远的先人，譬如，姬姓是黄帝的后人，陈姓和田姓是舜的后人，赵姓和秦姓是少昊的后人，曾姓是大禹的后人，孔姓是帝喾和契的后裔，仲姓能追溯到哪个先祖呢？

查阅姓氏典籍，如唐代的《元和姓纂》和宋代的《通志·氏族略》这几本权威的姓氏研究著作，都把仲姓上溯到颛顼和帝喾，认为仲姓有这样几个源流。

1. 出自高阳氏颛顼和高辛氏帝喾的“八恺”“八元”中的仲容、仲堪和仲熊。

2. 出自任姓，夏朝大禹时期的车正奚仲之后，商朝开国佐相仲虺是奚仲这一支人，周朝共和时期辅佐周宣王的著名大夫仲山甫也可能是这一支系。

3. 出自姬姓，春秋时鲁国桓公的公子庆父，字公仲，因祸乱鲁国而闻名，庆公死后，其子孙称仲孙氏，也叫孟孙，后来有的以仲为姓。

4. 源于子姓，宋元公有一个儿子名叫皇野，字子仲，其后裔子孙中有以先祖字为姓氏者，称仲氏，世代相传至今。

这几种说法，第一种最不可靠。颛顼和帝喾时期，仲容、仲堪、仲熊的仲还不是姓。唐朝人和宋代人在《左传》上看到一段话，就牵强附会地安到仲姓头上。《左传·文公十八年》是这样说的：

"昔高阳氏有才子八人，苍舒、隤敳、梼戭、大临、龙降、庭坚、仲容、叔达，齐圣广渊，明允笃诚，天下之民谓之八恺。高辛氏有才子八人，伯奋、仲堪、叔献、李仲、伯虎、仲熊、叔豹、季狸，忠肃共懿，宣慈惠和，天下之民谓之八元。此十六族也，世济其美，不陨其名。"

里面不仅有仲，还有季、叔，按姓典编撰者的逻辑，季氏最早的祖先也要追溯到颛顼和帝喾了，但季姓却是鲁国鲁桓公的小儿子季文子的后人。所以，这第一条源流我们略过。

第二条，出自任姓，与奚仲和仲虺有关系。《国语·晋语》记载："黄帝之子二十五宗，其得姓者十四人，为十二姓，姬、酉、祁、己、滕、箴、任、荀、僖、姞、儇、依是也。"《通志·氏族略》："或云黄帝二十五子，十二人以德为姓，一为任氏，六世至奚仲，封薛（山东的薛城）。"

奚仲是黄帝的后人，但是否是仲姓的先人呢？奚仲与仲虺什么关系，仲虺是奚仲的后人吗？看《左传》，好像他们不是一家人。《左传·定公元年》载："薛之皇祖奚仲，居薛以为夏车正。奚仲迁于邳，仲虺居薛，以为汤左相。"奚仲迁到了今天徐州旁边的邳县，仲㐀一族居住薛地（今山东薛城）。这样看，他们能是一家子吗？夏商之际，名字里带仲字的很多，但不是姓。所以，仲姓是否来自奚仲和仲㐀还很难说。今天只有薛姓把奚仲明确地称为自己的先祖，但没提仲㐀为祖先。

商周时期，仲姓在山东南部地区形成，今天光是一个临沂地区，地名就有两个仲村，无论如何，鲁南地区是仲姓人氏的主要活动地。

奚仲是大禹时期的车正，据说是最早的造车者。薛城是马车最早的发源地，也是中国最早的手工业发达地区。鲁班、墨子都是薛城滕县这一带的人，都是木工高手，能工巧匠。商汤的佐相仲㐀，可能是奚仲的后人，也可能不是。了解历史的人都知道仲㐀的厉害。翻开《尚书》的商书，第一篇文章是《汤誓》，第二篇文章就是《仲㐀之诰》。商汤战胜夏桀，把夏桀驱逐到南巢，从夏归来的途中，心中感到惭愧，忐忑不安，仲㐀乃作诰安慰他。仲㐀辅佐汤建立了商朝。仲㐀是东方人，也是史书清楚记载的一个人。但把仲㐀作为仲姓祖先，这也是想象而已。

任姓的第二个源头是大皞。《左传·僖公二十一年》记载："任、宿、须句、颛臾，风姓也，实司大皞与有济之祀。"这句话的意思是：任国、宿国、须句国和颛臾国都是风姓国家，大皞的后裔，负责祭祀大皞和济水之神。任国的人后来有人姓任。任国故址在今天的济宁市，济宁市有个区今天还叫任城。仲姓是否有可能从风姓国家诞生出来呢？我看也有可能。仲姓既有可能来自姬姓的黄帝，也有可能来自风姓的大皞。最奇怪的是，没有人提到仲姓是少昊的后裔。按理说，仲氏生活的地方正是少昊族活动的地方。仲姓与少昊怎么能没关系呢？

在这里要提一下仲山甫，周代共和时期的首辅大臣，辅佐周宣王完成了宣王中兴，因此，《诗经》里有大幅的片段歌颂和描写仲山甫，《大雅·烝民》一整篇都在歌颂仲山甫：

　　天生烝民，有物有则。民之秉彝，好是懿德。

　　天监有周，昭假于下。保兹天子，生仲山甫。

　　仲山甫之德，柔嘉维则。令仪令色，小心翼翼。

　　……

　　肃肃王命，仲山甫将之。邦国若否，仲山甫明之。

　　既明且哲，以保其身。夙夜匪解，以事一人。

　　人亦有言，柔则茹之，刚则吐之。维仲山甫，

　　柔亦不茹，刚亦不吐。不侮矜寡，不畏强御。

　　……

　　正因为仲山甫有着这么辉煌的业绩，从汉代到唐代，都有人把仲姓的祖先说成是仲山甫。《仲里新志》把仲由上边最早的仲咨用虚线连接到仲山甫，这是后人的一厢情愿。如果仲由是仲山甫的后人，仲氏族谱上完全可以把仲由的祖宗推到仲山甫，因为从时间和年代看，只需在仲咨前面往上排两代人，就排到仲山甫这个大人物了，但早先的仲氏族谱没有这样记载。为什么？是简单的疏漏吗？不是。是因为与仲山甫没关系。如果有关系的话，即使族谱被烧毁，重新编写时也会写上。因为仲山甫这样的大人物在中国古代史上太知名了，《诗经·大雅·烝民》里对仲山甫的歌颂谁人不知？仲家族谱把这样重要的先祖人物遗漏，合乎情理吗？不可能。

　　仲山甫能当上周王室的首辅大臣，能是非姬姓的一般人物吗？仲字是他的姓吗？注疏里有人认为仲山甫是鲁真公的弟弟，是从鲁国派到宗周辅佐周室的。在周朝早期，普通人是很难走到这样高位的。另外，仲山甫的封地在樊，被公认是樊姓的祖先，樊姓的家谱把先祖追溯到仲山甫。因此，把穷乡僻野中的仲由说成是仲山甫的后裔，实在牵强附会。

　　第三条把仲由说成是庆父、叔仲和襄仲的后人，更是无稽之谈。庆父的后人称孟孙氏，后代人都姓孟，没有姓仲的。子路与孟孙家族

13

毫无关系。在鲁国公室的家族中，没有发现仲氏是宗室成员的迹象。鲁国的公室家族一般都要传承十几代，人们常说"五世而斩"，而实际上鲁国的宗室家族持续得特别长。譬如，鲁孝公和鲁惠公的后人施家和臧家，都持续到鲁昭公时期，鲁桓公的三个儿子形成的"三桓"：孟孙、叔孙和季孙，从公元前 660 年到公元前 460 年，祖祖辈辈轮流执政，架空鲁君，甚至还几次将国君驱逐出国。鲁国宗室的强大势力是春秋时期任何国家难以比拟的。总之，在鲁国公室人物的记录中，仲姓人物毫无踪影。如果是庆父的后人，仲氏家谱记载的子路以上的七代人在时间上已经超越庆父了。因此，仲由不是周人的后裔。

总之，仲姓的溯源十分艰难。根据卞邑的历史，我判断子路可能是大皞伏羲氏的后裔。但《仲里志》引用的唐太宗的一句话却把仲姓祖先明确无误地指向了黄帝："朕观诸谱，仲氏最古。上至轩辕，下逮子路。於戏！代生贤圣，孰得而左？"据说这是唐太宗李世民在贞观八年七月三日观看姓源著作《万姓录》时，发表的感叹。唐代时，仲氏族谱可能比今天完整，所以李世民看到了仲姓最古老的祖先轩辕黄帝。我们就以唐太宗的话为准吧。

童 年 鲁 国

《礼记·檀弓上》记载："子路有姊之丧，可以除之矣，而弗除也。孔子曰：何弗除也？子路曰：吾寡兄弟而弗忍也。孔子曰：先王制礼，行道之人皆弗忍也。子路闻之，遂除之。"

子路的姐姐死了，子路为姐姐服丧，到了可以除去丧服的日子他还不除。孔子就问他为什么还不除服。子路说，我没有兄弟，不忍心除服。孔子说，先王制定的礼，正人君子要适当地控制感情。子路听从，就除掉了丧服。

从"吾寡兄弟"这一句话可以看出，子路是家中唯一的男孩，姐妹可能也不多，从小由姐姐带大，因此对姐姐感情深厚。后来子路长期在外，父亲去世后，母亲无人照料，子路只有把她接了出去。从这些经历可以看出子路是独子的事实。

子路的童年基本上是平静度过的，大多时间是在田野里帮父母种地，赶着牛羊去放牧，或去山野里采野菜和野果充饥。再大一点，子路学会打猎了，可以打一些野鸡和兔子。那时候的卞邑，森林密布，野兽出没，人类有很多时间要与野兽做斗争。这种环境磨炼得子路从小就机警异常，身手敏捷，能搏善斗。子路的童少年一定是艰苦的，但也是欢乐的，因为他的家乡有很多好玩之处。

譬如，雷泽湖，也叫漏泽湖，就是古代卞邑一大景观。雷泽湖的湖底有五个漏洞，每年入冬季节，湖水将干涸之时，漏洞处都要发出轰隆巨响，形成一大奇观。光绪年间的《泗水县志》载："漏泽湖，亦名雷泽湖，在城东五十里。中有石窦，伏秋多雨，众水灌入，渟滀十数里。秋后石窦自开，湖水下沉，其响若雷。"元代于钦《齐乘》记："（龟山）西南十余里有漏泽，泽有五穴，春夏积水，秋冬漏竭，将漏之时先有声。"

子路家西边不远的地方，就有一处漏穴。在今天的灰泉村和南近台村附近。据南近台村的老者介绍，该漏穴位于南近台村南湖十三亩地的东南角，现在地里已种满杨树，看不到任何痕迹了。早年该村村民曾进入漏穴探视，发现其上部空间较大，约有一间屋大小，向下有一个较窄的深洞，深不可测，用五六根绳子连接起来也没能够探到底部。雷泽湖水是泉林泉群的主要地下水源，是泗水源头之一。它不仅滋润了大皞伏羲氏和虞舜，而且哺育了孔丘、仲由，是儒家文化的源泉。

2018年11月，笔者从蒙山返回北京，路过早年的雷泽湖地区时，开车拐过去看了一下。现在的这一带是库区，但由于水量少，水库底的地面都露出来了。

今日的雷泽湖

爬山，是子路的一大乐趣。相距二十里地的蒙山，对于子路来说，一撩腿就到。爬到海拔1100米的龟蒙顶上，鲁中大地尽在脚下。山林中不乏虎豹豺狼，但子路不怕，十几岁的子路长得五大三粗，力大无比，行走矫健，仗剑而行，无所畏惧。

子路八岁那一年，鲁昭公七年，公元前535年，一个与他关系一生的人物在史书《左传》里出现了。这就是孔丘。这一年有几件大事值得一提。一是鲁昭公访问楚国，二是孔丘丧母，三是季武子去世，季氏飨士。《左传·昭公七年》（公元前535年）记载："三月，公如楚。九月，公至自楚。冬十有一月癸未，季孙宿（季武子）卒。"

这一年的春天三月，二十五岁的鲁昭公像他父亲鲁襄公一样，踏上了访问楚国的旅程，直到九月才回来。鲁国两任国君在九年之间先后访楚，说明了什么问题？说明鲁国要和楚国搞好关系。此时的鲁国夹在晋国、齐国和楚国三个大国之间，处处要看大国的脸色办事，既要讨好晋国，又要和好楚国、齐国。

楚国是南方大国，历来与晋国争霸中原，春秋时几次重大的战争都是在晋国与楚国之间展开的。先是公元前632年的城濮之战，晋文公退避三舍大败楚军，晋文公称霸。然后是公元前597年的邲之战，楚国战胜，楚庄王饮马黄河，问鼎中原。最后一战是公元前575年的鄢陵之战，激战从早上打到黄昏，楚军伤亡惨重，被迫夜遁。鄢陵之战标志着楚国对中原的争夺走向颓势，战争氛围逐渐沉寂下来。晋国虽然重整霸业，但对中原诸侯国的控制也逐渐减弱，勉强维持了一个北方诸侯国霸主的地位。从公元前575年到前535年，出现了四十年的无大仗的和平时期。孔子和子路的童少年都是在这种和平环境中度过的。

公元前536年，楚灵王在楚国建起高大的章华宫，宫区方圆十几里，亭台楼阁，华美之极，后来的岳阳楼、黄鹤楼、滕王阁等皆承其风格。章华宫内有一高台，又名"三休台"，意思是登上台顶需要休息三次。楚灵王想邀请各国诸侯前来参加落成典礼。邀请发出后，应者寥寥，只有鲁国国君在楚国大夫薳启强的动员下表示出前来的意向。

公元前535年3月，鲁昭公一行从鲁国启程，经郑国去楚国，同行的有孟僖子做副手。楚国是大国，鲁国是小国。鲁昭公访楚小心翼翼，昭公此年二十五岁，孟孙大夫估计也不到三十岁。路过郑国时，郑简公在师之梁城门设宴慰劳，孟僖子作为介宾，却不能"相仪"，不懂应答的礼节。车队到达楚都，楚灵王出城几十里，在城外举行"郊劳礼"，孟僖子手忙脚乱，不能应对楚国的郊劳礼。从楚国归来后，孟僖子因外交丢脸而羞愧万分，下决心学习礼仪，并发誓以后有了儿子要跟孔丘学习。《左传》里记录了这件事。

鲁昭公在楚期间，楚灵王举行了盛大的招待仪式，美女如云，鲜花锦簇，鲁昭公与楚灵王及大臣们进行了广泛交流。这也是一次南北文化对撞，楚国有学识的大夫先后出场，有左史倚相，右尹子革，大夫申无宇、薳（wěi）启强、仆析父、斗韦龟、蔓成然等。《楚书》曰：楚国无以为宝，惟善以为宝。舅犯曰：亡人无以为宝，仁亲以为宝。楚国文化的传统是以善为宝。鲁国文化以仁为宝。随同鲁昭公出访的鲁国大夫闵马父、子服惠伯、申须等向楚国君臣们介绍了鲁国文化的特点。

孔丘在《左传》中被提起就是这一年。可能孔子也跟随鲁昭公参加了楚国的访问,《左传·昭公七年》出现了下边这段内容:"九月,公至自楚。孟僖子病不能相礼,乃讲学之,苟能礼者从之。及其将死也,召其大夫曰:礼,人之干也。无礼,无以立。吾闻将有达者曰孔丘,圣人之后也,而灭于宋。其祖弗父何,以有宋而授厉公。及正考父,佐戴、武、宣,三命兹益共(恭)。故其鼎铭云:一命而偻,再命而伛(yǔ),三命而俯,循墙而走,亦莫余敢侮。饘(zhān)于是,鬻(yù)于是,以糊余口。其共也如是。臧孙纥有言曰:圣人有明德者,若不当世,其后必有达人,今其将在孔丘乎?我若获没,必属说与何忌于夫子,使事之,而学礼焉,以定其位。故孟懿子与南宫敬叔师事仲尼。"

这段话全面介绍了孔丘的家世,孔子的十五世祖微子启是宋国的开国国君,孔子的十一世祖弗父何是第四位国君宋缗公的长子,本该继承君位,却让给了弟弟。孔子的八世祖正考父辅佐了宋戴公、宋武公和宋宣公三代国君,多次受命,愈益谦恭,故有"一命而偻,再命而伛,三命而俯,循墙而走"的美名,并且生活简朴,粗茶淡饭。鲁国大夫臧孙纥感叹地说,有德之人,若当世不得报应,其后必有达人。这达人就是孔丘。孟僖子因此让自己的儿子长大了跟孔子学习。

《左传》在此年的记录里提到孔子,可能与年轻的孔丘也跟随鲁昭公出访了楚国有关。公元前535年,孔丘已经十七岁了,他从小就在公宫里干杂活,跟随国君出访也有可能。并且,由于他从小学习仪礼,可能在出访中对孟僖子有所帮助。所以,孟僖子认识到了孔丘的才能。

如果真是如此,孔丘从楚国回来,不幸即降落到他的身上。《史记》记载孔子三岁丧父,十七岁丧母。也就是在这一年,公元前535年,孔子的母亲颜征在去世了,孔子悲恸欲绝,想方设法把母亲与父亲叔梁纥合葬到一起。

八九岁的子路在卞邑乡间奔波于大自然之间，十六七岁的孔子在曲阜艰难挣扎于社会下层。十几年之后，两人的命运走到一起。所以我们不能不对孔子的身世做一了解。

第二章　青年时代

青 年 孔 丘

孔子，名丘，字仲尼，比子路长九岁，公元前551年出生于鲁国陬（zōu）邑，其父叔梁纥是陬邑大夫。《史记·孔子世家》里这样记载：

"孔子生鲁昌平乡陬邑。其先宋人也，曰孔防叔。防叔生伯夏，伯夏生叔梁纥。纥与颜氏女野合而生孔子，祷于尼丘得孔子。鲁襄公二十二年而孔子生。生而首上圩顶，故因名曰丘云。字仲尼，姓孔氏。丘生而叔梁纥死，葬于防山。防山在鲁东，由是孔子疑其父墓处，母讳之也。孔子为儿嬉戏，常陈俎豆，设礼容。孔子母死，乃殡五父之衢，盖其慎也。陬人挽父之母诲孔子父墓，然后往合葬于防焉。"

前面讲了孔子的八世祖正考父，正考父的儿子孔父嘉，在辅佐宋殇公期间被华督杀害，于是孔父嘉的儿子木金父逃离宋国，来到了鲁国。之后，木金父生祁父，祁父生孔防叔，孔防叔生伯夏，伯夏生叔梁纥，叔梁纥生孔丘。

孔子的家世是这样的：

第 一 代　微子启

第 二 代　宋稽公

第 三 代　宋丁公

第 四 代　宋缗公

第 五 代　弗父何

第 六 代　宋父周

第 七 代　世子胜

第 八 代　正考父

第 九 代　孔父嘉

第 十 代　木金父

第十一代　祁父

第十二代　孔防叔

第十三代　伯夏

第十四代　叔梁纥

第十五代　孔丘。

孔子先祖原来子姓，从孔父嘉之后改姓孔。孔姓是从子姓演变过来的，所以孔子的先祖可追溯到契和帝喾。到孔丘时，孔氏一家来鲁国已经六代。春秋时期是个等级社会，讲究身份等级，某国的公子逃亡到该国，该国仍然要给予公子待遇。木金父逃到鲁国时，估计鲁国给了他一块封地。到了孔子父亲的时候，叔梁纥是陬邑大夫，算是一个地方小官吧。

陬邑在鲁国都城曲阜的东南边，距离曲阜大约三四十里地。叔梁纥怎么找了年仅十六岁的颜征在生了孔子，不清楚。司马迁在《史记》里说"纥与颜氏女野合而生孔子"，野合也就是非正式婚姻，不仅非正式婚姻，可能孔子出生也在山野里。今天曲阜东南边三四十里的尼山有个夫子洞，2009 年秋，我和曲阜师范大学的骆承烈教授等人去参观过。山洞不大，但可容几人。据说孔子就出生在这个山洞里。

由于孔丘母亲非明媒正娶，因此在孔家没地位。据说叔梁纥生孔丘的时候已经六十多岁，在孩子生下来三年后便去世了。这样，孔丘母子便成了孤儿寡母，在社会上没有任何身份地位。陬邑待不下去，母子俩便来曲阜，投亲靠友。

颜氏在曲阜是个大家族，原来是邻近小邾国的贵族，到鲁国来定居也已有几代人了，有的已成为穷人，对颜征在也没有多大帮助，孔子母亲只有靠自己劳动来养家糊口，由此可以想象孔子母亲颜征在当年的困难情景。

这样艰苦的生活，使孔母大概在三十三岁就早早地身亡了。这一年就是公元前535年。孔丘失去了相依为命的母亲，生活变得更加艰难和孤独。不仅生活上艰难，这个青年还要忍受因身份歧视而产生的痛苦折磨。

《史记·孔子世家》记载："孔子要经，季氏飨士，孔子与往。阳虎绌曰：季氏飨士，非敢飨子也。孔子由是退。"

事情经过是这样的，孔子母亲死后不久，入冬时分，鲁国最大的政治强人季武子也撒手人寰。季孙氏家大办丧事，举行宴会款待士人。这时孔子腰间还系着给母亲戴孝的白布，也赶去参加。季孙氏的家臣阳虎看到了，便阻挠说："季氏招待士人，没有请你啊。"孔子因此而退了回来。

孔子当然知道自己的身世和贵族血统，但当时的社会就是不承认私生子的身份权利。孔子为此受到极大的刺激。或许正是这种不公平的社会待遇，激发了孔子发奋作为的精神。假如没有艰难困苦的底层经历，孔子很难有这么多智慧和坚强的意志。

孔丘得知自己的身世后，对先祖产生了浓厚的探索之情。公元前534年，孔丘回到自己的老家宋国夏邑，一去就住了一年，并带着一个貌美妻子回来。

孔丘的老家即今天河南的夏县，这里是孔氏家在宋国的封地。夏邑在宋国都城商丘的东边，有九十多里地，东面靠近芒砀山。即使当年孔氏的先祖遭难，孔氏后人一直在这里繁衍生殖。孔丘回乡后认识了宗族族人，了解了宋国不同于鲁国的异国风情。

回宋后第二年，孔丘十九岁，与宋国的亓官氏之女完婚。这个宋国小媳妇跟着孔丘回到鲁国，大约第二年生了儿子孔鲤。鲁昭公知道了，派人送来了几条鲤鱼。孔子感激万分，就给儿子起名叫孔鲤。通过这件事，可以判断孔子与鲁昭公关系不错，之所以不错，可能是因为孔子此时在鲁宫中当差，与比他大九岁的鲁昭公熟悉。这也是为什么我判断孔子可能随鲁昭公出访过楚国。后来鲁昭公被三桓赶出鲁国，孔子也追随鲁昭公跑到齐国，后来从齐国跑出来，在鲁昭公避难的鲁晋边境一带逗留了数年。孔子与鲁昭公是有深厚感情的，这种感情是从小培养起来的，几近于效忠的程度。

后来亓官氏去向不明，史书中很少提到孔子妻子的事，只有《孔子家语·曲礼子贡问》提到了她的死："伯鱼之丧母也，期而犹哭。夫子闻之曰：谁也？门人曰：鲤也。孔子曰：嘻其甚也，非礼也。伯鱼闻之遂除之。"看来孔子的妻子亓官儿在孔鲤成人后去世了。孔鲤在服丧一年期满之后仍然经常哭母亲，孔子认为这样做过分了，不符合礼。孔鲤遂停止了哭泣。

现在网上有文说亓官氏于公元前485年在宋国去世，活了七十多岁，这恐怕不符合事实。

三　桓　鲁　国

季武子去世，结束了鲁国一个强势贵族的时代。季氏家族执掌鲁国政权已经三代，到季武子时达到了登峰造极的时代。

公元前568年，季文子去世，季武子继位。刚上台六年，季武子就干了一件大事。公元前562年，鲁襄公十一年，季武子"作中军"，即在原来二军的基础上，再增加一军。《左传·襄公十一年》记载了这件事：

"春，季武子将作三军，告叔孙穆子曰：请为三军，各征其军。穆子曰：政将及子，子必不能。武子固请之，穆子曰：然则盟诸？乃盟诸僖、闳，诅诸五父之衢。正月，作三军，三分公室而各有其一。三子各毁其乘。季氏使其乘之人，以其役邑入者，无征；不入者，倍征。孟氏使半为臣，若子若弟。叔孙氏使尽为臣，不然，不舍。"

作中军，三分公室而各有其一，这明摆着是削弱公权，壮大三桓。本来二军属于公室，现在交由季氏、孟氏和叔孙氏三家贵族来组织调动了。

到了鲁昭公五年（公元前537年），季武子又来了个"舍中军"，四分公室，季氏择二，孟氏和叔孙氏各一，皆尽征之，而贡于公。国民不复属于公，公室弥益卑矣。

季武子执政三十三年，执政期间不仅作三军，舍三军，还将国君的封邑卞邑攫为己有，鲁国国君的势力越来越弱，直到后来鲁昭公被驱逐出国，这都是季武子埋下的伏笔。如果说季文子在位期间是以德取人，以能取人，获得鲁国的人心，那么季武子便是以武取人，以力服人，使大权在握。死后谥号为"武"，说明鲁国人非常了解他这一特点。季氏家族靠文武兼施，统治了鲁国近两百年。

季武子去世，孙子季平子继位。鲁国开始翻开了新的一页。季平子谥号"平"，但他在位期间并不平静。刚执政三年，便发动了对莒国的战争。《左传·昭公十年》载："夏，齐栾施来奔。秋七月，季孙意如、叔弓、仲孙貜帅师伐莒。"

公元前532年，鲁昭公十年，齐国国内内乱，齐景公联合异姓的陈氏和鲍氏两个家族攻打和驱逐了姜姓的栾施和高强两大家族。栾、高两族逃奔鲁国，齐国公室从此衰落。陈氏后来能在齐国篡权，与姜姓公室成员之间的内斗有极大关系。

夏天，鲁国与莒国围绕着争夺东部领土，打了起来。季平子、孟僖子和叔弓率领军队伐莒，夺取了郓邑（今天沂南县境内）。孔丘此时身为季氏家的委吏，可能参与了供应粮草等任务，甚至亲眼目睹了战争的残酷场面。

鲁莒战争打得非常艰苦，莒国是东部强国，东夷故国，其边境与鲁国费邑接壤，常与鲁国发生领土冲突。当时，每次打仗都是全国动员，全民皆兵，估计子路的父亲仲虺也参加了战争。鲁国在鲁成公元年（公元前590年）实行"作丘甲"，即每一丘出几乘兵车。一乘，是一辆兵车配五十或七十多个人。当时，鲁国的兵车陆续通过卞邑，开往东边的鲁莒边境。这些场面都给十一岁的子路留下了深刻的印象。

莒国，是东夷文化的承载者，位于鲁国和齐国东面。莒人生性厚道，仁义，但憨直而倔强，作战勇敢。鲁国仗着人多势众，步步紧逼，终于拿下了莒国的郓邑，但双方都死伤惨重。

《左传·鲁昭公十年》："秋七月，平子伐莒，取郓，献俘，始用人于亳社。"

取胜的鲁国人押解着莒国俘虏回到曲阜，在亳社举行献俘仪式，开始用人祭祀亳社，这是商人古老的习俗。曲阜城中有两个活动中心：一个是周社，周人的活动在这里进行；一个是亳社，殷商人的活动在这里进行。献俘仪式在亳社举行，这说明殷商人是鲁国的社会主体。孔子虽然是殷人，但反对这种杀人祭祀的做法。在乱哄哄的喧嚣与复仇之中，一颗颗人头落地。

孔子看到这样血淋淋的现象，内心震惊。此举遭到鲁国国内一些人的反对和指责。出逃在齐国的鲁国大夫臧武仲便批评说："周公其不飨鲁祭乎！周公飨义，鲁无义。《诗》曰：德音孔昭，视民不佻。佻之谓甚矣，而壹用之，将谁福哉？"

这段话的意思是，周公大概不会去享用鲁国的祭祀了吧！周公享用合于道义的祭祀，鲁国（用俘虏祭祀）不符合道义。《诗经》说：德行的声誉特别显明，百姓不要轻佻，现在献俘的做法可以说过分轻佻随便了，把人同牲畜一样使用，上天将会降福给谁呀？

鲁国与莒国从此结仇，鲁莒进入了长时间的对抗期。鲁国不仅与莒国关系紧张，与东南边的邻国小邾国也进入剑拔弩张的态势。小邾国与莒国乃属东夷同一祖源，因此，唇亡齿寒，小邾国也有联莒抗鲁之势。

公元前 531 年 5 月，鲁昭公十一年，为了警戒南部的小邾子国，鲁国在与邾国交界的地方比蒲进行了盛大的阅兵活动，鲁国大司马仲孙貜（jué）也就是前边说过的孟僖子会见邾庄公，重修旧好，并盟誓于祲（jìn）祥。

下面按子路年龄将这些年鲁国发生的事情做一叙述，以了解子路生活的大背景。

子路十三岁，周景王十五年，鲁昭公十二年，公元前 530 年，鲁国的费邑叛变。季平子继位后，对费邑宰南蒯不尊重，又得罪了大夫叔仲小，于是南蒯、叔仲小以及鲁昭公的儿子公子慭联合起来串谋季氏，想把季平子扳倒。事败，公子慭和叔仲小分别逃亡晋国和齐国，南蒯以费叛，投靠齐国。费邑（今山东费县）在鲁国东部，是季氏家的领地。南蒯率费叛变，对季氏是个重大打击。

子路十四岁，鲁昭公十三年，公元前 529 年，鲁国的大夫"叔弓帅师围费，弗克"。就这样，费邑被分裂了出去，直到三年后才收回。这年四月，楚公子比从晋国回到楚国，"杀其君虔于干溪"，楚灵王死。楚公子弃疾杀公子比，次年被立为楚平王。秋天，平丘会盟。晋顷公继位之后，感到晋国的威望越来越低，诸侯国多有不尊之举，莒国和小邾国不断前来状告鲁国，说鲁国频繁地攻打他们，国家都快要灭亡了，也无法给晋国进贡。刚上台两年的晋顷公为了重振晋国国威，毅然倾全国之兵，兵车四千乘，浩浩荡荡地开往鲁国边境，在邾国的南部耀武扬威，进行了军事检阅，摆出一副时刻要进攻鲁国的架势。与此同时，通知各国君主前来会盟。《春秋》记载："公（鲁昭公）会刘子、晋侯、齐侯、宋公、卫侯、郑伯、曹伯、莒子、邾子、滕子、薛伯、杞伯、小邾子于平丘，八月甲戌，同盟于平丘。公不与盟，晋人执季孙意如（季平子）以归。"

平丘在今天河南的封丘县东，位于各国中心，是诸侯盟会的理想地点。晋国倾全国之兵，有二十多万人，耀武扬威于中原。各诸侯国慑于晋国的淫威，各怀鬼胎，不得不前来会盟。平丘，一时成为东周列国军队兵车大汇聚的地方。方圆几十里驻扎满了军队和行人（外交官）。各国的帐篷依林傍水，漫山遍野。鲁昭公和季平子、子服惠伯来开会。会盟的第一项议程，是平息鲁国与莒国的领土之争。为了惩罚鲁国侵占莒国的郓邑，晋国人当场把鲁国的季平子抓了起来，后来押回晋国关了几个月。

子路十五岁，周景王十七年，鲁昭公十四年，公元前528年，费邑的几个老臣司徒老祁、虑癸串通民众，劫持了南蒯，说："群臣不忘其君，畏子以及今，三年听命矣。了若弗图，费人不忍其君，将不能畏子矣。子何所不逞欲？请送子。"费人说，我们忍受了你三年，忘不了鲁国的君主，现在不能再忍受了，就让我们把你送走吧。于是南蒯跑到了齐国，费邑重归鲁国。

子路十七岁，周景王十九年，鲁昭公十六年，公元前526年，二月，齐国讨伐徐国，徐国人求和，让郯国人和莒国人一齐帮着说情，并用甲父之鼎贿赂齐国，这才了事。鲁国的三桓之一叔孙昭子评论说："诸侯之无伯，害哉！齐君之无道也，兴师而伐远方，会之，有成而还。莫之亢也，无伯也夫！《诗》曰：宗周既灭，靡所止戾。正大夫离居，莫知我肄。其是之谓乎！"这段话指出了当时天下动乱的根本原因：无伯，意思是天下没有权威了，大国可以随便欺负小国。诸侯没有领袖，对小国是个危害。齐国国君无道，起兵攻打远方的国家，会见了他们，缔结了和约而回来，没有人能够抵抗，这是由于没有霸主啊！《诗经》里说，宗周已经衰亡，无所安定。执政的大夫四处分居，没有人知道我的辛劳，说的就是这个吧！在一个无权威的世界里，没有说理的地方，小国只能一任欺凌。今天的国际社会，联合国不管用，如同当年中国的春秋战国，仍然是丛林法则，大国横行。

子路十八岁，周景王二十年，鲁昭公十七年，公元前525年，子路已经长大成人了，在这十八年里，子路都干了些什么事，无从得知，但子路长得英俊魁梧，仪表堂堂，有屠龙搏虎之力，好武尚侠，一项伟大的事业将要张开臂膀拥抱他。这年秋天，位于鲁国东南部的郯国国君郯子来朝，鲁昭公设宴款待他，《左传》记载了这次重要的谈话。

"昭子问焉，曰：少皞氏鸟名官，何故也？郯子曰：吾祖也，我知之。昔者黄帝氏以云纪，故为云师而云名；炎帝氏以火纪，故为火师而火名；共工氏以水纪，故为水师而水名；大皞氏以龙纪，故为龙师而龙名。我高祖少皞挚之立也，凤鸟适至，故纪于鸟，为鸟师而鸟名；凤鸟氏，历正也；玄鸟氏，司分者也；伯赵氏，司至者也；青鸟氏，司启者也；丹鸟氏，司闭者也；祝鸠氏，司徒也；鵙鸠氏，司马也；鸤鸠氏，司空也；爽鸠氏，司寇也；鹘鸠氏，司事也。五鸠，鸠民者也。五雉，为五工正，利器用、正度量，夷民者也。九扈为九农正，扈民无淫者也。自颛顼以来，不能纪远，乃纪于近。为民师而命以民事，则不能故也。仲尼闻之，见于郯子而学之。既而告人曰：吾闻之，天子失官，官学在四夷，犹信。"

郯子告诉鲁昭公，黄帝是云图腾，炎帝是火图腾，共工是水图腾，大皞是龙图腾，少皞是鸟图腾。郯国是少皞的后裔，故知道少皞氏用什么鸟名来做官名。譬如，祝鸠氏是司徒，鵙鸠氏是司马，鸤鸠氏是司空，爽鸠氏是司寇。五鸠是鸠聚百姓的官。五雉管理手工业，改善器物用具，统一尺度容量，让百姓得到平均。九扈是九种管理农业的官，制止百姓不让他们放纵。自从颛顼以来，已不能记述远古的事情，就从近古开始记，做百姓的官用百姓的事来命名，再也不用鸟名为官名了。

通过少皞的鸟名官，我们可以知道早年的山东地区有多少鸟类，鸟类是多么丰富。鲁中山区是个适宜鸟类生存的地区，此地人们的生活与鸟息息相关，鸟是人类一个重要的食物来源，久而久之便形成了鸟图腾和鸟崇拜。

孔子听到了这件事，立刻去拜见郯子，向他学习历史知识，并感叹地说："礼失求诸野。"意思是天子失去了古代官制知识，就到远方的小国去寻找。

总体来看，子路的青年时代，鲁国并不平静，虽无大的动乱，但与外部国家摩擦不断。孔子这一时期在拼命储备经验和知识，子路与孔子的缘分从此即将开始。那么这两个人是怎么认识的，是什么让他们走到了一起？让我们做一些合理的推断。

凌 暴 孔 子

公元前 524 年，鲁昭公十八年，子路十九岁了，有人说这一年子路成为孔子弟子，我看未必，这一年两人交恶倒有可能。

《孔子家语·子路初见》记载："子路见孔子，子曰：汝何好乐？对曰：好长剑。孔子曰：吾非此之问也，徒谓以子之所能，而加之以学问，岂可及乎？子路曰：学岂益哉也？孔子曰：夫人君而无谏臣则失正，士而无教友则失听。御狂马不释策，操弓不反檠。木受绳则直，人受谏则圣，受学重问，孰不顺哉？毁仁恶仕，必近于刑。君子不可不学。子路曰：南山有竹，不柔自直，斩而用之，达于犀革。以此言之，何学之有？孔子曰：括而羽之，镞而砺之，其入之不亦深乎。"

这是一段文质彬彬、恭恭敬敬的对话。孔子告诉子路学习的作用、好处与重要性，子路虚心接受了。但在司马迁《史记·仲尼弟子列传》里，子路与孔子的相见却不是这么平静和睦，一开始是这样一副场面："子路性鄙，好勇力，志伉直，冠雄鸡，佩豭豚，陵暴孔子。"后来，"孔子设礼稍诱子路，子路后儒服委质，因门人请为弟子"。

子路因何事陵暴孔子，值得人们猜想。我认为不会是因为一些鸡毛蒜皮的小事，只有与子路切身利益攸关的大事，才能惹得子路动怒和动武。那么，是什么事情引起子路陵暴孔子呢？很可能是因为征税的事。

孔子住在曲阜城里，子路住在离曲阜一百多里地的下邑，两人怎么能碰到一起呢？看一下孔子的经历就知道了。当年他在鲁国执政大夫季氏家里当委吏，当乘田。委吏是干什么的？就是小吏，小家宰，基层管理者，管理季氏家的事务。有人说委吏是仓库管理员，不对。司马迁在《史记·孔子世家》中说得很明白，孔子"尝为季氏库吏而料量平，尝为牧吏而畜蕃息"。库吏才是仓库保管员，牧吏才是管理牧场牲畜的管理员，委吏是泛指小官的意思。也就是说，孔子干过仓库管理员的工作，干过牧场管理员，还干过乘田。有人把乘田也说成是管牲畜的小吏，这也错了。我认为乘田是管粮食和畜牧征收的，很多时间是下乡收税，征粮、征牲口。

乘田两个字，顾名思义就是一乘之田。乘田一职应当最早来自管理一乘之田的人。《管子·乘马》说："方六里，一乘之地也。方一里，九夫之田也。"方六里，即三十六平方里。方一里是一个井田，三十六个井田组成一乘。以九夫为井计算，三十六井为三百二十四户农家，按每家六口人计算，也有两千人。

乘田可能原本是管方圆三十六平方里土地和两千多人税收征粮事务的官吏。这是齐国的乘。

鲁国的乘与齐国可能有所不同，一丘为一乘。鲁国于公元前594年实行初税亩后，不到几年又"作丘甲"。丘是春秋时期划分田地和区域的单位，是"野"的行政组织。《周礼·地官·小司徒》说："九夫为井，四井为邑，四邑为丘，四丘为甸。"在作丘甲前，每逢打仗，每甸出一乘兵车，包括戎马四匹，牛十二头，甲士三人，步卒七十二人。作丘甲之后，每丘出一乘兵车。为什么作丘甲？是因为由于实行初税亩，田地大量增加了，每丘的人口也增加了。所以，出一乘兵车的单位由甸改为丘。

由此可以想象，鲁国的乘田可能是管一丘田地的官吏。按九夫为井、四井为邑、四邑为丘计算，一丘有一百四十四家农户，如每户六人，一丘则有八百多人。出一乘兵车是完全可以的。

春秋时期，乘是人们衡量事物的重要单位，人们多以乘来形容国家的大小。比如孔子问学生的志向，子路说可以治理一个千乘大国，冉求说可以治理一个百乘小国。千乘大国有多少人呢？一乘出自一千人的丘，千乘兵车大约要出自一百万人的国家。在当时，一个上百万人的国家算中等国家。晋国在平丘会盟时出动了四千乘兵车，说明晋国当时的总人口有四五百万。楚国的人口规模也在四百万左右。齐国人口约在三百万，鲁国估计还没有一百万人口。

如从兵力上来算，一乘七十五人，一百乘七千五百人，一千乘七万五千人。每一次诸侯会盟，各国所出动的兵力总数都在几十万人，或者十几万人。漫山遍野，安营扎寨。这或许是春秋人的一种乐趣。秋收完了，驾着兵车出去玩玩，也挺有意思。

现在话说回来，子路为什么能见到孔子。因为孔子做乘田，要经常下乡收税，故与子路相遇。子路的家乡卞邑是季氏家的食邑，鲁国的大夫们就是靠自己的食邑和采邑养活着。孔子常年奔波在曲阜与这些食邑之间，查土地，量面积，定税负，与农户交涉，这是一项艰苦而复杂的任务，因为没有农户心甘情愿地交税。特别是像子路这样居住在偏僻乡村的人，经常在山野里开荒，这些新开的田地都隐藏在树林里面，孔子这样的委吏一旦查不到，税就漏交了。但就是发现了这些私田，要想让自耕农们乖乖地交税也不容易。子路陵暴孔子，可能就是在这种情况下发生的，反对季氏对新开垦的土地征税。

公元前 524 年，二十八岁的孔丘在季氏家已干了几年委吏，主要职责就是统计田亩，人口，课税。这些年他跑遍了季氏家的私邑，对季氏家族所拥有田地、封邑、山川、地理了解得一清二楚。鲁国的地盘不大，以都城曲阜为中心，向北二三百里与齐国交界，向西二三百里与晋国、卫国、曹国交界，向东二三百里与莒国、郯国、郳国交界，向南五六十里就是小邾国和滕国。

鲁国境内还有不少东方小国，譬如颛臾、任国、须句、宿国、杞国、阚国、阈国、铸国等。五百年前，周人驾着兵车东进至鲁地，战胜了商人奄国的反抗后，原居民都降服于周，承认周为共主，各邦国和睦相处，鲁国国君的婚嫁都是从这些小邦国国君的女儿中选取。不过在身份等级上，这些小国统统排在子爵的等级上。鲁国和宋国为公国，晋国、卫国和齐国为侯国，薛国、杞国、滕国和曹国为伯国，莒国、邾国和郯国等都为子国。国君称子。

在国土的划分上，鲁国国君的封邑在西部的中都，即今天的汶上县一带，孟氏家族的封地在北部，今天的宁阳县一带，叔孙氏家族的封地在西北部，今天的东平县一带，季氏家的领地在东部，即今天的泗水、平邑和费县一带。孔丘所跑的地方大多在曲阜东部的卞邑和费邑。

从曲阜出城向东，走上一百里便来到卞邑城。从卞邑城向东再走五十里，就是颛臾国，过了颛臾就是费邑。卞邑和费邑，到处是广田沃野，土地广阔，阡陌纵横。这里的土地很好丈量，面积准确。每到年底，孔丘便率领一群人前去收税。然而一些刚开垦出来的土地，掩蔽在树林丛中，不到现场搜寻，官家是不知道的。

估计在这一年的秋天，孔丘和几个小吏到卞邑视察收粮情况。沿着泗水河向东行走，经过卞邑城，继续向东，绕过雷泽湖，来到浚河岸边。在穿过一片树林时，眼前豁然开朗，一块平展展的田地已被开垦出来种上了谷子。时值秋收时节，沉甸甸的谷穗已经压弯了腰。这是一块没有登记在册的私田。"普天之下，莫非王土"，只要田地被开垦出来，季氏家就要征收粮食。或许就是在调查私田的时候，孔子与子路相遇。

孔子见到的是一个膀大腰圆的青年，头上的帽冠上插着绚烂的野鸡翎毛，脖子上挂着一串猪牙，手持弓箭，腰挎利剑，威风凛凛，像是刚在树林里打完猎，几只野鸡挂在后肩上。这就是子路。孔子与子路相遇了。可能他们之间的交谈很不愉快。孔丘是恪尽职守的小吏，子路是我行我素的青年，话不投机便可能动起手来。这可能就是陵暴孔子的经过。

子路当年十八九岁，力大如牛，上山能搏过虎，下水能捉蛟，血气方刚，身高体壮，无人对付得了，并且生性好打抱不平，打起架来，十个八个人也不是他的对手。孔子与子路发生矛盾，最有可能是在田亩之事方面。抗税这种事情每每发生，盗跖可能就是因反抗苛捐杂税而落草为寇的。

春秋时期，随着铁器和牛耕的使用，大量井田之外的荒地被开垦出来成为私田，鲁国此时的井田制早已瓦解，私田的不断涌现，新的土地政策不断出台。征税是件复杂的事情，因为土地有肥有薄，好地和坏地打的粮食产量不一样，所以税负不能相同。刚开垦出来的生地，粮产不稳定，很难按熟地标准征收粮食。

《国语·鲁语》中记录了孔子的一段话："先王制土，籍田以力，而砥其远迩；赋里以入，而量其有无；任力以夫，而议其老幼。"季康子打算按田亩增收田赋，派冉有征求孔子的意见。孔子说，先王按照土地的肥瘠分配土地，按照劳力的强弱征收田赋，根据土地的远近来确定田赋的标准。按照商人的收入利润，来确定收多少税。抽调劳役则按照各家男丁的数目，照顾年老和幼小。

孔子想用先王之法约束季氏，但权贵们欲壑难填，都想拼命扩大税收，老百姓的日子苦不堪言。《左传·昭公三年》（公元前539年）记载了晋国大夫叔向和齐国大夫晏子一段著名对话："此季世也……民三其力，二入于公，而衣食其一。公聚朽蠹，而三老冻馁。国之诸市，屦贱踊贵。"

晏子感叹说，现在已经是末世了。如今的社会，百姓有三份收获，两份要归于国君，只有一份维持衣食。国君的积蓄腐烂生虫了，而老人们却挨冻受饥。市场上鞋贱，假脚贵。

《左传·昭公三年》记录了齐景公与晏子的对话："子近市，识贵贱乎？对曰：既利之，敢不识乎？公曰：何贵？何贱？于是景公繁于刑，有鬻踊者。故对曰：踊贵，屦贱。"齐景公想让晏子换房子，晏子说我住在市场边上，买东西方便，不换。齐景公问市场上什么东西贵，什么东西贱，晏子说假肢贵，鞋子贱。当时齐国严刑酷法，被砍脚的人太多，故假脚卖得贵。

齐国是这样，鲁国能好到哪里去吗？《论语》多次提到过刑戮，如"子谓公冶长，可妻也，虽在缧绁之中，非其罪也"，"子谓南容，邦有道，不废。邦无道，免于刑戮"。《论语》曾记载孔子过泰山侧，有妇人哭诉"苛政猛于虎"，子路就生活在这样的年代，阶级矛盾十分紧张。子路刚出生四年，晏子就说已经到末世了，晋国的叔向与他同感。鲁国也在没落，贵族士大夫日益骄横贪婪。

青年时期的子路，可能也是个惹是生非的正义青年。他与孔子的冲突很可能与季氏家税收有关。若不是孔子后来收他为徒，还不知子路会发展成什么样。是不是会走上官逼民反的道路，还未可得知。

谈到子路，我想起一个人，盗跖。《庄子·盗跖》载："孔子与柳下季为友，柳下季之弟，名曰盗跖。盗跖从卒九千人，横行天下，侵暴诸侯。穴室枢户，驱人牛马，取人妇女。贪得忘亲，不顾父母兄弟，不祭先祖。所过之邑，大国守城，小国入保，万民苦之。"

历史上确有盗跖其人，但被庄子给戏剧化了。他把盗跖说成是孔子朋友柳下季的弟弟，殊不知柳下季是柳下惠的另一个名字，柳下惠比孔子早一百年，完全不是一个时代的人，但盗跖确与孔子同时代，我估计也就和子路的年龄差不多。

《史记·伯夷列传》这样记载："盗跖日杀不辜，肝人之肉，暴戾恣睢，聚党数千人，横行天下。"又有一说，春秋末期，柳下跖发动和领导了一次规模较大的奴隶起义，是中国历史上较早的一次起义，历时长，影响深远。

但盗跖这种人物，都是被"苛政猛于虎"的时代逼出来的。有什么样的骄奢淫逸，就有什么样的反抗行动。孔子当时是为季氏家服务的，子路是下层贫民，矛盾是客观存在的，但两人后来走了一条不同寻常的路。

大 器 早 成

孔子度过了如此艰苦的童少年，经受了无数磨难，没有被压垮，反而成为一个优秀的人才，这里除了他个人的禀赋，还有一些别的因素。笔者想，出身还是暗中对他进行了关护，祖辈父辈的阴德时刻都在发挥作用，一旦条件成熟，这些庇护都会显示出来。

先不说孔子高祖的德行了，简单介绍一下他的父亲叔梁纥，尽管只是一个陬邑大夫，但在鲁国却是赫赫有名的武士，在偪阳之战中一举成名，与鲁国大司马孟献子有着深厚的交情。

周灵王九年，公元前563年，鲁襄公十年，晋悼公为实施联吴制楚的战略，率鲁、宋、卫、曹、莒、邾、滕、薛、杞、小邾之君及齐太子光，各领本国军队来吴国的相邑（今江苏邳州西北），与吴王寿梦相会，以加强中原各国与吴国的联系。会见结束后，为扫除吴与中原各国在地理沟通上的障碍，晋悼公在荀偃和士匄两位主将的要求下，决定灭掉阻隔于晋吴之间的偪阳国。

偪阳（今枣庄南）是妘姓国，东方古老的小国，都城小而坚固，与楚国友好，因此成为晋国的眼中钉，但偪阳是历经多年战火的中原古国，具有坚韧的守城意志和丰富的防御经验。开战之后，诸侯联军久攻不下。在一次战斗中，偪阳人特意将悬门吊起来，放一部分联军入城，好关门打狗。但在偪阳守军下放悬门，企图切断入城联军退路时，鲁国一武士挺身而出，奋力托住落下的悬门，救出攻入城内的联军将士。这就是孔子的父亲叔梁纥。

《左传》做了详细记录："晋荀偃、士匄（gài）请伐偪阳，而封宋向戍焉。荀罃曰：城小而固，胜之不武，弗胜为笑。固请。丙寅，围之，弗克。孟氏之臣秦堇父辇重如役。偪阳人启门，诸侯之士门焉。县门发，郰（zōu）人纥抉之以出门者。狄虒（sī）弥建大车之轮而蒙之，以甲以为橹，左执之，右拔戟，以成一队。孟献子曰：《诗》所谓有力如虎者也。主人县布，堇父登之，及堞而绝之。队则又县之，苏而复上者三。主人辞焉乃退，带其断以徇于军三日。"

这段话翻译过来真实惊心动魄。晋国两将荀偃、士匄请求伐偪阳，主帅荀罃说，城小而固，胜之不武，打不下来让人笑话。两人坚持要打，于是开打，但打不下来。这时鲁国武士秦堇父带着沉重的攻城装备来了，偪阳人开启城门，联军一拥而入，但旋即城门便开始落下。鲁国郰邑人叔梁纥在危急关头用手顶住巨大的城门，放进城的联军出来，避免了联军在城中被歼。联军继续攻城，鲁国武士狄虒弥把大车的轮子用皮甲包起来，当盾牌，右手拿戟，后边的人列成一队，身冒箭矢，向前冲锋。鲁国主帅孟献子感叹地说，这就是诗经里所说的有力如虎者啊！

这仗打得也挺有意思。联军冲到城墙之下，上不去。城上的偪阳人悬下一块布来，鲁国武士秦堇父便抓住布往上爬，刚到墙垛，守城人就把布割断，秦堇父跌落在地，昏了过去。守城人又把布挂下来，秦堇父苏醒之后，接着再爬，如此三次，守城人表示钦佩他的勇敢，不再挂布。为表彰这种勇敢精神，秦堇父带着这块布在军营里游行示众了三天。后来偪阳城破，被并入宋国。

在这里出现的孟献子和秦堇父的后人，后来都成了孔子的重要朋友。孟献子是鲁国三桓孟氏家族的宗子和家主，是鲁襄公时期鲁国的大司马，专门领兵打仗。孟献子手下猛将如云，偪阳一战所提到的叔梁纥、秦堇父和狄虒弥是他手下的三员虎将。在多年的行军打仗中，孟家与这些武士家都结下了深厚友情，孟家、秦家、孔家、臧家都是世交。

孟献子死后，传位给孟孝伯，孟孝伯传位给孟僖子。孟僖子之所以如此赞赏孔子，与两家的父辈传下来的友情有关。孟僖子熟悉孔子的父亲叔梁纥，后来给了孔子很多帮助，并指定把儿子仲孙何忌和南宫敬叔送到孔子门下学习。可以说没有父亲叔梁纥的关系，孔子再聪明也难获得这些权贵的照顾。

孟子是孟献子之后，他在《孟子·万章下》中赞扬过他的祖先孟献子："不挟长，不挟贵，不挟兄弟而友。友也者，友其德也，不可以有挟也。孟献子，百乘之家也，有友五人焉……"

万章问孟子交朋友的原则。孟子说：不倚仗年龄大，不倚仗地位高，不倚仗兄弟的势力去交朋友。交朋友交的是品德，不能够有什么倚仗。孟献子是一位拥有百辆车马的大夫，他有五位朋友：乐正裘、牧仲等。孟献子和这五个人交往，是不提自己家地位的。这五个人如果看重献子家的地位，也不会与他交往了。不仅拥有百乘兵车的大夫有这样的，小国的国君也有这样（品德）的。

鲁国的贵族总是有着某些特殊的品质，否则不会持续两百年不败。儒家所提倡的仁与义，德与道，都是从鲁国社会行为中提炼出来的。

像季氏家族，也不是无可称道之处。季文子执掌鲁国大权三十四年，历行节俭，开一代俭朴风气，首开初税亩，促进了鲁国的经济与社会的发展。《国语·鲁语》记载了季文子论妾马的一段话：

"季文子相宣、成，无衣帛之妾，无食粟之马。仲孙它谏曰：子为鲁上卿，相二君矣，妾不衣帛，马不食粟，人其以子为爱，且不华国乎！文子曰：吾亦愿之，然吾观国人，其父兄之食粗而衣恶者犹多矣，吾是以不敢。人之父兄食粗衣恶，而我美妾与马，无乃非相人者乎！且吾闻以德荣为国华，不闻以妾与马。文子以告孟献子，献子囚之七日。自是，子服之妾不过七升之布，马饩不过稂莠。文子闻之，曰：过而能改者，民之上也。使为上大夫。"

季文子担任了鲁宣公和鲁成公两代国君的国相，他的妾不穿丝帛，马不喂精料。孟献子的儿子仲孙它（子服它）劝他说：您是鲁国的上卿，辅佐过两朝国君，妾不穿丝帛，马不喂精料，国人恐怕会以为您吝啬，而且国家不也有失体面吗？季文子说：我也愿意华贵一些啊，但我看国人中，父兄吃粗粮、穿陋衣的还很多，所以我不敢。别人的父兄衣食不足，而我却优待妾和马匹，这难道是辅佐国君的人该做的吗？我只听说高尚的德行可以为国增光，没有听说过以妾和马匹来夸耀自己的。

季文子后来把这件事告诉了仲孙它的父亲孟献子。孟献子为此把仲孙它关了七天。从这以后，仲孙它的妾穿的只是粗布，喂马的饲料也只是秕草。季文子知道后说，有错误而能改正，是人中之俊杰啊。于是推荐仲孙它担任上大夫。季氏家这种家风传承到季平子一代，才变得奢侈起来。

孔子不仅与孟氏家族有父辈友谊，与季氏家也有良好的关系。孔子青年时期在季氏家工作，由于工作成绩斐然，与季平子的关系不错，甚至深得赏识。《史记·孔子世家》记载："孔子贫且贱。及长，尝为季氏库吏而料量平，尝为牧吏而畜蕃息，由是为司空。"孔子曾给季氏做过管理仓库的小吏，出纳钱粮算计得公平准确，也曾担任过管理牧场的小吏，养的牲口五畜兴旺。蕃息是滋生众多、繁殖众多、繁盛生长的意思。因此他又升任主管营建工程的司空。

《孟子·万章下》也有记载："孔子尝为委吏矣，曰，会计当而已矣。尝为乘田矣，曰，牛羊茁壮长而已矣。"当时的鲁国，就像今天的澳大利亚一样，农田是少数，到处是成片的草场和牧场。

由于孔子精明，聪明，做管理仓库小吏，能使出入的账目清清楚楚，做管理牲畜的小吏，能使牛羊喂养得健壮结实，做乘田，能把税粮征收得井井有条。但孔子很谦虚，对自己的成绩轻描淡写，不自夸自吹。这些记录都说明孔子年轻时是个优秀青年，因此才有后来季孙赐他千钟一事。

《孔子家语·致思》记载："孔子曰：季孙之赐我粟千钟也，而交益亲。自南宫敬叔之乘我车也，而道加行。故道，虽贵必有时而后重，有势而后行。微夫二子之贶财，则丘之道殆将废矣。"

有人说千钟是孔子一年的俸禄，不对。千钟应当是季平子让他办学的钱。我曾计算过，一千钟粮相当于今天几万斤粮食，能养活一百人吃一年。看来，孔子办学是在季平子的支持下展开的。

鲁国历来是传承周礼最多的仁义礼智之邦，如果社会风气变坏，戾气上升，恐对鲁国未来不利。季平子担心鲁国民风有走向彪悍的危险，要普及文化，缓和社会矛盾。另一个原因是季平子需要人才，需要一批有文化的官吏来管理国家。公宫所办的贵族学堂培养人才数量有限。正在这时，青年孔丘有志于办学校搞教育，季平子何乐不为呢！三十岁的孔子已自学成才，诗书礼乐射，样样精通。开办面向社会的教育，培养更多的合格人才，符合鲁国上层的心意。就这样，季平子、鲁昭公与孔子一拍即合，学校就在曲阜城阙里的一棵大杏树旁建立起来。

一颗新星冉冉升起。一个青年才俊脱颖而出，孔子迈出了他教育家的第一步。这一年是哪一年？估计在鲁昭公二十年左右，即公元前522年前后。这一年，孔子三十岁，子路二十一岁。

设 坛 授 徒

鲁国的国都曲阜，三面环水，洙水、泗水、沂水几条河流绕城而过。城中有一道长长的、弯弯曲曲的土丘，因而地名被叫作曲阜。曲阜在历史上是少昊之墟，大庭氏之库。今天的曲阜城东边有少昊陵，有寿丘。传说黄帝生于寿丘。因此，宋代时在寿丘旁边建造了一片很大的宫殿群，叫景灵宫，用以祭祀黄帝。其中有两座十分高大的龟驮碑，堪称全国之最。

在这个方圆十几里地的都城里，居住着大约数万国人。鲁国国君居住在城中，围绕着公宫是孟孙家族、党氏家族及一些大夫的宅第。季氏家族居住在东边。公宫前面是朝廷，是鲁国大夫上朝议政的地方。朝廷南面是一个发布命令的阙，朝廷的告示一般都写在这个地方。这里是人来人往热闹的通衢要道。阙的侧面是一片民房和园圃，曲阜人把这块地方叫阙里，孔丘的家就住在这里，家里有个小院，门前还有几棵大杏树。

公元前522年，孔子已经三十岁的时候，齐国的国君齐景公和宰相晏婴来鲁国访问。孔丘去拜见了齐景公，头头是道地讲出了秦国强大的原因：不论资排辈，唯能是举，把用五张黑羊皮从楚国赎来的百里奚封为大夫官爵，秦穆公和这个从监狱里放出来的人一连谈了三天，随后就把执政大权交给了他。齐景公听后很高兴。看来孔子对法家国家的优点很了解。但矛盾的是，孔子明知秦国的强国之道，却在鲁国搞起了仁义礼教事业，走的与秦国是两条路。

《史记·孔子世家》记载了这件事："鲁昭公之二十年，而孔子盖年三十矣。齐景公与晏婴来适鲁，景公问孔子曰：昔秦穆公国小处辟，其霸何也？对曰：秦，国虽小，其志大；处虽辟，行中正。身举五羖（gǔ），爵之大夫，起累绁（léi xiè）之中，与语三日，授之以政。以此取之，虽王可也，其霸小矣。景公说。"

而立之年的孔丘，羽翼丰满，终于开始了他的教育生涯。我把他设坛授徒的时间定在公元前522年，鲁昭公二十年。三十而立，正是孔子对自己的写照。

开学这一天是个好日子，春和景明，大杏树下搭了个小土台子。孔子登台收徒迎客，亲朋好友都来相聚，孔子多年的发小老朋友都来捧场。秦商来了，秦商乃孔子父亲的战友秦堇父的儿子，比孔子小四岁。颜路来了，颜路乃孔子舅舅家的孩子，论辈分可能是表弟，比孔子小六岁。琴张、曾点和荣旗也来了。琴张是卫国人，擅长弹琴，喜欢音乐，与孔子气味相投，大约比孔子小四五岁。曾点是鄫国亡国之君巫太子的曾孙，文学青年，好舞文弄墨，比孔子小八九岁。荣旂是荣夷公、荣启期的后人，大约比孔子小七八岁。这些人大多是孔子熟悉的小兄弟。

这里需要说明一下，孔门早期的一些人物，譬如秦商、琴张、颜路等，严格地说，不能算是孔子的弟子，只是孔子的一些朋友而已，但司马迁把他们都列入七十二贤弟子之列，有些牵强。

冉耕带着弟弟冉雍来了，冉耕比孔子小七岁，冉雍大约小十几岁。任不齐、壤驷赤、商泽、石作蜀、后处、秦冉、公夏首、奚容箴、公肩定、颜祖、鄡单、句井疆、罕父黑、申党、颜之仆、县成、左人郢、秦非、施之常、颜哙、步叔乘、原亢籍、乐欬、廉絜、颜何、狄黑、邦巽、孔忠、公西舆如、公西蒇等可能也来了。

孔子以前就经常和一些朋友聚会，一起学习交流学问，切磋武艺。可以说，孔子的第一批学生或朋友大都在二十多岁，或二十岁左右。学堂在鲁国是个新生事物。教育从泮宫里走出来，走到平民中间，普通百姓也可以获得学习的机会了。

面对这批大龄学生，孔子的教学内容是六艺：礼、乐、射、御、书、数。礼摆在第一位，人的第一知识是礼，要是不懂礼，一切都无从说起。礼从哪开始呢？首先是长幼。古代人注重年龄差异，尊卑的表现首先从年龄的大小开始。家里的老大为尊，老二老三次之。

男子十岁叫作幼，可以出外上学了。二十岁叫作弱，已成年，该加冠了。三十岁叫作壮，娶的妻子都生子了。四十岁叫作强，这时候该做官了。五十岁叫作艾，这时候可参与国家的政事。六十岁叫作耆（qí），这时候该役使他人了。七十岁叫作老，家事交给儿孙掌管。八九十岁的人叫作耄（mào），一百岁的人叫作期，儿孙要尽心加以供养。

学生们聚集到一起，要学会排座次，长幼有序。《礼记·曲礼上》载："年长以倍则父事之，十年以长则兄事之，五年以长则肩随之。群居五人，则长者必异席。"这是当时的规矩，对年长一倍的人，应当像父亲一样对待，称呼叔或伯。对于年长十岁的人，应当像兄一样对待。对年长五岁的人，虽可以并肩而行，但仍须略微退后一点。平辈五人同居一处，应让年长者另坐一席。

比如，秦商、颜路、冉耕、任不齐、曾点五人在一起，秦商年龄最大，就要单独坐一席，另外四人一起坐。孔子的学生年龄有大有小，在一起行动时，都要按礼而行，长幼有序。

要是碰到问题必须询问长者，一定要拿着拐杖去。长辈有所问，如果不先谦让一番而回答，就不合乎礼的规定。做子女的应做到冬天让父母过得温暖，夏天让父母过得凉爽，晚上替他们铺床安枕，早晨向他们问候请安。与平辈相处，不可发生争执。

以上是《礼记·曲礼上》中的内容："必须谋于长者，必操几杖以从之。长者问，不辞让而对，非礼也。凡为人子之礼：冬温而夏清，昏定而晨省，在丑夷不争。"

另外还有许多规定，例如，男女不可同坐一起，不可共用同一个衣架，不可共用同一个毛巾和梳子，不可亲手互相递交东西。小叔和嫂嫂不互相问候。不可让庶母洗自己的下身衣裳。男人谈的事情不得让女人知道并干预，女人谈论的事情也不可让男人知道并干预。街谈巷议不得带入闺房，妇女在闺房所讲的话也不得拿到外边宣扬。女子订婚之后，要头上佩戴彩带，表示已经有主了。没有大事，不得进入其居室之门。姑母、姐妹和自己的女儿，出嫁以后回到娘家，兄弟不可与之同席而坐，不可与之共用同一器皿进食。父子不可同席而坐。男女之间，如果没有媒人往来提亲，就不知道对方的名字。如果女方还没有接受彩礼，双方就不会有交往，更不会关系亲密。

做儿子的，出行之前一定要告诉父母去处，"游必有方"，还不可坐在家长的座位上，不可坐在席的中间，不可走在路的当中，不可站在门当中。这就是"居不主奥，坐不中席，行不中道，立不中门"。要时刻留心父母的意旨，"听于无声，视于无形"，做让父母高兴的事。不登高，不临深，不到危险的地方去，让父母担心，不诋毁他人，不随便嬉笑。父母在世的时候，不能有私财，不能以死许诺朋友。这是为人子之道。学习时一定要有记事簿，平常讲话不可在自称中带有"老"字。

总之，入孔门，要先学礼，规范弟子的行为举止。首先是态度要恭敬严肃，"毋不敬，俨若思，安定辞。安民哉。敖不可长，欲不可从，志不可满，乐不可极……临财毋苟得，临难毋苟免。争毋求胜，分毋求多。疑事毋质，直而勿有……不妄说人，不辞费，不逾节，不侵侮，不好狎。修身践言……礼闻来学，不闻往教。"（《礼记·曲礼上》）

礼是用来"定亲疏、决嫌疑、别同异、明是非"的，《礼记·曲礼上》这一段说得很清楚："道德仁义，非礼不成；教训正俗，非礼不备；分争辨讼，非礼不决；君臣上下父子兄弟，非礼不定；宦学事师，非礼不亲；班朝治军，莅官行法，非礼威严不行；祷祠祭祀，供给鬼神，非礼不诚不庄。是以君子恭敬撙节退让以明礼。"

六 艺 发 轫

孔子是中国教育的先行者，从孔子之后，历代的教学内容开始有了一个基本的框架，这就是六艺。孔子应当说是六艺教学的发轫者。

孔子学堂学的礼并非仅限于生活之礼，还有为政、宗教、祭祀之礼，这就上升到国家的大礼了。《周礼·保氏》载："养国子以道，乃教之六艺。一曰五礼，二曰六乐，三曰五射，四曰五御，五曰六书，六曰九数。"孔子也会按正规的教育内容来施教，走高端路线，目标是培养能从政的食禄人士。现在让我们先来看一下吉礼、凶礼、宾礼、军礼、嘉礼这五礼的内容。

吉礼是五礼之冠，主要是对天神、地祇、人鬼的祭祀典礼，其内容有：祀天神，昊天上帝，祀日月星辰，祀司中、司命、雨师。祭地祇，祭社稷、五帝、五岳，祭山林川泽，祭四方百物诸小神。祭人鬼，祭先王、先祖。

嘉礼：嘉礼是和合人际关系、沟通、联络感情的礼仪。嘉礼主要内容有饮食之礼，婚、冠之礼，宾射之礼，飨燕之礼，脤（shèn，肉）膰之礼，贺庆之礼。

宾礼：宾礼是接待宾客之礼。《周礼·春官·大宗伯》："以宾礼亲邦国：春见曰朝，夏见曰宗，秋见曰觐，冬见曰遇，时见曰会。"

军礼：军礼是师旅操演、征伐之礼。以军礼同邦国。军礼有大师、大均、大田、大役、大封。大师是召集和整顿军队。大均是校正户口，调节赋征。大田是检阅车马人众，亲行田猎。大役是因建筑城邑征集徒役。大封是整修疆界、道路、沟渠。

凶礼：凶礼以丧礼哀死亡，以荒礼哀凶札，以吊礼哀祸灾，以礼哀围败，以恤礼哀寇乱。

《周礼·春官·大宗伯》对五礼进行了解释："以吉礼事邦国之鬼神示，以禋（yīn）祀祀昊天上帝，以实柴祀日、月、星、辰，以槱（chǎo，烧）祀司中、司命、飌（fēng）师、雨师，以血祭祭社稷、五祀、五岳，以狸沈祭山林川泽，以疈（pì，剖开）辜祭四方百物。以肆献祼享先王，以馈食享先王，以祠春享先王，以禴夏享先王，以尝秋享先王，以烝冬享先王。以凶礼哀邦国之忧，以丧礼哀死亡，以荒礼哀凶札，以吊礼哀祸灾，以禬礼哀围败，以恤礼哀寇乱，以宾礼亲邦国……以军礼同邦国……以嘉礼亲万民，以饮食之礼，亲宗族兄弟；以婚冠之礼，亲成男女；以宾射之礼，亲故旧朋友；以飨燕之礼，亲四方之宾客；以脤膰之礼，亲兄弟之国；以贺庆之礼，亲异姓之国。"

儒家的一大贡献，是把周礼丰富化了。孔子在周公制礼作乐的基础上极大地丰富了礼的内容，扩大了礼的范围。但后来的儒家把礼发展到繁文缛节的程度，以致齐国的宰相晏婴都难以忍受。到了秦始皇统一中国，干脆一把火把儒家的书籍烧掉，儒生也杀了不少。这反映了中国儒法两种文化的矛盾冲突，当礼文化走向极端时必招来强烈的反对。

现在，我们来了解六艺中的另外五艺：乐、射、御、书、数。

乐，是教学生识谱唱歌，弹琴鼓瑟，手舞足蹈。这可能要因人而异，并不是每个学生都能学好乐。子路在孔子门前弹瑟，就吵得孔子难受。

孔子教弟子们音乐应当先从学习十二个音阶十二律开始，即黄钟、大吕、太簇、应钟、姑洗、蕤宾、南吕、夷则、函钟、无射、小吕、夹钟。虽然有十二个音，但中国古人喜欢只用五个音来谱曲，这五声是：宫、商、角、徵、羽。学了乐理还要学乐器，古代乐器有八种音：金、石、土、革、丝、木、匏、竹。

诗歌朗诵也是一门重要的课，风、赋、比、兴、雅、颂，都要学。

学了音乐、乐器和诗歌，还要学习古代的六大乐舞，这是黄帝、尧、舜、禹、商、周六代传下来的乐舞，它们的名字是：云门、大咸、大韶、大夏、大濩（hù）、大武。云门（大卷）用于祭祀天神，大咸祭地神，大韶祭四望，大夏祭山川，大濩祭周始祖姜嫄，大武祭祀周代祖先。其实孔子所在的鲁国，当时能看到的可能只有大夏、大濩和大武，大韶是看不到的，直到孔子去齐国，才看到了大韶的表演，以至于看得如痴如醉，三月不知肉味。

射箭也很有讲究，有五种射法，叫作白矢、参连、剡注、襄尺和井仪。

白矢：箭穿靶子而箭头发白，表明发矢准确而有力。

参连：前放一矢，后三矢连续而去，矢矢相属，若连珠之相衔。

剡注：谓矢发之疾，瞄时短促，上箭即放箭而中。

襄尺：臣与君射，臣与君并立，让君一尺而退。

井仪：四矢连贯，皆正中目标。

孔子学堂有练习射箭的靶场，估计可能在离阙里不远的瞿相之圃。圃顾名思义是大菜园，但曲阜城里的这个瞿相之圃却是练习和比赛射箭的地方。

第五门课程是御，学习骑马和驾车。这是一门突骑驰射的艺术，学生首先要学会骑马，奔驰，然后再学会驾驭马车。御是古代一门重要的人生技巧，不会赶车就像今天不会开车一样，但古代的御的技巧甚至要高过今天的驾驶技术。

具体来说，御分五种，五御，是五种驾驶马车的技术。

第一种是鸣和鸾。和鸾是指古代的一种铃铛，挂在车前横木上的称"和"，挂在轭首或车架上称"鸾"。《韩诗》云："升车则马动，马动则鸾鸣，鸾鸣则和应。"驾驭马车必须要让铃铛声音和谐悦耳。《汉书·五行志》载："故行步有佩玉之度，登车有和鸾之节。"

第二种技术是逐水曲，随曲岸疾驰而不坠水。第三种技术是过君表，经过天子的表位有礼仪。第四种技术是舞交衢，过通道而驱驰自如。第五种技术是逐禽左，行猎时追逐禽兽从左面射获。

孔门的学生都要达到熟练驾驭马车，不下一番功夫是不行的。所以，每到学习御这一课时，马场上便尘土飞扬，马蹄声声。孔门学生可不是吃素的。

剩下的两门课是书和数。书是识字，有六书：象形、指事、会意、形声、转注、假借。数是算数或叫算术。数有九数，即九章算术，用算筹进行加减乘除。孔门的学生都要能写会算。

现在看，六艺的内容很丰富，孔子的教学内容是吸引人的，也不是几天可以学会的。司马迁做过评论："夫儒者以六艺为法，六艺经传以千万数，累世不能通其学，当年不能究其礼，故曰博而寡要，劳而少功。"（《史记·太史公自序》）

"累世不能通其学，当年不能究其礼"，指出了儒学中礼的烦琐。孔子祖辈屡为司礼之官，孔子从小习礼，与遗传有关，"为儿嬉戏，常陈俎（zǔ）豆，设礼容。"孔子个人的天性，加上鲁国的客观环境，造成了礼文化在鲁国的繁盛。

礼 诱 子 路

孔子的学堂一开张，便吸引了不少人前来观望。有人在一旁倾听，有人在一旁哄笑，甚至时间长了，有些泼皮无赖专门来捣乱。他们嘲笑孔子，辱骂孔子，搅乱课堂秩序，使孔子的教学常常无法顺利进行下去。

孔丘为此十分头疼。孔子想到了以前曾打过架的子路，倘若有这样一个强壮有力的人来维持秩序，是不是情况会好一点？于是，孔子想起了子路，用什么办法把他也招过来。子路是当时鲁国有名的壮汉，此时的子路可能在卞邑宰手下工作，故住在卞邑城里。如果能把子路拉入孔门，何人还敢前来捣乱。找到合适的事业合伙人，是事业成功的重要保证。当然孔子是不会随随便便收徒弟的，他在招揽子路之前，肯定要对子路进行一番了解。

做人首先要品行端正，心地善良，子路就是这样的人。虽然他勇力过人，但从不倚强凌弱欺负人。反而，看到不公平的事，子路会出来打抱不平。子路的野性与柳下跖不同，子路是率性而为。据《庄子》记载，孔子去说服过柳下跖（zhí），但他的野性已被心性中的恶劫持住，拉不回来了。

但是，孔子让子路来学习，也不容易。孔子靠的是设了一个套，将子路引诱过来。《史记·仲尼弟子列传》中说："子路性鄙，好勇力，志伉直，冠雄鸡，佩豭豚，陵暴孔子。孔子设礼稍诱子路，子路后儒服委质，因门人请为弟子。"

孔子"设礼稍诱子路"，设的是什么礼，如何引诱子路的？我想可能是射礼一类的礼节学习。鲁国当时每年最经常举行的是射箭比赛，乡里的射箭好手都会前来比赛，这其中当然少不了子路。争强好胜的子路是不会甘拜下风的，很可能在比赛中屡屡夺得头筹。但射箭，仪礼繁多，有很多礼道，不专门学习是不行的。

《仪礼·乡射礼》中记载了很多射箭时的仪礼，譬如：

三耦（三对射箭的人）面朝南在堂下西边等候，以东为上。司射至堂下西边，袒露左臂，在大拇指上套上钩弦的扳指，左臂着上皮制的臂衣，至阶西取弓在手，以左手执弓，右大指勾弦，二三指间并持四矢，由西阶上堂。在西阶上方面朝北向宾报告说："弓箭都已齐备，执事者请求射事开始。"

宾回答说："在下德艺不高，但由于诸位先生的缘故，不能不许。"宾许诺。司射至阼阶上方，面朝东北报告主人说："向宾请射，宾已准许。"司射由西阶下堂，在阶前面朝西命弟子搬射箭的器具入内。

司射仍然两手持弓矢，在堂下西边挑选组成三耦。在三耦的南边面朝北命上射说："某人侍射于先生。"命下射说："先生与某某先生射。"乐正至堂下西边，命弟子相助乐工，将瑟迁至堂下，弟子像乐工入内时一样，相助乐工。

司射仍双手执弓，并持四矢，命令三耦说："每位射手各自与自己的射耦相互揖让，轮流取弓矢。"三耦皆袒开左臂，在大拇指上套上钩弦的扳指，左臂着上皮制的臂衣。司马命获者手执旌旗，面朝北背箭靶站立。获者至靶前，手执旌旗背向箭靶站立等候。司射向左转，面向西与上耦相对，使上耦上堂射……

如此烦琐的程序，箭手们都要熟悉，子路可能为此很烦恼。正在他为此烦恼的时候，有朋友来告诉他，孔子的学堂教习射礼，要是熟悉了乡射礼和大射礼，子路进而可以参加在曲阜举行的全国性的大射比赛了。

于是，子路与孔子又见面了，但这次见面不同以往，子路是

"儒服委质"来的。首先是要走个形式"因门人请为弟子",就是通过孔子门下的徒弟介绍,请求孔子收他为弟子。"儒服委质"的意思是穿着儒服,拿着礼物前来拜师。

说到儒服,就要了解一下什么是儒。当时的鲁国有一类人被称作儒,这类人都是些有文化、有学问的儒雅之人,经常从事文化活动。孔子经过三十年的学习之后,也加入了儒者的行列。他带的弟子也将被培养成儒者人物。从典籍上查阅,唯一提到儒的是《周礼》,《周礼·大宰》里说:"以九两系邦国之民:一曰牧,以地得民。二曰长,以贵得民。三曰师,以贤得民。四曰儒,以道得民……"这里介绍了九种职业的人,其中的儒"以道得民",说明儒是些专门研究天道、地道和人道的人,是商周时期的理论工作者。

汉代的学者刘歆据《周礼》的记载,分析了儒的起源,他认为儒是由司徒之官演变而来,其功能是助人君,顺阴阳,明教化。由此可见,在早些时候,儒是地位相当高的人。但后来儒进入了大众文化领域,譬如红白喜事,于是出现了《说文解字》对儒的解释:"儒,柔也,术士之称。"鲁国人重视丧葬礼仪,这种社会需求促生了儒者的一项社会职业,他们专门负责办理红白喜事,这些人也成了儒者的一部分。由于墨家反对厚葬,对从事丧葬活动的儒者进行了很多攻击。但真正的儒,是那些像孔子一样从事知识和理论研究的人。孔子曾告诫弟子要做君子儒,不要做小人儒。

司马迁说子路"儒服委质"见孔子,穿着儒服拿着礼物见孔子。当时的情况真是这样吗?真有什么专门的儒服吗?根据《儒行》里的一段记载,子路穿的所谓儒服就是平常的一般的衣服。

这是孔子七十岁了的时候与鲁哀公的一段对话:"鲁哀公问于孔子曰:夫子之服,其儒服与?孔子对曰:丘少居鲁,衣逢掖之衣,长居宋,冠章甫之冠。丘闻之也:君子之学也博,其服也乡。丘不知儒服。"(《礼记·儒行》)这段话明确地表明了儒家根本没有什么标准的儒服,儒者的衣服就是入乡随俗,到哪儿穿哪儿的衣服。

再来看子路拿的礼物。质与挚意思相同，都是礼物的意思。《礼记·曲礼下》载："凡挚，天子鬯，诸侯圭，卿羔，大夫雁，士雉，庶人之挚匹，童子委挚而退。"这是古人带礼物的规定，天子带最好的美酒，诸侯带玉圭，卿一级的贵族要带着羔羊，大夫带大雁，士带野鸡，庶人带鸭子，小孩子没讲究，放下礼物就可以走。挚不同于雉，不是野鸡，而是携带的礼物。

子路就是穿着平常的衣服，带了一点礼物，走进儒门，拜见孔丘，成为孔子的一名弟子。过去打架的事情既往不咎，以后就是一家人了。

这件事应当发生在子路二十一岁的时候，公元前522年前后。孔子当时三十岁，子路二十一岁。子路实际上是孔子请来的，当然孔子要面子，不会亲自上门请，而是"设礼诱子路"。子路来孔门，说是学习，实际上是有任务的，那就是安全保卫工作，要干一些维持课堂秩序和学校安全的事。自子路来孔门，课堂安静多了，那些前来捣蛋的都被子路轰跑了。

子路是孔门的一道风景线，一个虎背熊腰、威武雄壮的铁塔式大汉往那儿一站，惹事的便不敢来了。真有来捣乱的，子路上去三拳两脚就给收拾了。还有一些出身高贵的贵族子弟，经常嘲笑和侮辱孔子的人，见到孔门有了彪形大汉，也不敢说三道四了。孔子高兴地说："自吾得由，恶言不闻于耳。"（《史记·仲尼弟子列传》）有了子路，污言秽语也听不到了，再也没人敢骂孔子。子路的威风由此可见。

子路在儒家学堂发挥了安定的作用，子路成为孔丘的左右手，从此两人形影不离地相伴了四十多年。子路协助孔子完成了办学、从政的理想抱负。子路的作用在孔门之中是任何人也替代不了的。两人患难与共，共事一生，世所少有。

孔子之所以设计诱子路，是看中了力量型的人物。一个团队中不能光有智慧型人物，还要有行动型的人。管理上不能光以理服人，还要以力服人，有文有武。有些人不讲道理，不按规矩办事，对这种人说道理不行，要强迫他们执行，以力服人。这就是文武之道，一张一弛，在社会管理方面，两手都要硬，文的不行就来武的，不能光是说服教育。

如果一个社会过于偏重于道德、文理，那么武治就会薄弱。在丛林法则的国际环境中，外敌不会跟你讲道德仁义。中国后来屡屡被外族入侵，缺少反抗能力，与丢掉了尚武精神有关。孔子是精明的，他通过经验教训，看出了文武之道搭配的作用，既要有文，也必须有武，所以他招来子路这么个武士。子路一来，杏坛学堂马上就安稳了，以恶制恶发挥了作用。武力在工作和生活中的作用由此可见。

招来了子路，孔子继续笼络天下英雄，颜浊邹是他下一个目标。司马迁特意指出来颜浊邹是孔子的徒弟，看来是有用意的。颜浊邹，是孔门中另一个武士，是孔门早期弟子之一，后来他去卫国做官去了。由于在孔门中颜浊邹经常与子路比试武艺，两人关系融洽，意气相投，后来颜浊邹把妹妹嫁给了子路。

史书上有他多个名字，《史记·孔子世家》称他为颜浊邹，《左传·昭公二十七年》和《吕氏春秋·尊师》称他为颜涿聚，《韩诗外传》作颜鄙聚，《晏子》作颜烛邹，《孟子·万章下》作颜仇由，还有把他写成颜斫聚、颜啄聚、颜烛趋、颜烛雏的。从史书记录看，他是鲁国人，又像是卫国人或齐国人，其实他就是鲁国人。

《史记·孔子世家》："孔子以诗、书、礼、乐教，弟子盖三千焉，身通六艺者七十有二人，如颜浊邹之徒，颇受业者甚众。"

《史记·孔子世家》："孔子遂适卫，主于子路妻兄颜浊邹家。卫灵公问孔子：居鲁得禄几何？对曰：奉粟六万。"

司马迁将他写成颜浊邹，可《吕氏春秋·尊师》把他写成颜涿聚："颜涿聚，梁父之大盗也，学于孔子。"梁父山是泰山南面的一座山，古代帝王祭祀泰山时，爬不上去，都在梁父山燔柴祭山。梁父最早是鲁国的地盘，后来齐国势力南下，梁父一带成为鲁齐两国的边境线。柳下跖（盗跖）就在这里占山为王。《吕氏春秋》是不是搞错了，把颜涿聚当成了盗跖。或许颜浊邹入孔门前真的干过江洋大盗，是江湖侠士一类的人。

《左传》记的也是颜涿聚。《左传·哀公二十三年》（公元前472年）："夏六月，晋荀瑶伐齐。高无丕帅师御之。壬辰，战于犁丘。齐师败绩，知伯亲禽颜庚（注：齐国大夫颜涿聚）。"

《左传·哀公二十七年》（公元前468年）："晋荀瑶帅师伐郑，次于桐丘。郑驷弘请救于齐。齐师将兴，陈成子属孤子三日朝。设乘车两马，系五色焉。召颜涿聚之子晋，曰：隰（xí）之役，而父死焉。以国之多难，未女恤也。今君命女以是邑也，服车而朝，毋废前劳。"

颜涿聚为齐国死于隰地（今山东临邑县西）之役。公元前468年，齐国执政陈成子召见颜涿聚的儿子颜晋，说："隰地之役，你的父亲死在那里。由于国家多难，没有能抚恤你。现在国君命令把这个城邑给你，穿着朝服驾着车子去朝见，不要废弃你父亲的功劳。"

这里出现了一个颜庚，一个颜涿聚，上下对照，应该是一个人。看来颜涿聚在隰之役中被俘虏后没有活着回来。国君抚恤他的儿子颜晋，给予颜涿聚的后人封地，齐国人民都纪念他。

孟子把颜浊邹写成颜仇由。《孟子·万章上》："（孔子）于卫主颜雠（chóu）由。弥子之妻与子路之妻，兄弟也。弥子谓子路曰：孔子主我，卫卿可得也。子路以告。孔子曰：有命。"司马迁和孟子都提到孔子到卫国后，住在子路妻兄颜子家里，卫灵公的亲信弥子瑕想让孔子住到他家，并且能让孔子在卫国当大夫。孔子不喜欢弥子瑕，拒绝了他的邀请。

颜浊邹后来从卫国跑到齐国去了，成了齐国大夫。因为卫国在公元前479年发生了政变，出逃国外多年的太子蒯聩回国夺权，子路被杀害。颜浊邹是子路的妻兄，蒯聩肯定容不下他，于是颜浊邹就跑到齐国做了大夫，并参加公元前472年的晋齐隰之战，在战斗中被俘而死。看来颜浊邹比子路晚死七年。这一对患难兄弟最后都完成了他们的人生壮烈之举。

子路死的那年六十三岁，颜涿聚死的时候年龄要在六十五岁以上。尽管他是子路的妻兄，但年龄不一定比子路大。假如他比子路小三岁，那他死的时候应当是六十八岁。老将了！这么大年纪还领兵出征打仗。

颜浊邹和子路年轻时都是鲁国著名的人物，他两人应当早就认识。子路敢于陵暴孔子，颜浊邹也同样具有反抗精神，甚至走上了劫富济贫的道路。子路娶颜浊邹的妹妹，颜浊邹将妹妹嫁给子路，是两人相投的原因。

但颜浊邹最后没走上柳下跖（盗跖）的道路，可能是因为孔子办学，招进了子路，进而感化他，改恶从良，不久也投奔到孔子门下。颜浊邹应当是孔子最早的一批学生。这就是司马迁特意指出颜浊邹是孔子弟子的原因。奇怪的是，司马迁却没有将他列入仲尼弟子名单里。估计他跟孔子学习结束后，早早地离开了鲁国，去卫国施展才能了。

《左传》在全书结尾的最后一年，记叙了颜涿聚，从而使我们认识了一个年近七十岁了还领兵打仗的老英雄。被敌人俘虏后，可能因伤重而死。他和子路一样，都是性情刚烈、敢作敢为、行侠仗义的大丈夫。他们两人的青年故事可以编成一集。

颜氏，在鲁国是个重要的家族，子路与孔子都与颜家结亲。颜氏家族一门忠烈。颜路后来生了颜回，成为儒家品学兼优的学生。2018年11月我去山东蒙山参加历史学会议，正好与山东大学的颜丙罡教授住在一起，我说咱们仲颜是一家啊！

第三章　投身儒门

初 到 曲 阜

泗水和洙水像两个姐妹，从卞邑东边的山林里流出，一会儿分，一会儿合，缓缓流向西边的曲阜。流到曲阜后，洙泗分开，洙水从城北向西绕过曲阜城向南流，泗水向南从曲阜城的东侧流过。两水环抱了一下曲阜后，又汇合起来向西流去。曲阜就像一颗明珠被两水环绕着。

仲由离开生活了二十年的家乡，告别家中父母姐妹和卞邑那一片青山绿水，沿着泗水河畔，步行一百多里，走了整整一天，来到曲阜这个陌生都城。

曲阜高大的城墙在夕阳里熠熠发光，远远就可以看到。那时的曲阜城墙是用夯土筑起来的，据今天的考古测量，曲阜古城全长 11770 米，其中东城墙长 2531 米，南城墙长 3250 米，西城墙长 2430 米，北城墙长 3560 米。这在当时的确是一座大城。

曲阜四面城墙各开三座城门，北面城墙自东向西为莱门、北门、争门。南城墙自西向东依次为稷门（又称高门）、南门（也叫雩门）和鹿门。东城墙自北向南为上东门、东门、石门。西城墙自北向南为子驹之门、西门、吏门。从下邑过来的人，估计都要从上东门或争门入城。进得城来，还要走三四里地才能到孔子的住处。

曲阜城的城区布局按周代的规矩，"左祖右社，前朝后市"，城中央为鲁君的宫殿，宫殿南边是朝，即大夫们上朝办事的地方，鲁宫的后边是市，即工商贸易的集市。春秋时诸侯的宫殿一般有库门、雉门、路门三重宫门。路门之内为寝宫，称为"路寝"。据《礼记·檀弓下》和《鲁周公世家》记载，雉门外的路东为宗庙区，有祭祀周文王的周庙、祭祀周公旦的太庙，以及祭祀第一代国君伯禽以下历代鲁国诸公的宗庙，依照穆顺序排列。雉门外的路西为商代修建的亳社和周代修建的周社，两社之间为朝廷大臣办公区域。

鲁宫南边，在南门附近有一片湖水，依据这种地形，鲁僖公时期建起了泮宫。《礼记·王制》："大学在郊，天子曰辟雍，诸侯曰泮宫。"辟雍的格局是中央为高台建筑，四面环水，呈圆环状，而诸侯的泮宫仅三面环水。郑玄注："泮之言半也，半水者，盖东西门以南通水，北无也。"

泮宫邻水而建，房屋高大宽敞，是当时鲁国贵族子弟上学的地方，也是按时举行祭祀、庆功等多种礼乐活动的场所。孔子办的学校与这里不是一个等级，一个像今天的清华北大，一个像简陋的民办学校。在孔子办学之前，泮宫是鲁国教育的中心，知识在这里传承，文化在这里发育，但这里是阳春白雪，平民百姓只能远远地听到泮宫里面传出的读书声：

……思乐泮水，薄采其茆。鲁侯戾止，在泮饮酒。既饮旨酒，永锡难老。顺彼长道，屈此群丑。……明明鲁侯，克明其德。既作泮宫，淮夷攸服。矫矫虎臣，在泮献馘。淑问如皋陶，在泮献囚。济济多士，克广德心。桓桓于征，狄彼东南。烝烝皇皇，不吴不扬。不告于讻，在泮献功。角弓其觩。束矢其搜。戎车孔博。徒御无斁。既克淮夷，孔淑不逆。式固尔犹，淮夷卒获。……（《诗经·鲁颂·泮水》）

让我们通过这首诗来了解泮宫庆典时的景象：

人们兴高采烈地赶赴泮宫水滨，采撷凫葵菜以备大典之用。我们伟大的主公鲁侯驾到，在宏伟的泮宫里饮酒相庆。他开怀畅饮着甘甜的美酒，祈盼上苍赐予他永远年轻。通往泮宫的长长官道两侧，大批的淮夷俘虏跪拜相迎。

勤勉的主公鲁侯君王，庄敬恭谨地展示出高尚的品德，先是筹划修建宏伟的泮宫，接着又发兵淮夷束手臣降。那一群勇猛如虎的将士们，泮宫水滨献俘大典正奔忙。那些贤良如皋陶的文臣们，筹备献俘大典聚在泮水旁。

鲁国上下济济一堂众臣工，倾力推广我王的善意德政。威武之师坚定地踏上征程，一鼓作气把东南淮夷平定。文臣武将生龙活虎气势盛但大家既不喧嚣也不高声，不跑官要官也不抢功争名，都来泮宫献俘奏捷展战功。

战士们把角弓挽得曲曲弯，蝗群般的羽箭射得嗖嗖响。冲阵的兵车坚固又宽大，步兵车兵连续作战不歇响。威武之师很快征服了淮夷，淮夷上下齐归顺不敢相抗。因为坚持了你的战略决策，才有淮夷土地最终入我囊。

这诗大约写于鲁隐公以前的时代，鲁国还经常和南边的淮夷打仗，泮宫成了献俘和庆功的地方，泮宫的宏大和排场非同一般。

现在我们来谈谈子路在曲阜的生活。

孔子的家在阙里，阙里位于曲阜城的西南部位，应该在鲁宫的西南侧。阙里，顾名思义，就是阙的里面。阙是立在鲁宫前的装饰性的建筑，阙里就在鲁宫的附近。这是一处普通的街巷，多为殷人聚居。它的位置既靠近北边的闹市，也靠近鲁宫和宗庙。曲阜城的西区为制陶区，城北为冶金区，城东为军营，其余皆为民居、市场和园圃，菜园子到处都是。那时的城市和今天的城市不是一个概念，城中很多地方与乡间一样。

估计子路住在孔子家附近。孔子此时已结婚多年，儿子孔鲤也有八岁了。孔子比子路大九岁，性情温和，是个慈祥的老大哥。子路见到孔子心中十分温暖，又见到很多同学，亲亲热热，思乡的心情慢慢就消失了。

当时的学生大都是曲阜城内的人，外地来的不多。与子路一起来的还有一个人，叫任不齐，比子路大三岁，是任国人，即今天济宁任城区人，距离曲阜不远，大约四十里地。此人聪明好学，为人和善，后来成为一个大学者。

很多门人比子路的年纪大，颜路比子路大三岁，老实厚道，从小和孔子一起长大，是操办红白喜事的好手。人家是城里人，自小耳闻目睹都城之事，见识比子路多。子路和他们比起来，是素朴的乡下青年。

最为潇洒的是曾点，也叫曾晳，鄫国太子的后裔，避难鲁国，虽然家境败落，仍像个小公子哥。他和子路年龄差不多大，从小多才多艺。季武子死那年，他才七八岁，居然在丧礼上"依门而歌"。而那个卫国人琴张，弹得一手好琴，鼓得一手好瑟，风流倜傥，翩翩君子。这些人都是蘸着墨水长大的。子路入得儒门，宛如乡野之人进了文艺苑林，耳濡目染的是琴棋书画，再也不是飞禽走兽、虎兕熊狼。

子路入孔门不久，从秦国来了一个学生，名叫燕伋。关于燕伋，《论语》和《孔子家语》等著作都没提及，只有燕氏家谱做了详细的记载，这可是孔子早期学生中的一个重要人物。燕伋比子路小一岁，公元前541年生人，是秦国渔阳人，在今天的宝鸡市境内。燕伋来后，吃住都在孔门，可能与子路住在一起，朝夕相处，关系密切。子路再也不能去树林里打猎、下河捕鱼了，也不能去田间和父母一起耕作了。此时的子路开始了一种崭新的生活，与竹简打交道，在知识的空间里遨游。

现在我们可以想象一下子路的学校生活，十几口或几十口人生活在一起，天天买菜买面，烧锅做饭，晚上同学们挤在草堆上席地而睡。颜路应当是孔子的生活助手，后勤一类的事情都要颜路操办，子路应当是颜路的助手，颜路吩咐的事情他就去做。子路勤快能干，是孔门中的好劳动力。孔子得到子路这么一个乡间来的淳朴青年，自然是十分高兴。子路性情豪爽，办事痛快，同学们也都挺喜欢他。

有一件事情要提一下，当时的生活肯定比较简朴，办学经费来之不易，事事处处都要节俭过日子，但过年过节总要庆祝一下，喝酒是少不了的事情。要说喝酒，子路的酒量可能挺大，但孔子的酒量可能更大。孔子可能是个嗜酒之人，有李白之风，这在文献记录中可以看出。《论语·乡党》里有句话，说孔子"惟酒无量，不及乱"，孔子可能喝很多酒也不醉。这样子路和孔子就棋逢对手，经常举杯豪饮了。

孔子年轻时也是个浪漫之人，喝到高兴处，不禁要带弟子们手舞足蹈一番。当时的鲁国人就像今天的少数民族，舞蹈是家常便饭，高兴了便手舞足蹈。当时的舞蹈是什么样呢？大家可以想象今天很多少数民族的那些舞蹈。春秋时，汉人的舞蹈还是很多的。人一高兴，就要歌之，舞之，蹈之。孔子能歌善舞，子路也当仁不让，儒家的人士可以说都是些文艺青年。当孔门弟子们舞成一片时，那是一个多么欢乐的场景啊！

孔门生活内容丰富多彩，琴棋书画，诗文歌舞，驰骑突射，样样少不了。子路入得孔门，过上了一段美好的生活。

曲 阜 生 活

孔子办学的这一年是公元前 522 年，第二代弟子冉求出生，过了一年颜回和子贡出生。而此时的孔门，年龄最小的是三桓之一孟氏家族孟僖子的两个儿子，仲孙何忌和南宫敬叔，两人可能相差一岁，年龄在十岁左右，还有孔子的儿子孔鲤，年龄八九岁，他们也跟着一群大哥哥听课。天气好的时候，学生们坐在大杏树下，琅琅读书声便一阵阵传来：

凤兴夜寐，洒扫庭内，维民之章。修尔车马，弓矢戎兵，用戒戎作，用逷蛮方。

质尔人民，谨尔侯度，用戒不虞。慎尔出话，敬尔威仪，无不柔嘉。白圭之玷，尚可磨也；斯言之玷，不可为也！

无易由言，无曰苟矣，莫扪朕舌，言不可逝矣。无言不仇，无德不报。惠于朋友，庶民小子。子孙绳绳，万民靡不承。

……辟尔为德，俾臧俾嘉。淑慎尔止，不愆于仪。不僭不贼，鲜不为则。投我以桃，报之以李。彼童而角，实虹小子。

这是《诗经·大雅·抑》中的章句，后来南容也就是南宫敬叔经常背诵"白圭之玷"，孔子为此还表扬过他，并把哥哥的女儿嫁给了他。"南容三复白圭，孔子以其兄之子妻之"。不仅南容三复白圭，子路等弟子也在一遍一遍地背诵经典。

我们可以想象古人读书的情景，古人的书是一卷一卷的竹简，每个人能否人手一卷，不可得知。书在古代是宝贵的，孔子能不能给每个人发一卷书，这要看当时抄写的能力。孔门的学生首先要学习认字，识字以后才能看书。

孔子的课程除了读诗，再就是读书。诗是《诗经》，书是《尚书》。《礼记·中庸》里说："仲尼祖述尧舜，宪章文武。上律天时，下袭水土。"由此可看出孔子严格遵守祖宗之道，张口就是尧舜，闭口就是文武，把祖先之德挂在嘴上。继承尧舜的风范，按文王和武王的教导去做。遵循天时，符合地理，敬天法地。

《诗经》里的国风应当是当时的小学教材，《尚书》的内容比较艰涩，应当是大学的内容。孔子可能根据学生的不同情况安排不同的学习内容。像《大禹谟》这篇文章肯定要学的，一些经典的话语都在这里面，如：

念兹在兹，释兹在兹。帝德罔愆，临下以简，御众以宽，罚弗及嗣，赏延于世。宥过无大，刑故无小，罪疑惟轻，功疑惟重。与其杀不辜，宁失不经。好生之德，洽于民心。克勤于邦，克俭于家，不自满假，惟汝贤。汝惟不矜，天下莫与汝争能。汝惟不伐，天下莫与汝争功。人心惟危，道心惟微，惟精惟一，允执厥中。无稽之言勿听，弗询之谋勿庸。慎乃有位，敬修其可愿，四海困穷，天禄永终。

孔子崇尚先王，尧舜禹是他心中至高无上的偶像。《论语·泰伯》篇记下了他对先贤的赞美：

巍巍乎！舜禹之有天下也而不与焉。大哉尧之为君也！巍巍乎，唯天为大，唯尧则之。荡荡乎，民无能名焉。巍巍乎其有成功也，焕乎其有文章！三分天下有其二，以服事殷。周之德，其可谓至德也已矣。禹，吾无间然矣。菲饮食而致孝乎鬼神，恶衣服而致美乎黻（fú）冕，卑宫室而尽力乎沟洫。禹，吾无间然矣！

古典注入学生心中，道德的力量注入心中，犹如向学生们的心里注入了灵魂，平凡的人由此懂得了神圣的道理，人变得庄严，肃穆，敬诚。人为什么要读书？读书开启人们的心灵，读书可以升华人的认识，由小人逐渐成为君子。孔子的学堂就是把小人变成君子的地方。

"万物并育而不相害，道并行而不相悖。小德川流，大德敦化。此天地之所以为大也！"（《中庸》）孔子不仅引用古训及天地之道教育弟子，更大量地讲述人伦道德。譬如：

"父母在，不远游，游必有方。"

"三年无改于父之道，可谓孝矣。"

"父母之年，不可不知也。一则以喜，一则以惧。"

"事父母几谏，见志不从，又敬不违，劳而不怨。"

"君子喻于义，小人喻于利。"

"见贤思齐焉，见不贤而内自省也。"

"古者言之不出，耻躬之不逮也。"

"以约失之者鲜矣。"

"君子欲讷于言而敏于行。"

就在阙里的一个陋巷里，孔子开始了一个新的学习天地，开辟了新的人生里程。这个年轻的老师并非述而不作，因循守旧，而是有很多创新发现，给鲁国人灌输进了新鲜的思想。譬如，"学而时习之，不亦说乎？有朋自远方来，不亦乐乎？人不知而不愠，不亦君子乎？"

这句话成为《论语》开篇之首，从此，好学成了中华民族固有的习惯，中国成了世界上最善于学习的国家。改革开放四十年，中国跻身于发达国家，与善于学习的民族传统密切相关。并且，中国人还谦虚，埋头苦干而不张扬，人不知而不愠，默默追赶，直到外国人感到惊讶。

子路坐在台下听孔子讲课。孔子娓娓道来："其为人也孝悌，而好犯上者，鲜矣。不好犯上而好作乱者，未之有也。君子务本，本立而道生。孝悌也者，其为仁之本与。"孝悌是中华民族的美德，有了孝悌之心，便会时时关心父母，关爱兄弟姐妹，时时处处为他人着想。这是做人的根本，也是仁的根本。

孔子接着说："巧言令色，鲜矣仁！"不要花言巧语，不要口是心非，做人要实实在在，实事求是。

最后，孔子总结说："弟子入则孝，出则悌，谨而信，泛爱众，而亲仁，行有余力，则以学文。"你们首先要先学会做人，懂得了基本的做人规矩，有了基本的品行，然后才可以进一步学习知识。

子路听得入迷，老师说到他的心坎上去了。他平时就讨厌虚伪，一是一，二是二。"子路无宿诺"，答应人家的事当天不完成，不敢再做新的承诺。这是一种侠义精神，说话算话，答应了的事绝对办。人们一般都喜欢这样的人。

《论语·公冶长》还记载了子路这样一个特点："子路有闻，未之能行，唯恐有闻。"子路每接受一项任务，都尽心竭力地去做，还没干完时，生怕还有别的事找上门来。

孔子育人，把修身放在第一位，首先关注道德品质，只有好人，才能利用知识做好事。《论语》的内容前面的章节大多与修身有关，如：

"不患人之不己知，患不知人也。"

"君子不重则不威，学则不固。主忠信，无友不如己者，过，则勿惮改。"

"父在，观其志。父没，观其行。三年无改于父之道，可谓孝矣。"

"君子食无求饱，居无求安，敏于事而慎于言，就有道而正焉。可谓好学也已。"

孔子这些话句句装进子路的心中。以前，子路对先生并不怎么了解，经过一段时间的学习，子路开始信服老师。子路是有主见、不盲从的人，他能终生跟从孔子，一定是孔子的人格魅力和智慧征服了他。做人要走正道，做好人，正符合子路善的本性。

从公元前522年（鲁昭公二十年）到公元前517年（鲁昭公二十五年），子路在曲阜度过了相对平静的五年。从二十一岁起，子路开始与书简打交道，把全部的精力投入到学习和陪伴孔子上。

除了学习和劳作，子路在曲阜的生活也丰富多样，这个乡下青年开始了解城里人的生活内容。首先是过年过节，城里要比乡下热闹得多。另外还有一些节气和祭祀日，曲阜城里都格外热闹。

《礼记·杂记下》记载了这样一件事："子贡观于蜡。孔子曰：赐也乐乎？对曰：一国之人皆若狂，赐未知其乐也。子曰：百日之蜡，一日之泽，非尔所知也。张而不弛，文武弗能也；弛而不张，文武弗为也。一张一弛，文武之道也。"这是十四五年后，小弟子子贡来曲阜学习时发生的事情。子贡是卫国人，他从卫国来到曲阜，正好碰上一年一度的蜡祭，他看到曲阜城里的人都欢乐得如癫如狂。小小的子贡不明白人们为什么这样高兴。孔子就告诉他，人们辛勤劳作了一年，好不容易到了冬天腊月才有蜡祭这么一天的享受，这是你体会不到的。民众一味地紧张而没有放松，即使文王、武王也不能把天下治理好。该紧张时紧张，该轻松时轻松，这才是文主和武王治理天下的办法。

从这段话中我们可以看出，蜡祭是一年曲阜城中最狂欢和放松的一天。蜡祭的内容主要是祭祀自己的先祖，与祖宗共享欢乐，尽情地吃喝玩乐，所以这一天特别轻松。中国古代也有狂欢节，这就是冬天腊月里蜡祭那一天，这一天大约是腊月初五或初八。子路初到曲阜，看到万人空巷，满城人都跑到主要大街上如痴如醉玩乐的庆祝场面，感受会和后来的子贡一样，既吃惊又振奋。当然，子路也会加入这个狂欢的队伍里去。这一天，做完祭祀，人们便载歌载舞，满城狂欢。孔门弟子们特别是那些从外地来的学生，都会在此刻好好放松一下。

《礼记·礼运》篇还记载了这样一段内容："昔者仲尼与于蜡宾，事毕，出游于观之上，喟然而叹。仲尼之叹，盖叹鲁也。言偃在侧曰：君子何叹？孔子曰：大道之行也，与三代之英，丘未之逮也，而有志焉。大道之行也，天下为公。选贤与能，讲信修睦，故人不独亲其亲，不独子其子，使老有所终，壮有所用，幼有所长，矜寡孤独废疾者，皆有所养。男有分，女有归。货恶其弃于地也，不必藏于己。力恶其不出于身也，不必为己。是故谋闭而不兴，盗窃乱贼而不作，故外户而不闭，是谓大同。"

这一段的意思是，孔子作为来宾参与蜡祭，祭毕，孔子来到宫门外的高台之上漫步。他望着满城狂欢的人群，感慨地说出了天下大同的理想。就是蜡祭这一天欢乐的情景，启发了孔子"大道之行天下为公"的思想火花。因为这一天，满城人民将食物都贡献出来，共同分享，大家一起吃，一起乐，不分彼此。孔子见到这一情景，不禁萌生出天下为公的大同思想，希望普天下都能像蜡祭这一天一样，过一下共产主义的生活，"一国之人皆若狂"，轻松欢乐地生活。子路是一个"愿车马衣轻裘与朋友共敝之而无憾"的人，在蜡祭的日子里，肯定能找到他性情中那种感觉。

并且，子路是个高大英俊的青年，是招惹女子爱慕的偶像。当他加入大街上狂欢的人群时，经常迎来一个个热情相邀的姑娘，拉着他一起跳舞，欢闹。曲阜是殷商人的故国，殷人女子热情开朗，保留着很多东夷人的风俗习惯。曲阜城里有两个祭祖的社坛，一个是殷人的亳社，一个是周人的周社。有关殷人的活动在亳社里举行，蜡祭时亳社的欢乐程度和热闹程度要远高于周社。周人从西方过来，始终保留着姬姓周人古板坚实的作风，与殷人的浪漫和激情形成一定的对照。

农耕时代，人们在忙碌一年后，松闲的时节就是冬天，冬天搞的活动最盛大。腊八蜡祭之后，是驱傩大礼。驱傩也叫大傩，是腊月里又一次大型的社会活动，日子大概在腊月二十四这一天。中国古代的习俗是每年春、秋、冬都要搞一次驱赶疫鬼的活动，这种驱鬼除邪的活动叫傩。如果说蜡祭是与天同庆的欢乐海洋，那么驱傩就有点恐怖。《礼记·月令》记载："季春之月……命国难（傩），九门磔攘（zhé ráng），以毕春气。"这意思是，季春之月，全国举行傩祭，在各个城门砍碎牲体以驱除邪恶之气，结束春天这个季节。冬天腊月的傩日规模更盛大，气氛更隆重。驱傩这一天，不仅要动员起全城所有的年轻人头戴面具、手持扫帚，上街挨门挨户驱鬼，还要把牲畜拿刀砍碎，放在各个城门口，用血淋淋的牲畜躯体来驱赶鬼邪。

当然，驱赶疫鬼是有形式的。要有一个威武雄壮、面目凶猛的大汉做驱鬼主角。这个主角叫"方相氏"。《周礼·夏官司马·虎贲氏/道右》记载："方相氏掌蒙熊皮，黄金四目，玄衣朱裳，执戈扬盾，帅百隶隶而时傩，以索室驱疫。"

这段话的意思是，方相氏蒙着熊皮，戴着黄金铸造的有四只眼睛的面具，上身穿黑衣，下身穿红裳，拿着戈，举着盾，率领群隶在各个季节里举行傩法，以搜索室中的疫鬼而加以驱逐。子路身材高大，仪态威猛，可能经常在大傩时被挑选出来做方相氏。这个人物让子路来扮演是最合适不过了。

方相氏率领着众人挨家挨户驱逐疫鬼，鬼魅见到面目凶猛的方相氏，都会吓得纷纷逃走。连孔子对这一幕都非常惊恐，怕对室神有所不利。所以，每到城里人驱傩，孔子就朝服而立，神态严肃，内心对室神怀着敬仰，使其有所依附，而子路在这一时刻都是大显神威的时候。

傩文化现在已经在北方见不到了，只有南方的一些地方以及少数民族中还保留着，其实傩文化是从北方传到南方去的。

驱傩活动搞完，子路就要回家过年了。子路是孝顺儿子，为了学习，抛别爹娘，平时思亲的痛苦常常折磨着子路。子路又是家中独子，父母在家里也是日日想念他。曲阜到卞邑的仲里要有一百三十里地，路上要走一天半。子路背着沉重的米袋，浑身冒着热气往家里赶。沿途都是冰封的世界，平日里河水哗哗流淌的泗水河此时已变成一条冰河，到处覆盖着坚冰，路上厚厚的积雪没过小腿。子路一脚深一脚浅地在雪地里行走着，对见父母的渴望驱使他奋力前行。走到卞邑时天已彻底黑了，子路必须在卞邑住一宿，明天再走三十里路。

第二天，子路终于到家了。他多么想孝敬自己的父母啊！见到父母是多么高兴啊！但是，命运捉弄人，自从去曲阜跟上孔子，子路就没能再回去。从公元前 522 年他去曲阜，到公元前 512 年他父亲去世，这十年的时间里他都是在外地与家乡之间来回奔波。公元前 511 年，子路将母亲接了出来，一年之后母亲去世，从此，子路就很少回家乡仲里了。

这样看，子路与父母在一起的时间是短暂的，在身边一起生活也就二十一年，出外十一年，三十二岁时，父母就双亡了。无怪子路总是思念双亲，在还没来得及好好孝敬父母的时候，他们就不在了。这是青年人经常痛苦的事情。

孔 门 弟 子

黄河之滨，集合着一群中华民族优秀的子孙。

鲁国曲阜，也集合起了一群优秀的华夏子孙。

他们读书，他们算数，他们弹琴，鼓瑟，他们唱歌，他们学习射箭，驾驭马车。他们朝气蓬勃，积极进取，刻苦努力，修身向善，用知识和智慧武装自己，完美自己。

有一次子路在课堂门口练习弹奏乐器，由于弹得不悦耳，孔子烦了，弟子们也嘲笑子路。于是孔子安慰子路说，你的瑟已弹得升堂了，还没入室。"子曰：由之瑟奚为于丘之门？门人不敬子路。子曰：由也升堂矣，未入于室也。"《论语·先进》这一段记录，反映了孔子学堂当年的景象。

孔子弟子是一批什么人？与泮宫里那些贵族子弟有什么不同？《论语·先进》讲了一句话："子曰，先进于礼乐，野人也。后进于礼乐，君子也。如用之，则吾从先进。"

孔子这句话的意思是，先学习礼乐再入仕的人是平民。先当了官然后再学习礼乐的人是贵族子弟。如果要用人才，那我愿意用先学习礼乐的野人。野人，不是从事农业的山野之人，而是指没有身份地位的庶人，平民百姓。这些人有了知识和技能之后，可去贵族家做官。知识可以改变身份，是鲁国的进步，不完全以身份等级取仕，而是根据才能和本事。

孔子为什么要通过知识来打通人们上升的道路呢？这与他本身的遭遇有关，所以他想带动一批像他这样的人，恢复自己家族高贵血统的荣耀，从国君那里获得一份俸禄。应当说，当时的破落贵族很多，子弟也很多，很多祖上辉煌的人现在已落为平民，没有了封地，没有了食邑，没有官职俸禄。他们如要恢复往日祖辈的辉煌，过上富裕一点的生活，只能凭本事，凭手艺，入仕食禄。孔子早期的学生集聚的就是这样一批人。

譬如闵子骞，六辈以前的祖父是鲁国国君鲁闵公，闵公继位不到两年就被庆父害死，儿子闵子鲁生闵泽，闵泽生闵伯衍，闵伯衍生闵子建，闵子建生闵子马（闵马父），闵子马生闵损（闵子骞）。到了闵子骞，家境已沦落至平民，以致后母给他穿花絮填塞的棉衣。

闵损，字子骞，生卒年月为公元前536—前487年，生于曲阜，卒于齐州。他比孔子小十五岁，是孔子早期的学生，大约比子路晚来孔门几年。

冉耕，字伯牛，比孔子大约小六岁或七岁，出自姬姓，以德行著称，孔子早期的学生。他的十世祖是姬昌，周文王，九世祖冉季载是周文王姬昌的第十子，周武王姬发同母弟，封于冉，国都在今山东定陶，以国为氏，冉氏得姓始祖。三世祖冉辉，奔晋，居汾州（今山西孝义）。另一个三世祖冉煌，奔鲁，居郏。二世祖冉胜，一世祖冉在，生二子：冉耕、冉雍、冉求。

《论语·雍也》记载："伯牛有疾，子问之，自牖执其手，曰：亡之，命矣夫，斯人也而有斯疾也！斯人也而有斯疾也！"伯牛病了，孔子前去探望他，从窗户外面握着他的手说："死，是命里注定的吧！这样的人竟会得这样的病啊，这样的人竟会得这样的病啊！"

冉耕是个贤良的人，在德行方面排在第一位，可惜四十多岁后得了病，这种病可能是传染病，孔子去看他时，只是通过窗户拉着他的手，说了几句话。估计冉耕于公元前500年继孔子之后做了中都宰后，没几年就得病了。孔子和子路于公元前497年出走鲁国时，他已病危或病故。周游列国时就再也没有他的音信了。

冉雍，字仲弓，据冉氏宗谱记载，冉雍是冉耕的弟弟，估计比冉耕小五六岁。因为德行好，孔子说"雍也可使南面"。

秦商，字丕兹，比孔子小四岁，鲁国著名武士秦堇父的儿子，鲁

国国君伯禽的后裔封地秦邑，以居邑名为氏。鲁有秦堇父，其子秦
丕兹。

这几个被孔子誉为德行好的人都出自周文王之后，都有显赫的身
世。而那些非姬姓的人呢？

曾点，字皙。皙者，白也，从名字上看，曾点应该是个风流倜傥
的白面书生。根据他在季武子公元前535年去世时"依门而歌"的
情形来判断，出生时间在公元前542年左右，年龄与子路差不多大。
他爷爷的爷爷姒时泰，是鄫国的末代国君，曾祖父是鄫国的太子巫，
祖父曾夭，父亲曾阜。到了爷爷曾夭这一辈，他家以国为姓，改鄫为
曾。所以，曾点出自姒姓，是大禹的后裔。鄫国在今天山东临沂的苍
山县也叫兰陵县文峰山东部向城镇一带，公元前567年被莒国所灭。
他的曾祖父太子巫因国破，逃到鲁国避难。爷爷曾夭和爸爸曾阜都在
三桓家当差。到了曾点这一代，已沦落为城市庶民。

颜路，又名颜无繇（yóu）、颜由，生于公元前545年，颜回的父
亲，孔子早期的弟子之一，曾娶齐国姜姓女子为妻。颜姓的来源有两
种说法：

一、源于曹姓。黄帝之孙颛顼，颛顼之玄孙是陆终，陆终生有六
子，第五子叫晏安，曹姓，封国在邾。商亡之后，周武王封古邾国晏
安的后裔侠为邾子，其封国北邻鲁国，占有今邹城、滕州、费县西
部、济宁、鱼台东部的土地。侠生辉，辉生成，成生车辅，车辅生将
新，将新生訾父，訾父生夷父（字伯颜），夷父生颜友。颜友的后人
都姓颜。颜姓的小邾国后人跑到鲁国来，在鲁国谋生，这就是颜路的
出身，小邾国国君的后人。

二、出自姬姓，起源于春秋时鲁国公族，是周公旦伯禽之后。据
《通志·氏族略》所载，伯禽的子孙有人被封在颜邑，遂以封邑为
姓，称颜姓。

这两种说法，笔者倾向于前者。孔子的母亲颜征在和颜路应当是
小邾国颜氏的后人。

荣旗，比孔子小九岁，生于公元前 542 年，与子路一般大，出身十分高贵。荣氏的祖先原本姬姓，与西周姬姓同宗。周成王时，卿士荣伯食采于荣，即今天河南的巩义市西，以邑为姓。周庄王四年，公元前 693 年，荣叔公奉王命见鲁桓公，有功于社稷，封为上谷大夫，家人始迁于鲁，宅居郕邑，是为荣氏鲁宗之始。

司马迁《史记》载：荣夷公"为周卿士，大有勋劳，赞襄政治，直媲美于周召，而千古常昭"。荣夷公的作用堪比周公和召公。鲁襄公时，大夫荣成伯陪伴他出使楚国，半路听到季武子把卞邑占领了，鲁襄公气得不想回国。荣成伯用《诗经》里的诗句来劝解他"式微式微，胡不归"，鲁襄公才同意回国。

荣成伯的名字叫荣驾鹅，《左传》两次提到他，一是公元前 544 年随鲁襄公访楚归来，二是公元前 509 年（鲁定公元年）季孙问于荣驾鹅。荣旗可能是荣成伯的儿子，家境还是不错的。

荣旗跟孔子学习后，精通六艺，后来帮助孔子删《诗》、赞《易》、序《书》、定《礼》。《荣氏宗谱》尊荣启期为鼻祖，尊荣旗为一世祖，说荣旗"老年正心修身，抱道自处，存心养性"，公元前 470 年去世，葬于昙山西北麓厌次岭。

燕伋来孔门的时间相比子路略晚一些，他比子路小一岁，是秦国人。

燕伋这个人值得一提。据燕氏家谱记载，燕伋生于公元前 541 年，卒于前 476 年，秦国渔阳人，即今天宝鸡市千阳县水沟镇燕家山人。燕氏家族应该是当地的名门望族，燕伋的祖父名公胜，父亲名公滕。孔子在山东曲阜办学，消息传到秦国，于是燕伋在他二十一岁那年，应当是公元前 521 年，负笈千里，来到山东曲阜拜师求学。

燕伋来鲁国学习是要带足钱的。当时各国都使用铜钱，尽管形状不同，但可以交换，就像今天的货币交换，在春秋时就已有了。外国来鲁国的学生，都必须有一定的经济基础。

燕氏家谱记载，公元前 520 年春，二十二岁的燕伋跟随孔子及同学南宫敬叔、仲由等人，到成周"问礼"，考察周都洛邑的社会吏制和道德规范。经过五年学习，燕伋二十七岁回到故里。这就是说燕伋跟孔子去了齐国，在齐国待了一年后才回的家。在家过了八年耕读生涯，三十五岁时又去鲁国跟孔子学习，也就是说公元前507年，在孔子第二次办学时他又来了鲁国。这次，他在鲁国住了五年，四十岁回到了千阳。燕伋曾跟随孔子去周都洛邑和齐国国都临淄，浏览过周庙和齐桓公庙，全面接受了齐鲁文化的熏陶与洗礼。

燕伋返乡后，办起了私塾，执教十八年。想念恩师时总要登高望鲁，后来人们把这十余米高的土台称为"燕伋望鲁台"。现陕西宝鸡千阳县有燕伋望鲁台，距今已有两千五百年的历史，被世人称为"中华尊师第一台"。

漆雕开比孔子小十一岁，比子路小两岁。他是蔡国人，估计是手艺人家庭子弟，其父亲从蔡国来鲁国经营南方的油漆，漆雕的姓就来自他家人从事的行业。在鲁国曲阜，漆雕是一项大行业，木匠活做完之后，就是雕刻与油漆。曲阜的商业街上，漆雕家应当是一个大户。漆雕开就是这个工匠家庭的子弟。

这里身份最高贵的是鲁国三桓家的两个公子：仲孙何忌和南宫敬叔，他们是鲁国上卿孟僖子的两个儿子。他们的年纪在《史记》和《孔子家语》里都没记载，但可从《左传》记载来判断。《左传·昭公十一年》记载，公元前531年，孟僖子会见邾庄公，在祲祥结盟，遵循礼制，重修旧好。这时，泉丘的一个女人梦见她用帷幕覆盖了孟氏的祖庙，于是就带着一个女孩私奔到孟僖子那里去了。她和孟僖子在清丘的土地神庙里盟誓说："有了儿子，不要丢掉我！"孟僖子让她们住在蓬氏那个地方做妾。孟僖子从祲祥回来，住在蓬氏那里。泉丘的女人生了懿子和南宫敬叔。她的同伴没有儿子，就让同伴抚养敬叔。

或许是孟僖子的夫人没生男孩，所以泉丘女生的儿子就成了孟氏家族的宗子。仲孙何忌与南宫敬叔前后脚出生，仲孙何忌大一点，于是就成了家主。这就是后来的孟懿子。从《左传》的记载看，公元前531年结合，很可能次年就生出了儿子。所以，我断定仲孙何忌与南宫敬叔是公元前530年出生，比孔子小二十一岁。孟氏家的这两个公子可能在十几岁的时候就跟孔子学习了，南宫敬叔还跟孔子去了一趟成周，但他们的学习一直没有间断，二十几岁的时候仍然还会请教孔子。孟氏家的两个儿子来跟孔子学习，说明了孔子与孟家的紧密关系。

由此看，孔子早期的这帮弟子大多是小贵族或破落贵族子弟，只有仲孙何忌和南宫敬叔的身份特殊。曾点和颜路的祖上一个是鄫国的国君，一个是小邾国的国君，荣旗也是出身显贵。任不齐可能是任国国君之后，燕伋、漆雕开、壤驷赤、商泽、石作蜀、后处、秦冉、公夏首、奚容箴、公肩定、颜祖、鄡单、句井疆、罕父黑、申党、颜之仆、县成、左人郢、秦非、施之常等，祖上都有来头，但这帮人此时大概都已沦落为普通平民，在曲阜城里靠打工谋生。他们有的是手工业者，如打铁的，编筐的，做木匠的，刷油漆的，有的从事服务业。曲阜当时的人口估计有几万，围绕着鲁君及几家大贵族，足以形成一定规模的服务业。

我估计这些学生很可能是以半工半读的方式来学习，只有从秦国来的燕伋以及从蔡国来的漆雕开这样的学生是专职学生。那时的学校不会像今天的学校按部就班，每天准时准点的上课，很可能是隔三岔五地安排课程。孔子当年办学，开始时会很不正规。学生也参差不齐，有穷有富，有贵有贱。有的穿戴华丽，有的穿戴寒酸。子路与这么多师兄和师弟在一起，关系相处得怎么样，是否会有自卑感？孔子的话可以证明子路的表现。

孔子说："衣敝缊袍，与衣狐貉者立而不耻者，其由也与。不忮不求，何用不臧。"孔子认为穿着破旧的丝绵袍子，与穿着狐貉皮袍的人站在一起而不感到羞耻，大概只有仲由吧。子路不以破衣为耻，原因有两个。一是有实力，实力决定心理。子路天生长得魁梧，强壮有力，在一个讲究力量的时代，这是必不可少的天赋。所以子路不会自卑，而是有骄傲的本钱。子路可能还有人人生而平等的理念，看不起靠身份地位混饭吃的人。第二个原因就是孔子所说的：不忮不求，何用不臧？子路不嫉妒，不贪求，心里坦荡。一些人之所以低三下四，往往是有求于人。一些人之所以内心不安，是因为有嫉妒他人之心。子路的内心是纯洁的，如一潭清水，对人坦坦荡荡，无怨无欲，这种内心平和的人，待人接物和做事怎能不好呢。

以上是孔子的学生成分分析。他们大都是社会上有一定身份的人，偶尔有几个特殊人物光顾，像孟氏家的仲孙何忌和南宫敬叔。他们也是为专门的课程而来，譬如礼这一课，不是识几个字的人就能教授的，必须是孔子这样从事过多年仪礼活动之人才能传授。

这个时候，孔门最小的学生可能是孔子的儿子孔鲤，他已九岁或十岁了。尽管孔鲤有最好的学习条件，但后来成绩平平，未被列入七十二贤之列，不知是什么原因。

无 礼 不 立

孔子说过两句话："不学诗无以言，不学礼无以立。"礼是儒学重要的内容，是儒家弟子学习的重要课程。进得孔门，儒家弟子必须过礼这一关。子路也必须通过这一关。我常常在想，像子路这样性格的人，怎么能经受得住繁文缛节的折磨？但后来的事实证明，子路是个简化派，在简化程序和手续上有所创新。

《孔子家语·曲礼公西赤问》载："子路为季氏宰。季氏祭，逮昏而奠，终日不足，继以烛。虽有强力之容，肃敬之心，皆倦怠矣。有司跛倚以临，其为不敬也大矣。他日祭，子路与焉，室事交于户，堂事当于阶，质明而始行事，晏朝而彻。"

　　这是子路后来当季氏家宰时的事情。季氏家里搞祭祀，从早到晚，一个白天都没搞完，晚上还要点着蜡烛进行，把司礼者累得东倒西歪，一点恭敬肃穆之相都没有了。改日，子路来负责祭祀之事，在组织安排上进行了调整，室内的祭品交给充当祖先神像的尸，堂上所需物品在西阶上交接。结果，从天亮开始，黄昏时便结束了。此事可以看出子路干脆利索、干练果断的特点。

　　学礼，首先是待人接物的礼。礼首先表现在言谈、姿态、面容、外表和动作上。见了面说话要有礼貌，语言要谦恭委婉，动作上的作揖、鞠躬、磕头等要合规得体。彬彬有礼首先是体现在人的仪表和交际上。中国文化最大的特征就是懂礼道。在古代社会，懂不懂礼道，是一个人文明不文明的最大标志。人的一行一动，都要按礼道办事。

　　还有一种礼，是仪式，譬如士冠礼、士昏礼、士相见礼、乡饮酒礼、婚礼、乡射礼、燕礼、大射仪聘礼、公食大夫礼、觐礼、葬礼、丧服士丧礼、既夕礼、士虞礼、特牲馈食礼、少牢馈食礼等等。每一个礼都有很多内容，很多仪式。

　　人生的第一个要举行仪式的礼是士冠礼，《仪礼》中记载，士冠礼首先要在祢庙门前占筮加冠的吉日，主人头戴玄冠，身穿朝服，腰束黑色大带，饰白色蔽膝，在门槛外布设筮席，筮人用蓍草占筮……

　　从现代人的角度来看儒家的礼节，确实是太烦琐了。鲁国人将大量时间浪费在形式上，不能说不是一种遗憾。儒家的精华是《论语》，糟粕是繁文缛节。在那个时代，一个人从生到死，全是按礼办事。士冠礼是成人礼，葬礼是人一生的终结礼。人的一生要经历红白喜事各种礼的过程。人生最后的一种仪式丧礼的内容更是复杂。

　　《仪礼》中详细地记载了丧礼的过程：在正寝之室，用被子盖住死者尸体，以一人为其招魂，招魂者服纯衣纁裳，其上衣和下裳的左边连在一起。他登上东面屋翼，站在屋脊中央向北，用衣服招魂，呼喊："哎，某人（死者之名）回来！"连喊三次。进而将衣服从前面扔下，屋翼下面一人用衣箱接住，从东阶上堂用衣服盖住尸体。招魂之人从西面屋翼的北边下来。然后用角质祭勺启开死者上下牙齿，用矮几拘正死者双足，用干肉、肉酱、甜酒祭奠死者。从东阶上堂，将祭品置放在尸体东面，又于堂上陈设帷幕。然后向国君报丧，然后迎接吊唁者。

除了这些仪式，还有棺椁的制作，陪葬品的选择。儒家讲究"事死如事生"，这一理念消耗了死者大量的财富。富人的陪葬品惊人，王侯将相的陪葬品更是倾国倾城。这就是今天中国地下出土文物如此多的原因。

比较之下，伊斯兰教的葬礼相对简单，被称为薄葬。穆斯林有句谚语说，"无论穷，无论富，都是三丈六尺布"，无论其生前多么富有或多么贫穷，亡故后一律只用三丈六尺白布包裹后掩埋，身上不穿绫罗绸缎，墓内也不放任何物品陪葬。土葬是回族丧葬的主要形式。据《古兰经》晓示，人是由真主用泥土造出来的，人类的亡故是归真复命的历程，人从泥土而来，归泥土而去，这是一件很自然、清净的事。所以，伊斯兰地区可能没有大型陪葬墓。只有中国每每有地下的重大发现，这是因为古代的中国王侯将相的文化，是死后要把生前的东西带到地下去。看看汉代的王侯墓葬，全是在制造一个个地下的生活空间。

《仪礼》对每个礼都有详细描述，一个丧礼要有洋洋洒洒上万字的记述。鲁国人在讲究礼这方面是花足了功夫，无怪齐国的晏婴受不了儒家的这一套，墨家也猛烈批判儒家的繁文缛节。后来有些儒生就是靠司礼吃饭，一些学生上门求学也是为了学礼而来。有需求就有供给，鲁国是周礼继承最多的国家，所以因礼而产生的经济活动比较多。

但孔子和子路搞的礼是否像后来那样繁文缛节，我一直有怀疑。孔子是个讲实际的人，宁可重真情，不要形式。譬如在悼念亲人去世时，注重的是内心是否真正哀伤，而不苛求形式仪礼。

孔子对待搞不清楚的事，采取"不语怪力乱神"的态度，敬而远之。子路曾问孔子如何侍奉鬼神，孔子说："未能事人，焉能事鬼？"子路又问人死了以后是怎么回事。孔子说："未知生，焉知死？"（见《论语·先进》）由此可见，孔子对鬼神、地狱这类冥间的事情根本不去探讨，避而远之。孔子应当是一个不搞迷信的人，孔子的这种态度和思想，影响了后来的中国文化。中国没出现西方那种信神的宗教，中国的地狱之说也与儒家文化无关。儒家只是在感情上"慎终追远"，哀悼亲人的离世。

孔子和子路都是穷人出身，在陪葬方面，他们肯定都是厚葬的反对者，他们不会主张把宝贵的物质财富往地下埋。孔子的儿子孔鲤死，棺材外面没有椁。颜回死，孔子也没把自己的马车毁掉去给颜回的棺材做椁。

《孔子家语·曲礼子夏问》记载了一件事，公元前505年季平子死了，在安葬季平子时，季氏家宰阳虎要用一块原先国君佩戴的非常宝贵的玉石陪葬，另一家宰仲梁怀反对，说这块玉石是季平子在鲁昭公被驱逐出国后代国君佩戴的。孔子听说后，也赶忙跑来阻止，进一步从理论上讲了厚葬的错误。原话这样说："季平子卒，将以君之玙璠敛，赠以珠玉。孔子初为中都宰，闻之，历级而救焉，曰：送而以宝玉，是犹曝尸于中原也。其示民以奸利之端，而有害于死者，安用之？且孝子不顺情以危亲，忠臣不兆奸以陷君。乃止。"

孔子说，你们这样做是想让季平子曝尸于荒原吗？厚葬物品是向民众昭示谋取财富的迹象，会引起贪婪者的盗墓之心，且有害于死者，臣子不能这样做。孝子不能放纵自己的心情来危害双亲，臣子也不能以奸邪阴谋来陷害自己的主人。经过孔子一番有理有据的反对，陪葬之事才作罢。

后来，到了战国时期和秦汉时期，墓葬之风越来越严重，完全是统治阶级奢侈所为，有违儒家初衷。孔子和子路时期，中国的陪葬风气还不是太盛，战国之后才愈演愈烈。所以，事死如事生，权贵统治者的做法与孔子的做法完全背道而驰。

《孔子家语·曲礼子夏问》还记载了孔子的一句话："死者而用生者之器，不殆而用殉也。"这句话的意思是，埋葬死者用活人的器具来随葬，这不是近乎用活人来殉葬吗？孔子坚决反对用人殉葬，也反对用物来陪葬。《孟子·梁惠王上》里孔子说过一句话："始作俑者，其无后乎!"这句话的意思是用假人来殉葬比真人好，但要是用草人或纸糊的假人假车马就更好了。但后来的君王臣子没有一个按儒家的真实思想去做，而是大长奢侈腐败之风，把生前大量财富陪葬于地下。这种做法必须与儒家伦理分割清楚。

子路对礼的学习和实行也是个简化派，别人要花半天才能搞完的仪式，他一会儿就能对付完。子路在这一点上有点像墨家的做派，简约而简朴。

总之，中国后来的封建迷信和奢侈腐化，不能让儒家的先人来背这个黑锅。儒家讲究礼，只是一个表达心情的形式，以不浪费财力物力为标准。

第四章　漂泊齐晋

随 师 适 周

《史记·孔子世家》言："鲁南宫敬叔言鲁君曰：请与孔子适周。鲁君与之一乘车，两马，一竖子俱，适周问礼，盖见老子云。"

"适周"就是到周都洛邑去。洛邑当时也叫成周，区别于早年的镐京宗周。孔子何时去的成周，是在周景王活着的时候，还是京都动乱结束后，在周敬王时期去的？子路跟没跟着去？这个要搞清楚。

公元前520年，周景王病死。因王位继承问题，周都大乱，周景王要立的庶长子王子朝被另一些大臣阴谋推翻，京都分成两派，一派拥立王子朝，一派拥立嫡长子王子猛，于是两派开打，一打就是五六年。这种时候孔子怎么可能去周都参观呢？史书记载，孔子拜见了老子，但今天有人说，老子此时已随王子朝带着周室所有的卷藏档案跑到楚国去了，就是今天河南南阳。如果此言当真，孔子便不可能在周景王死后去周邑。按此判断，孔子很可能是在周景王死前的那一年去逛了一趟成周。这一年是公元前521年，也可能在公元前520年春天。孔子带没带子路去，《论语》和《孔子家语》等著作没说，但燕伋的家谱上有记载。

　　如果是公元前 520 年春天，南宫敬叔此年十一岁，这么小的孩子能请示鲁昭公提供车马吗？再说了，南宫敬叔是三桓之一孟氏家族的公子，从自己家带辆马车还不容易吗，何必要鲁君提供？

　　所以，两种可能：一是公元前 521 年或公元前 520 年去成周，即今天的洛阳，二是南宫敬叔长大后，十八九岁时，但他十八九岁时，鲁国已经没有国君了，鲁昭公已被季氏赶跑了。所以，通过燕伋家谱，我们还是断定孔子适周的时间是在周景王活着的时候，就是公元前 520 年的春天。那时周都还一片安静。虽然南宫敬叔才十多岁，也是可以跟着大人出游的。这时，子路已来到孔子身边一年多，孔子出行不能不带上子路。

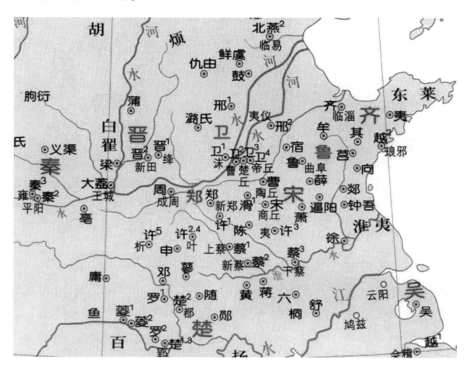

孔子适周地图

　　可以证明子路陪孔子去洛邑的，一是燕伋家谱，二是《庄子·天道篇》的记载："孔子西藏书于周室。子路谋曰：由闻周之征藏史有老聃者，免而归居，夫子欲藏书，则试往因焉。孔子曰：善。往见老聃，而老聃不许。"这段话证明了子路适周的事实。

其实，不用看这些文献记载，仅凭常识判断，孔子就会带子路去。因为那个年代道路上虎狼出没，树林密布，可不像今天这么安全。拦路强盗也会有。不带个保镖的孔子哪敢行动？那时的出行可不像今天，必须全副武装，刀枪剑戟都要带着。

大约公元前520年初春，孔子带着孟氏家的小公子南宫敬叔和子路、燕伋等坐着马车从曲阜出发了。为什么挑燕伋前往？因为他是秦国人，今天宝鸡人，来鲁国时路过洛邑，熟悉道路。一行人昼行夜宿，需要十多天才能到达洛邑。到了周都，参观宗庙，拜访名人，收获不少。

《说苑·敬慎》载："孔子之周，观于太庙，右阶之前，有金人焉。三缄其口，而铭其背曰：古之慎言人也，戒之哉，戒之哉！无多言，多言多败。"周都太庙的右阶前，有一尊三缄其口的金人，嘴被封住。站在这尊铜像前，可以令人思索许多。在那个封建等级社会，说话一定要谨慎，一句话说不好，就会招来祸害。金人背后的铭文还有一些内容，这些语言与老子《道德经》中的文风和思想几乎一模一样，可见老子思想是周室文化的缩影：

"无多事，多事多患。安乐必戒，无行所悔……涓涓不壅，将成江河。绵绵不绝，将成网罗。青青不伐，将寻斧柯。诚不能慎之，祸之根也。曰是何伤，祸之门也。强梁者不得其死，好胜者必遇其敌，盗怨主人，民害其贵。君子知天下之不可盖也，故后之，下之，使人慕之。执雌持下，莫能与之争者。人皆趋彼，我独守此。众人惑惑，我独不从。内藏我知，不与人论技。我虽尊高，人莫害我。夫江河长百谷者，以其卑下也。天道无亲，常与善人。戒之哉！戒之哉！"

孔子看后，"顾谓弟子曰：记之！此言虽鄙，而中事情。诗曰：战战兢兢，如临深渊，如履薄冰。行身如此，岂以口遇祸哉！"

《说苑·敬慎》还记录了一段孔子与子路谈话的内容："孔子观于周庙，而有欹器焉。孔子问守庙者曰：此为何器？对曰：盖为宥坐

79

之器。孔子曰：吾闻宥坐之器，满则覆，虚则欹，中则正。有之乎？对曰：然。孔子使子路取水而试之，满则覆，中则正，虚则欹。孔子喟然叹曰：呜呼！恶有满而不覆者哉！子路曰：敢问持满有道乎？孔子曰：持满之道，挹而损之。子路曰：损之有道乎？孔子曰：高而能下，满而能虚，富而能俭，贵而能卑，智而能愚，勇而能怯，辩而能讷，博而能浅，明而能暗，是谓损而不极。能行此道，唯至德者及之。《易》曰：不损而益之，故损。自损而终，故益。"

这么详细的一大段对话，强调了通过减损来获得增益的道理。世人往往只知道增益，不知道减损，但孔子看出了"挹而损之"的现象，告诫子路要经常做减法。譬如今天人们办公司，不能一味挣钱，挣多的时候要适当减损。财富并不是越多越好，声名也不是越大越好。一个人的名声大起来的时候要特别注意遏制，否则，大到一定时候就要倾覆。

爱好音乐的孔子，可能还去参观了周景王刚刚铸造的一口大钟——无射（yì）。周景王临死前的一年，他让人铸造了一口音高为无射的大钟。一位音乐家听到这个消息说，大王可能要因心脏病死了吧？《左传·昭公二十一年》（公元前521年）记录了这件事："二十一年春，天王将铸无射。泠州鸠曰：王其以心疾死乎？夫乐，天子之职也。夫音，乐之舆也。而钟，音之器也。天子省风以作乐，器以钟之，舆以行之。小者不窕，大者不槬（huà），则和于物，物和则嘉成。故和声入于耳而藏于心，心亿则乐。窕则不咸，槬则不容心，是以感，感实生疾。今钟槬矣，王心弗堪，其能久乎？"

这一段记录对于中国音乐史太重要了。中国古代的打击乐器都是按十二律的音高铸造的。无射是最高的音之一，声音高，且是半音。如果天天听这样的音响，人的心脏会受不了。因此，泠州鸠说，大王可能要因心脏病死了吧？果然转过年来周景王就死了。

我国古代十二律的十二个音高是黄钟、大吕、太簇、夹钟、姑洗、小吕、蕤宾、函钟、夷则、南吕、无射、应钟。声音从低到高，等于今天简谱中的 1、2、3、4、5、6、7（do、re、mi、fa、sol、la、si）七声音阶，再加上五个半音，共 12 个音阶。无射是升 la，每天提着心听这个钟声，对心脏不好，时间长了是会死人的。

周景王一死，天下大乱，王子们为争夺王位展开了一场持续数年的大厮杀。一叶可以知秋，中国的古代文化很讲究和谐，连声音都关乎社稷是否安宁。杂音可以乱世，靡靡之音可以颓世。只因周景王造了一口高音大钟，引来周朝王室十几年的动乱。

不管怎么说，孔子适周这个春天，是子路度过的最幸福、最平静祥和的一段日子。天下太平，万物和谐，生活轻松，无忧无虑，年轻的子路跟着孔子敞开胸怀学知识，长见识。无论是在周庙被封住口的金人面前，还是在孔子与老子对话的时候，子路都默默地听着，听老师的感叹与高论。子路是幸福的，无意中跟随了一位聪慧的智者，走进了知识的大门，改变了自己的人生。

十几天一晃过去，孔子要告别周都洛邑了。临行前孔子向老子辞行，老子这位智慧老人给了孔子几句深含哲理的话。《史记·孔子世家》记载："辞去，而老子送之曰：吾闻富贵者送人以财，仁人者送人以言。吾不能富贵，窃仁人之号，送子以言，曰：聪明深察而近于死者，好议人者也。博辩广大危其身者，发人之恶者也。为人子者毋以有己，为人臣者毋以有己。"

接触孔子后，老子意识到这是一个洞察深刻的聪明人，这种人可以一眼看出事情的真相，了解事实。这是优点但也是缺点，可能给自己带来危险。所以他告诫孔子不要多管别人的事，不要轻易议论人，特别是不要轻易揭发别人的罪恶，要是揭发了别人的秘密，就可能给自己带来危险。另外，做子女的一定要忘掉自己而心想父母，做臣下的要忘掉自己而多为君主着想。或许孔子当时有很多主观意识和个人意识，老子看出来了，要他适当放弃自我，多为他人着想。

"孔子自周反于鲁，弟子稍益进焉。"两三个月的出访，子路也开阔了眼界，增长了见识。孔子返回鲁国后，知名度大增，不少学生慕名而来。但是，孔子和子路回到曲阜不久，周都便传来消息，周景王去世了，接着发生了王位争夺之乱。嫡子与庶子争夺王位延续了十几年，使周王室处于风雨飘摇之中。

周景王初立嫡长子猛为太子，但王子猛生性懦弱，缺少威仪。而庶长子王子朝却有勇有谋，有王者风范。于是景王欲废王子猛而立王子朝为太子，大臣单旗等人竭力反对，认为太子废立乃国之大事，王位应传嫡不传贤。

公元前 520 年夏，周景王下定决心，要更立太子之位，但还未颁诏就得了暴病，景王自知必死，以大夫宾孟为顾命大臣，遗诏传位于王子朝。接着，景王一命呜呼。就在宾孟准备让王子朝继位时，大夫单旗、刘盆急了眼，于是派人刺杀了宾孟，立王子猛为王，这就是短命的周悼王。

单旗、刘盆违反先王遗诏，刺杀顾命大臣，引起满朝文武的愤怒。尹文公、甘平公、召庄公集合家兵，以南宫极为帅，攻打单旗、刘盆，悼王命令平叛，但悼王不得人心，刘卷率领的王室军队很快被击溃，悼王逃出洛邑，向晋国告急。诸大臣改立王子朝为王。王子朝叫什么王，史书也没记载。

晋国是北方的诸侯大国，亲善王子猛，便遣大夫籍谈、荀跞率军队来扶助周悼王。晋军渡过黄河，进逼洛邑，王子朝军抵挡不住，王子朝便携带百官撤退到洛阳西南边一个叫京的地方。晋国军队护送周悼王入居王城，但由于悼王是借兵复辟的，不得人心，一日三惊，当年冬天就忧惧而死了。单旗、刘盆两大夫又拥立悼王的同母弟王子匄为王，是为周敬王。

晋国军队撤退后，王子朝率军攻打王城，敬王派兵迎战。敬王的军队不堪一击，王子朝入居王城，敬王逃到狄泉（又作翟泉，今孟津金村附近）。周王室两王并立，人称王子朝为西王，敬王为东王。

东西二王互相攻杀，延续数年。直到公元前 516 年，王子朝的大臣召庄公和上将南宫极相继去世。敬王使人散布谣言，称王子朝争位使上天震怒，南宫极是被天雷劈死，于是王城民众人心悚惧。敬王复请兵于晋国，晋国又遣大夫荀跞率兵入周。王子朝率众拒守，城破，王子朝及召氏之族、毛伯得、尹（伊）文公、南宫四大家族等携周朝的典籍、礼器逃奔楚地（今河南南阳），并发布告天下诸侯书。敬王借助晋军再次入居成周。至此，王位争夺之乱初步平定。

传说老子也跟着王子朝南逃了。因为，他当时是周都的典藏史，国家图书馆馆长，要护送着周王室典籍一起走，可能也到了西鄂。十一年后，周敬王派人将王子朝刺杀。《左传·定公五年》（公元前505年）记载："五年春，王人杀子朝于楚。"三国魏时的皇室典籍《皇览》一书指出"王子朝冢在西鄂县西"，故址大致相当于今天南阳市卧龙区石桥镇。

至此，周王室之乱才彻底平定，但周王朝也真正达到了礼崩乐坏。这几年，对于孔子和子路来说，无异于是一场噩梦，本来还说得过去的世道突然变得天昏地暗，君不君，臣不臣，上下失序，人心不古。原来的权威渐渐消失了，权威的消失意味着社会的动乱。上梁不正下梁歪，诸侯国里一些不正常的现象也出现了。鲁国就是典型的一例。

鲁 国 内 乱

公元前520年，鲁昭公二十二年，京都大乱，两个王子各占一方，成为东王和西王，相持了有四五年。

公元前517年，正当孔子学堂办得有声有色的时候，鲁昭公因讨伐季氏失败，被三桓赶出了鲁国。子路安安稳稳的学习期被打乱了。由于孔子看不惯鲁国三家贵族的驱君行为，一气之下也离开了鲁国，前往齐国追随君主。子路当然也跟着去了。

谈论鲁国，不能不了解三桓。三桓是鲁桓公三个儿子的家族：孟氏、叔孙氏、季氏。到鲁昭公时，已历经五代国君。他们把持朝政，架空国君，轮流执政。

鲁桓公（约公元前 731—前 694 年），鲁国第十五位国君。他有四个儿子，嫡长子鲁庄公继承鲁国君位，庶长子庆父，其后称仲孙氏，因庶子之长称孟，故又称孟氏、孟孙氏。庶次子叔牙，其后代称叔孙氏。嫡次子季友，其后代称季氏。由于孟氏、叔孙氏、季氏出自鲁桓公，被后人称为"三桓"。

鲁庄公去世，继位者公子般被庆父杀害，公子开被立不久也被庆父杀害。于是出逃陈国的季友到小邾国找到庄公之妾成风的儿子申，请鲁人以其为国君。庆父惹起众怒，出逃到莒国。于是季友护送公子申入鲁，并重金贿赂莒人，抓庆父回国，庆父自杀。

公子申立，是为僖公，季友为鲁国相。公位传给妾的儿子，并非嫡系。在血统论强烈的春秋时期，公室的权威大打折扣，三桓不把国君放在眼里了。僖公十六年，季友卒，其后为季氏。由于季友是鲁桓公的嫡次子，与鲁庄公一母所生，血缘比孟氏和叔孙氏更嫡系，所以，季氏家族的地位一直高于孟氏和叔孙氏。季友死，传位于孙子季文子，之后是季武子和季平子，再后是季桓子和季康子。

孟孙家族的宗子传续是：公子庆父，孟穆伯，孟文伯，孟惠叔，孟献子（公元前 554 年去世），孟庄子（公元前 550 年去世），孟孝伯（仲孙羯，公元前 542 年去世），孟僖子（公元前 524 年去世），孟懿子（仲孙何忌，约公元前 530—前 481 年），孟武伯（仲孙彘）。

叔孙家族的情况：

叔牙，公元前 662 年卒。

公孙兹，公元前 644 年卒。

叔孙得臣，公元前 604 年卒，公孙兹的儿子，鲁文公、鲁宣公时为卿。

叔孙侨如，生卒不详，叔孙得臣的儿子，叔孙豹的哥哥。鲁成公时为卿。

叔孙豹，公元前 538 年卒，叔孙氏第五代宗主，叔孙得臣的儿子。

叔孙婼，公元前 517 年卒，叔孙氏第六代宗主，又称叔孙昭子，叔孙豹的儿子。

叔孙不敢，公元前 505 年卒，第七代宗主，又称叔孙成子，叔孙婼的儿子。

叔孙州仇，叔孙武叔，公元前 470 年卒，第八代宗主，叔孙不敢的儿子。

经过鲁成公时期的一场权力争夺，三桓把持了朝政。到季武子时，公室进一步被削弱。到季平子上位，就不把鲁君放在眼里了。公元前 525 年，鲁国发生了日食，《左传·鲁昭公十七年》有段记录，说明了季平子的问题：

"夏六月甲戌朔，日有食之。祝史请所用币。昭子曰：日有食之，天子不举，伐鼓于社，诸侯用币于社，伐鼓于朝。礼也……平子弗从。昭子退曰：夫子将有异志，不君君矣。"

夏季，六月初一，发生日食。掌管祭祀的官员前来请示所应该使用的祭品，叔孙昭子说："发生了日食，天子不进丰盛的菜肴，在土地神庙里击鼓。诸侯用祭品在土地神庙里祭祀，在朝廷上击鼓。这是礼制。"季平子却禁止这样做。太史再次劝谏，平子也不听从。昭子退出后说："这个人将要有别的念头，他不把国君当成国君了。"

昭子是叔孙家族的宗主叔孙婼，此人还比较忠于国君。他通过季平子不按规矩办事的表现，认为季平子有"异志"，"不君君"了。果然，八年之后，因斗鸡事件，引起了鲁昭公积压多年的愤怒爆发，断然决然地对季氏发起了进攻，想把季平子消灭。

事情的起因是，公元前 517 年，鲁昭公二十五年，季氏与郈氏（姬姓后裔）斗鸡，季氏给鸡套上皮甲，郈氏给鸡爪子装上金属。季氏的鸡斗败，季平子发怒，在郈氏那里扩建自己的住宅，并责备他们，郈昭伯因此怨恨季平子。

这年夏天，"将禘于襄公，万者二人，其众万于季氏"，国君在襄公庙里举行祭祀，跳万舞的只有两个人，多数人跑到季氏家里去跳万舞了。可见季氏家族此时的权势有多大！已经远远盖过国君了。鲁国另一位重要的姬姓大夫臧昭伯说："这叫作不能在先君的宗庙里酬谢先君的功劳。"由于季平子的骄横，大夫们于是也怨恨季平子。

这年秋天，"叔孙昭子如阚（kàn）"，叔孙家的宗主叔孙婼到阚地去了（今山东省汶上县西南）。鲁昭公发动了对季氏家的突然袭击，公兵包围和攻入了季氏家院，季平子退到家中一个高台上，向昭公求饶，要求躲避到沂上和费邑去，昭公不许。要求带五辆马车出逃，昭公仍然不许。

叔孙昭子不在家。叔孙家的家臣鬷（zōng）戾对家人说，怎么办？众人都说："无季氏，是无叔孙氏也。"鬷戾说那就去救季氏吧，于是带人赶到季氏家中，与公兵打起来。孟氏家族的人也来救季氏了，两家合兵一处，将昭公的公兵打败。昭公逃奔齐国。

孔子和子路目睹了曲阜城内这一场乱战。搏斗过后，曲阜城里一片狼藉，鲁君宫中惨不忍睹。三桓趁机大肆瓜分国君财产，鲁国已经无君，三家贵族瓜分了国家。

晚上，成群的民众围在鲁宫周围哭泣，呼唤他们的国君。鲁宫成了哭墙。孔子和子路心中都充满了愤懑，季平子平时八佾舞于庭，作威作福，势压国君，现在又把国君打跑了，孟氏和叔孙氏两个家族又为虎作伥，这鲁国的世道败坏到什么样子了！是可忍孰不可忍！此刻，他们肯定也成了呼唤国君归来的一分子。

叔孙婼从阚地回来，责备季平子，让他把鲁昭公接回来，季平子答应了。叔孙婼到齐国去见鲁昭公，商议回国的安排，但险象环生，鲁昭公周围的人想干掉叔孙，于是叔孙婼从铸地返回鲁国，季平子也打消了接昭公回国的念头。叔孙婼心如死灰，在正寝中斋戒，让祝宗为他求死。七天后，叔孙婼果然死去。

春秋时期中国还处在氏族社会阶段，维系氏族社会政治秩序的主要是血缘关系。现在让我们看看鲁国姬姓家族的血缘关系和辈分，季氏家为什么在鲁国一直掌权？与季氏家的宗子有嫡系血缘和辈分大有关系。

鲁桓公四个儿子后代的辈分（平行的是一辈）

鲁庄公		季友	庆父	僖叔 （叔牙）
鲁僖公		季行父	穆伯	戴伯 （公孙兹）
鲁文公		季文子	文伯	叔孙庄叔 （得臣）
鲁宣公		季武子	孟献子	叔孙穆叔 （豹）
鲁成公		季悼子	孟庄子	叔孙昭子 （婼）
鲁襄公		季平子	孟孝伯	叔孙成子 （不敢）
鲁昭公	鲁定公	季桓子	孟僖子	叔孙武叔 （州仇）
鲁哀公		季康子	孟懿子	叔孙文子 （舒）
鲁悼公		季昭子	孟武伯	

从上面可见季平子比鲁昭公大一辈，鲁昭公应当叫季平子叔叔，而叔孙婼（叔孙昭子）还高季平子一辈，此时他是鲁国公室中辈分最高的长者，他年老体迈，想调停姬姓家族的矛盾，但无力回天，又感到丢人，就静静地死去了。此后，鲁国大权便完全落到季氏家族季平子的手中了。

鲁昭公先是到齐国住了一段时间，后来在鲁国西北边的郓地住了下来，在齐国和晋国的保护下，开始了他的八年出逃生活，直到死在境外。周室洛邑的灾难还没结束，鲁国又来了一场大灾难，这世道让百姓们如何评说？

尤其是让以卫道为己任的孔子感到难堪。这几年，克己复礼已成他奋斗的目标，现在这一目标更迫切了。僭越，是封建文化的大敌。僭越是等级文化最不可容忍的。对于充满等级意识的孔子来说，三桓僭越国君，鲁国正在发生大逆不道的事情。他要挺身而出，力挽狂澜。当他看到季平子无意接纳国君，便毅然决然地踏上了追随国君逃难的道路。这么多年来，孔子与鲁昭公的私人关系还是不错的。

孔子随鲁昭公出奔，除了有道义上的原因，也有感情和关系上的原因。孔子小时候在公宫当过差，孔子生儿子孔鲤时，鲁昭公还送来一条鲤鱼贺喜。应当说孔子与国君的私人关系还是不错的。鲁昭公蒙此大难，孔子怎能坐视不管！

公元前517年冬天，告别了送行的亲朋好友，瑟瑟寒风中，孔子踏上了去齐国的道路，陪伴孔子的有子路和燕伋等人。出曲阜向北，走了一天，来到泰山脚下。第二天进入山区，见有一妇人在路边的坟头旁痛哭。子路上前去询问，原来她的兄弟和丈夫被老虎吃了，今天儿子也被老虎咬死了。孔子问她为什么不搬到人多的地方去，妇人说这里没有苛政。孔子感叹地说，苛政猛于虎呀！

《礼记·檀弓下》记录了这样一个故事："孔子过泰山侧，有妇人哭于墓者而哀。夫子式而听之。使子路问之曰：子之哭也，壹似重有忧者。而曰：然。昔者吾舅死于虎，吾夫又死焉，今吾子又死焉！夫子曰：何为不去也？曰：无苛政。夫子曰：小子识之，苛政猛于虎也。"

民有苛政，国有乱臣贼子，孔子正感叹时事，一群野鸡扑扑棱棱地飞过来，惊得孔子脸色都变了。大山里的母野鸡，自由自在地飞翔，来得正是时候啊！子路掏出干粮喂它们，野鸡闻了闻却飞走了。

《论语·乡党》精彩地描述了这个场面："色斯举矣，翔而后集。曰：山梁雌雉，时哉！时哉！子路共之，三嗅而作。"此句话暗示着大山里的母鸡，可以顺应天时，自在飞翔，但推行仁道的孔子却时运不齐，命途多舛。孔子和子路多想像野鸡那样自由翱翔！

一路翻山越岭，风餐露宿，孔子和子路终于来到齐国。到齐国后，他们见没见到鲁昭公，史书没记载，我估计孔子是投奔鲁昭公而来的，肯定要与鲁昭公联系。

转过年来，鲁昭公在齐国会见了齐国国君、莒国国君、小邾国国君和杞国国君，并结了盟。这一年，齐国派兵护送昭公回国，在鲁国北部边境的成邑（孟氏家族的封邑）打了一场恶仗，齐军打不赢，就退了回去。

三桓看来是铁了心不让鲁昭公回国。昭公回国无望，便在鲁国西北部的郓地住了几年，后来在晋国的一个叫乾侯的地方住了下来。乾侯在今天河北成安县东南漳河店镇附近。孔子不能陪伴国君，便来到齐国国都临淄做了高昭子的家臣，想借高昭子的关系接近景公。

齐 国 三 年

高氏出自姜姓，是姜太公的后人。高氏家族多年前到鲁国避难，孔子与他们结识，关系不错。公元前532年，鲁昭公十年，齐景公联合异姓的陈氏和鲍氏攻打栾施和高强，栾、高两族逃奔鲁国。从此，就有高氏的族人在鲁国长期住了下来，孔子后来的弟子高柴就是齐国高氏的后人，不过此时的高柴才四五岁大。

公元前516年这一年，孔子是在齐国度过的。他是个善于学习的人，到了齐国，便拜见齐国的音乐太师，与他交流音乐知识。《史记》载："与齐太师语乐，闻韶音，学之，三月不知肉味，齐人称之。"孔子到了齐国才听到了舜时的《韶》乐，就学习了起来，学得入神了，竟然连肉的味道都不知道了。齐国人都称赞他。

孔子早年在鲁国跟师襄子学琴，长大后与琴张等一起玩琴，音乐造诣已经很高了，但到了齐国之后竟被《韶》乐迷倒，说明上古的六代乐舞在当时很不普及。鲁国或许只有《云门大卷》《咸池》《大夏》《大武》《大濩》，而无《大韶》。齐国是否完整地保留了六大乐舞也未可得知。

这些日子，子路和燕伋天天陪伴在孔子左右，耳闻目染，也学到了不少知识。跟随孔子已经四五年了，子路的内心世界发生很大变化，已逐渐从一个乡间鲁莽青年变成知书达理的成年人了。燕伋是秦国人，他五年前来鲁国跟孔子学习，来齐国一年后，就回国了。

齐国的国都在临淄，就是今天淄博这个地方。齐国是管仲的家乡，管仲的故事家喻户晓。子路听到后问孔子，管仲这个人怎么样？孔子说他是个仁人。子路又说，齐桓公（公子小白）杀公子纠，召忽为之死，管仲却不死，不算仁吧？孔子说，齐桓公九合诸侯，不靠兵车的威力，是管仲之力呀！这是多大的仁啊！（见《论语·宪问》）

关于子路与孔子对管仲的评论，《孔子家语》做了更详细的记录：

"子路问于孔子曰：管仲之为人何如？子曰：仁也。子路曰：昔管仲说襄公，公不受，是不辩也。欲立公子纠而不能，是不智也。家残于齐，而无忧色，是不慈也。桎梏而居槛车，无惭心，是无丑也。事所射之君，是不贞也。召忽死之，管仲不死，是不忠也。仁人之道，固若是乎？

"孔子曰：管仲说襄公，襄公不受，公之闇（àn）也。欲立子纠而不能，不遇时也。家残于齐而无忧色，是知权命也。桎梏而无惭心，自裁审也。事所射之君，通于变也。不死子纠，量轻重也。夫子纠未成君，管仲未成臣，管仲才度义，管仲不死束缚，而立功名，未可非也。召忽虽死，过与取仁，未足多也。"

《孔子家语》致思篇还记载了孔子在齐国的一个故事，孔子走在路上听到有人哭，其音甚哀。孔子对仆人说，此哭哀则哀也，但不是死了人之哀。走近一看，哭者果然无哀容。孔子下车问他是什么人，为什么痛哭。对方说是丘吾子，因三失而哭。孔子说能讲讲听听吗？丘吾子说，我小时候好学，走遍天下，回来时父母已去世，这是一失。长大后侍奉国君，君骄奢失士，臣节不遂，是二失也。我平生喜好交友，今天全都没有了。这是三失。树欲静而风不停，子欲养而亲不待。丘吾子最后说，往而不来者是岁月啊，不可再见者是亲人啊。

这些都没有了，再活着有什么意思？遂投水而死。

孔子对学生们说，你们记着吧，这足可以引以为戒了。从此以后，约有三分之一的弟子回家奉养父母去了。看来，跟着孔子去齐国的还有一些学生。

过了一段时间，齐景公召见孔子，问他从政的技巧。孔子说，国君做的要像个国君，臣子的行为要像个臣子，父亲要像父亲，儿子要像儿子。景公说，对极了！假如国君不像国君，臣子不像臣子，父亲不像父亲，儿子不像儿子，即使有很多的粮食，我怎么能吃得着呢！

《史记·孔子世家》的原文是："景公问政孔子，孔子曰：君君，臣臣，父父，子子。景公曰：善哉！信如君不君，臣不臣，父不父，子不子，虽有粟，吾岂得而食诸！"

改日齐景公又问政于孔子，孔子说，政在节财，管理国家最重要的是节约开支，杜绝浪费。景公很高兴，打算把尼溪的田地封赏给孔子。晏婴出来阻挠了。

晏婴在公元前 525 年访问鲁国时与孔子见过面，耳闻目睹地也了解孔了。《左传》记载了他对齐景公说的话：儒者这种人，能说会道，不能用法来约束他们。他们高傲任性，自以为是，不能任为下臣使用。他们重视丧事，竭尽哀情，为了葬礼隆重而不惜倾家荡产，这种做法不能形成风气。他们四处游说，乞求官禄，不能用他们来治理国家。自从那些圣贤相继过世后，周王室也衰微下去，礼崩乐坏已有好长时间了。现在孔子讲究仪容服饰，详定烦琐的上朝下朝礼节，刻意于快步行走的规矩，这些繁文缛节，就是几代人也学习不完，毕其一生也搞不清楚。您如果想用这套东西来改变齐国的风俗，恐怕这不是引导老百姓的好办法。

《晏子春秋》第八卷外篇这样记载了这段话："仲尼之齐，见景公，景公说之，欲封之以尔稽，以告晏子。晏子对曰：不可。彼浩裾自顺，不可以教下。好乐缓于民，不可使亲治。立命而建事，不可守职。厚葬破民贫国，久丧道哀费日，不可使子民，行之难者在内，而传者无其外，故异于服，勉于容，不可以道众而驯百姓。自大贤之灭，周室之卑也，威仪加多，而民行滋薄，声乐繁充，而世德滋衰。今孔丘盛声乐以侈世，饰弦歌鼓舞以聚徒，繁登降之礼，趋翔之节以观众，博学不可以仪世，劳思不可以补民，兼寿不能殚其教，当年不能究其礼，积财不能赡其乐，繁饰邪术以营世君，盛为声乐以淫愚其民。其道也，不可以示世。其教也，不可以导民。今欲封之，以移齐国之俗，非所以导众存民也？"

这段话把儒家的问题讲清楚了。孔子的繁文缛节在齐国吃不开，齐国文化受姜子牙影响，与鲁国文化不同。齐国人讲究效率，实效，和秦国一样，属于法文化类型。鲁国讲仁义道德，属于德文化类型。

晏婴反对孔子，可能还有一些原因。《晏子春秋·外篇下》记载："仲尼游齐，见景公。景公曰：先生奚不见寡人宰乎？仲尼对曰：臣闻晏子事三君而得顺焉，是有三心，所以不见也。仲尼出，景公以其言告晏子，晏子对曰：不然！婴为三心，三君为一心故，三君皆欲其国之安，是以婴得顺也。婴闻之，是而非之，非而是之，犹非也。孔丘必据处此一心矣。"

孔子去齐国不见宰相晏婴，还对齐景公说晏婴有三心，晏婴怎能高兴？晏婴是三朝老臣，辅佐过三个齐国国君，孔子因此瞧不起晏婴的人格，晏婴怎么能高兴呢？《晏子春秋》详细记录了孔子与晏子的矛盾和思想分歧，看起来好像是个人取向的问题，实际上是重大的理论问题。

《晏子春秋》第七卷外篇载："仲尼曰：灵公污，晏子事之以整齐，庄公壮，晏子事之以宣武。景公奢，晏子事之以恭俭。君子也！相三君而善不通下，晏子细人也。晏子闻之，见仲尼曰：婴闻君子有讥于婴，是以来见。如婴者，岂能以道食人者哉！婴之宗族待婴而祀其先人者数百家，与齐国之闲士待婴而举火者数百家，臣为此仕者也。如臣者，岂能以道食人者哉！"

孔子说，齐灵公行为昏乱，晏子用周正齐整来服侍他，齐庄公怯懦，晏子用威武侍奉他，齐景公奢侈，晏子便用节俭来侍奉他。晏子是君子啊，给三个国君做宰相而他的好处不通达于下民，晏子是个小人啊。晏子听了这番话，拜见孔子说，我听说您有讥刺我的话，所以来见您。像我这样的人，怎么能用道义去向人求取俸禄呢？我的宗族中等着我去救济去祭祀他的祖先的有几百家，齐国中的游手好闲之人等着我去救济才能吃上饭的有几百家，我因此才出仕为官。像我这样的人，怎么能用道义去求取俸禄呢！

晏子告辞，孔子用宾客的礼节送他，再次感谢晏子的来访。回去后对弟子说，拯救百姓的生命而不夸功，行为有益于三代君王而不居功，晏子确实是君子。

晏子是日理万机的宰相，实干家，办事不讲究方式，而是以效率和效果为准绳。孔子是思想家和教育家，以理想为教材，形式为内容。这就是实干家与理论家的不同。通过晏子，孔子对政治有了深入的认识。

晏婴的一番话就把齐景公想封孔子的念头打消了。之后，齐景公虽然仍然礼貌地接见孔子，可不再问有关礼的事情了。齐景公对孔子说，用给季氏那样高的待遇给你，我做不到，就用季孙氏和孟孙氏之间的待遇给你吧。景公还说，我已年老了，不能用你了。那么，孔子在齐国还能干什么呢？仅仅当一个高氏家的家臣，这显然不是孔子想要的。

据《晏子春秋》记载，孔子是在齐国当了一段时间大夫的。《晏子春秋》第八卷外篇有这样一段话："景公为大钟，将悬之。晏子、仲尼、柏常骞三人朝，俱曰：钟将毁。冲之，果毁。召三子而者问之。晏子对曰：钟大，不祀先君而以燕，非礼，是以曰钟将毁。仲尼曰：钟大而悬下，冲之其气下回而上薄，是以曰钟将毁。柏常骞曰：今庚申，雷日也，音莫胜于雷，是以曰钟将毁也。"

从这篇记载，可以看出孔子以大夫的身份在齐国公宫出入过。景公造了一口大钟，打算把它挂起来。晏子、孔子、柏常骞三人上朝说："大钟将会毁坏。"撞击它，果然坏了。景公召来这三个人问他们原因。晏子回答说："钟那么大，不祭祀先君而先用于宴饮，不符合礼仪，所以我说钟要毁坏了。"孔子说："钟那么大悬挂起来对着地，撞击它，声音就会从地面向上返，钟将要毁坏。"柏常骞说："今天是庚申日，雷击的日子，而钟声不能胜过雷声，所以说钟将要毁坏。"

正是因为孔子出入宫廷，经常上朝议事，展露才干，所以获得了齐景公的欣赏。《晏子春秋》第八卷外篇有这样记载："景公出田，寒，故以为浑，犹顾而问晏子曰：若人之众，则有孔子焉乎？晏子对曰：有孔子焉则无有，若舜焉则婴不识。"

有一次，景公出去打猎，天冷了，就地取暖。他回头问晏子说："这么多人中，有孔子那样的人吗？"晏子说："有孔子那样的人，怎么会没有呢？舜那样的人可能没有。"

晏子接着指出孔子比不上舜的地方，行为偏执，在百姓中一下子就能看到他的不同寻常之处。而舜，身处百姓之中，就与百姓齐等，身处君子之中，就与君子齐等，向上与圣人同处，他本来就是圣人。这是孔子之不及舜的原因。

晏子此时至少六十多岁了，孔子也就三十六七岁。因此，晏子能看出孔子身上的一些毛病。木秀于林风必摧之。在齐国这种环境中，一个外来的才俊，很容易引起人们妒忌。又过了一些时候，齐国的大夫中有人想害孔子。孔子听到了这个消息，于是就离开齐国，返回了鲁国。

孟子后来说："孔子之去齐，接淅而行（不等把米淘完就走）。去鲁，曰：迟迟吾行也，去父母国之道也！可以速而速，可以久而久，可以处而处，可以仕而仕，孔子也。"（《孟子·万章》）孟子这是在赞扬孔子，但实际上是孔子听到了有人要害他的消息，不等做完饭就走了。

孔子第一次出国谋仕，不太顺利。那么他和子路离开齐国后，情况怎样？我的研究发现，接下来的四五年，是孔子和子路的人生低谷期。

乘桴浮于海

子路跟孔子自公元前 517 年冬去齐国，在齐国待了多少年？仲家的家志上面记载的是公元前 514 年子路才随孔子自齐返鲁，但孔子年表上写的是公元前 515 年返鲁。不管怎么说，子路在齐国生活了起码有两三年的时间，时间不算短。

孔子适齐，是孔子和子路的第一次周游列国。历时两三年的齐国生活，让他们广开了眼界。首先是孔子接触了官场生活，参与了齐国的政事，有了一次士大夫的经历。至于说孔子在齐国办没办学，未可得知，但身边总要带几个弟子的。

从齐国返鲁后的几年，仲子家志是这样记载子路的：

三十岁，戊子，周敬王七年，鲁昭公二十九年（公元前 513 年），家贫，常负米百里养亲，乡人称孝。

三十一岁，己丑，周敬王八年，鲁昭公三十年（公元前 512 年），父凫卒，哀痛绝食不寝者数日，乡人哀怜之。

三十二岁，庚寅，周敬王九年，鲁昭公三十一年（公元前 511 年），迎母养于鲁。

三十三岁，辛卯，周敬王十年，鲁昭公三十二年（公元前 510 年），母宋氏卒，哀极，颜色憔悴，几乎不起，其母归葬鲁卞城南与父合葬。鲁昭公薨于乾侯。

三十四岁，壬辰，周敬王十一年，鲁定公元年（公元前 509 年），阳虎乱政，从孔子退修诗书。

"迎母养于鲁"，意思是父亲死后，子路第二年就把母亲接出来住了。但住在什么地方呢？

这里有个错误，公元前509年，鲁定公元年，季平子还没死，阳虎不可能乱政，阳虎乱政是季平子于公元前505年死后，季康子压不住他，他才作乱。而说子路退修诗书也不符合事实，子路此时还没有入仕，还谈不上退。从公元前515年从齐国回来，到公元前502年鲁定公起用孔子，这十三年时间孔子和子路基本上都在游学和办学。

公元前515年，孔子离开齐国时三十六岁。从三十六岁到四十岁，是孔子人生的低谷，是一个痛苦、彷徨、失落的时期。在齐国失宠，对孔子打击很大。三十岁办学时，孔子意气风发，一帆风顺，去周都洛邑游学风光无限，回曲阜开学弟子大增。但鲁昭公被逐，孔子随之去齐国，原本想在齐景公手下施展才能，但事情并不如人愿，齐国有一些人不喜欢他，特别是宰相晏婴讨厌他。这使孔子备受挫折。

那么，孔子回鲁国就能好了吗？孔子敢回鲁国吗？季平子能饶了他吗？随鲁昭公奔齐，明明白白表明是在反对季平子，孔子的态度和这一举动对季平子的负面影响很大，现在你想平平安安地返回曲阜，有这么容易吗？所以，孔子匆忙逃离齐国，并没有直接返回曲阜，而是跑到鲁西北的一个地方躲了起来。今天的山东东平县斑鸠店镇有个子路村，村里有个子路读书处，这个地方很可能就是孔子离开齐国后躲起来的地方。

离开齐国这几年，是孔子人生最暗淡的岁月。孔子大声哀叹地说："道不行，乘桴浮于海，从我者，其由与！"学生们大都离别而去，只剩下子路，乘筏子在海上漂流，跟随我的只有子路。孔子的境况一度落到了这个地步。谁能想象得到？

患难方显英雄本色，逆境是磨炼身心的好时机。《孔子家语·屈节解》记录了子路与孔子的一段话：

"子路问于孔子曰：由闻丈夫居世，富贵不能有益于物，处贫贱之地，而不能屈节以求伸，则不足以论乎人之域矣。孔子曰：君子之行己，期于必达于己，可以屈则屈，可以伸则伸。故屈节者，所以有待，求伸者，所以及时。是以虽受屈而不毁其节，志达而不犯于义。"

东平县子路村

　　子路问孔子说："我听说大丈夫在世，富贵时不能有利于社会，贫贱时不能忍受委屈以求一呈，则不足以达到大丈夫的境界。"

　　孔子说："君子做事必须达到自己的目标。需要委屈时就委屈，需要伸展的时候就伸展。屈尊是因为有所期待，伸展是抓住了时机。这就是受委屈而不失掉气节，实现了志向而没有伤害义。"

　　后来孟子的"大丈夫"一说就来自子路与孔子的对话。富贵不能淫，贫贱不能移，威武不能屈，此之谓大丈夫！人类的浩然正气都是从逆境中磨炼来的，都是经受苦难的结果。

　　大丈夫能屈能伸的原则，也来自这场对话。人人都会遇到困境，落入困境敢于趴下，也是大丈夫的表现。落难之人要学会曲，只有曲才有伸。像尺蠖走路，一曲才能一伸。子路正是通过逆境明白了这个道理的。

中国文人的固穷和曲伸精神来源于孔子和子路。这种精神在后来王勃的《滕王阁序》里表达得淋漓尽致："穷且益坚，不坠青云之志。酌贪泉而觉爽，处涸辙以犹欢。"

逆境是修养自己最好的机会。这一时期，子路近水楼台先得月，跟着孔子学了不少东西。有一次，子路出去办事，临走时孔子说给你一辆车还是赠你一些话，子路说给我说点什么吧。

孔子说："不强不达，不劳无功，不忠无亲，不信无复，不恭失礼，慎此五者而矣。"意思是不努力就达不到目的，不劳动就没有收获，不忠诚就没有亲人，不讲信用别人就不会再信任你，不恭敬就会失礼。

子路说："由请终身奉之。敢问亲交取亲若何？言寡可行若何？长为善士，而无犯于礼也。"子路牢记孔子的话，并进一步问孔子怎样才能取得新结交的人的信任，说话少而又能办成事该怎么做，怎样做一个永远不违礼的好人。

孔子说，要取得新结识的人的信任，那就是诚实。说话少事情又行得通，那就得讲信用。一向为善而不受别人侵犯，那就得遵行礼仪。孔子这些话使子路受益匪浅。应当说子路是得益于孔子最多的人。

公元前514年，鲁昭公二十八年，这一年不仅孔子和子路在落难，鲁昭公也在落难。这年春天，昭公去晋国，晋国人把他安排住在齐晋交界的一个地方乾侯，即今天的河北成安县漳河店镇。可能嫌乾侯不好，公元前513年春，鲁昭公从乾侯来到郓地。郓地是今天的东平县一带，原先是鲁国的，现在被齐国占领了，供鲁昭公居住。齐景公派高张来慰问昭公，高张称齐景公为主君，这是国君对家臣的语气。子家子说："齐国轻视国君了，国君你这是自取耻辱啊。"鲁昭公于是就又到乾侯去了。

公元前511年，昭公三十一年，晋定公元年，晋定公上台后要发兵讨伐鲁国。鲁国害怕了。这年四月，鲁国的季孙（季平子）跟随晋国的大夫荀跞到了乾侯。跟随昭公多年的鲁国大夫子家子说:"君主和他一起回去吗?一次羞耻都不能忍受,终身的羞耻反而能忍受吗?"昭公说:"是啊!"大家也都附和,要把季平子赶走。

荀跞以晋定公的名义慰问昭公,说晋国国君已经责备季孙意如(季平子)了,意如不敢违背晋国意志,君主还是回国吧。昭公说,如果让我回去扫除宗庙以事奉晋国君主,那就不能见那个人,我要是能见那个人,有河神为证。荀跞捂上耳朵跑开了。他退出去后告诉季孙,说昭公的怒气没有平息,您就先回去主持祭祀吧。

鲁国算是一个什么国家?孔子和子路都在疑惑。他们生活在这样一个名不正言不顺的国度,内心的忧虑是显而易见的。他们在盼望,在希望,盼望鲁国会正常起来。

从公元前515年(或公元前514年)孔子和子路逃离齐国,到公元前510年鲁昭公去世,是孔子与子路的隐居和游学的时期,他们没生活在鲁国都城曲阜。在这几年里,子路跟孔子游走在齐国、鲁国和晋国各地。

也有一种说法,孔子从齐国逃离后,想到卫国去,走到黄河边,黄河发大水,过不了河,就在郓地一个地方住了下来。这个地方在今天山东东平县境内,在东平县城西北四十公里处的斑鸠店镇子路村。子路村里有一个仲子读书处,又名"子路祠",始建于宋嘉祐四年,历代均有维修,占地面积相当大,约4.6万平方米。

仲子读书处坐落于子路山东麓,坐西向东,依山坡而建,二进院落,以大门、二门、仲子祠正殿为轴线,左右各一瓦殿,构成一个严谨的建筑群。由平地蹬十一级石阶至山门前月台,山门楣额横书"仲子读书处"。正殿仲子祠为立山式建筑,面阔三间,大门上方有清光绪年间刘洪恩题写的"仲子读书处"匾额。仲子阁内塑有子路像,蓝袍、朱砂红面,满发束顶。左手持书,右手按膝,聚精会神。子路阁建得古朴大方,厅式大脊收山顶,青瓦鳞覆,精致玲珑。阁顶四角龙头仰天,气吞斗牛。南大殿、北大殿风格与子路阁相同。今天的仲子读书处已成为市级文物保护单位。

子路读书处

子路村历史上曾叫读书村，文风旺盛，历代设教于子路阁内。明清两代，子路阁内走出进士、举人、禀生、贡士、秀才达七十余名。

东平县境内有子路村、子路山，还建造了这么大的子路祠，以纪念他在这里读书，这个事实不会凭空捏造。那么，子路在这里读书读了多长时间？估计不会短，要是十天八天，不会被人熟记，一定是在这里住了很长时间，才被当地人牢记。

现在的问题是，子路能一个人在这里读书吗？孔子的身边能少了子路吗？如果子路与孔子一块，那为什么叫子路村，建子路祠，而不提孔子？这是一个历史之谜。

现在我们只能猜测，孔子此时隐藏了起来。孔子在齐国有人要杀他，鲁国也有人暗算他，此时的孔子已难以招摇过市了。所以，隐姓埋名，暂避风头，平日出头露面的只有子路。当地人记住了子路，而不知道孔子。这就是子路读书处的来源。

估计孔子和子路逃离齐国时，身上带足了钱币，靠着这些钱在乡下生活上几年不成问题。齐国当时的货币是齐刀，铜币的形状像刀。鲁国当时的钱是圆形的铜币，这些钱带在身上都很方便，走到哪儿都可以使用和交换。于是，孔子和子路便在鲁国的东北部隐居下来。这一住就是几年。

看看孔子的学生就知道，第一代学生与第二代学生相隔了整整一代人，因为中间有相当长的一段时间孔子没招弟子，估计有六七年。直到公元前509年，鲁昭公死，鲁定公上台，鲁国的恩怨矛盾消失了之后，孔子才回曲阜安稳地从事教育事业。

在笔者写此书期间，子路读书处正在修葺，并新雕塑了一尊子路像。山东的李汉玉先生传来了这张施工现场的照片。

子路读书处的子路塑像

通过考察子路读书处的位置，可以发现孔子与子路住得离鲁昭公避难的郓地很近。《左传·昭公二十六年》："（公元前516年）公至自齐，居于郓。"《左传·昭公二十九年》："（公元前513年）公至自乾侯，居于郓。"

乾字发音念干，是晋地，乾侯在今河北省邯郸市成安县东南边的漳河店镇，鲁昭公在逃亡期间，先是住在郓，又去乾侯，又回到郓，最后又到乾侯。现在要确定的是，郓在今天山东的哪里。

郓不仅是今天的郓城，还包括山东泰安市东平县一带。齐国南下，侵占了郓地，郓地就供鲁昭公居住。齐国再想南下攻打成地时，遇到鲁国顽强的抵抗，被阻挡在成邑以外。成邑在曲阜的北边，今天叫宁阳。

今天的山东东平县和西边的阳谷县，古称郓地，境内有须句、鄣、宿等小诸侯国，是风姓大皡的后裔，历代职责是祭祀济水之神。周代时它们是鲁国的附庸国，汉为东平国，隋置郓州，唐代继之，郓州先后为平卢、天平军节度使治。公元627年（唐贞观元年），宿城并入须昌县。公元707年（景龙元年），复置宿城县。788年（贞元四年），宿城县改名东平县，此为东平县名之始。

孔子和子路居住的子路村，在郓地的西北角，在当时是齐国占领的鲁地。这个地方离鲁昭公居住的地方不远，很可能鲁昭公就住在附近。可以说孔子跑出齐国之后，仍没远离鲁昭公，跑到鲁昭公附近的地方住下来，与国君不离不弃。中国的忠君思想就是由孔子表现出来的，他以自己的行为表明了对忠君理念的坚守。孔子不是只在嘴上说或只说不做的人，而是言行一致地实现自己的信念。

子路在郓地留下了很多足迹，譬如子路拔虎尾处。《仲子家世》记载："拔虎尾处，在东平州西四十里力梁山（今址在山东梁山境内）。相传先贤拔虎尾于此山。天启年间，北河工部项希宪捐俸金创建庙宇，又置祀田三顷。每岁逢春秋时期，听仲氏宗子遣族衿一人前往祭祀。"这个力梁山在今天山东泰安地区东平县境内的老湖镇。子路是鲁国东部地区的人，却在鲁国西北部留下这么多足迹，足以说明子路随孔子追随鲁昭公出走的八年经历。

实际上，孔子和子路还在离乾侯更近的地方住过，这就是今天山东莘县的观城镇，此地当时属于晋国的范邑，春秋时这个地方在黄河西岸，属于晋国的地界。从这里去乾侯，一百八十里地，向西北方向走两天就到了。子路和孔子在这个地方住的时间还不短，以至于当地人把子路当成了本地人。子路死后，在这里建了衣冠冢。《山东通志》记载："仲子子路墓，在观城县东南负瑕村。"

更为称奇的是，在观城镇以东三十公里，即今天山东阳谷县的金斗营乡也有子路村，但这个村庄却叫子路堤村。子路当年在这里率领民众修黄河大堤，于是有大约五华里长的一段大堤叫子路堤。现在的子路堤村已经分为子路堤南一村、子路堤南二村、子路堤中村、子路堤北一村、子路堤北二村几个自然村。子路堤长二点五公里，当地有"子路堤，五里七"之说。

子路堤是金堤的一部分，现在的大堤是一条大路，堤南便是黄河故道，河道里长满了树，有些地方被人们开垦出了农田，还有一些人家住在河道上。今天的黄河已改道往东去了。

子路堤边，有子路堤碑，上书"子路堤"，下写"阳谷县人民政府子路堤全体村民一九九二年十二月立"等字。碑文这样记载："相传此村始建于春秋战国时期，时称堤上。孔子七十二贤之一子路，从濮阳迁居于此，母子二人以卖柴为生，后师从孔子，周游列国。后人为纪念此事，改堤上为子路堤。"

1992 年当地人写的这一段碑文，说子路从濮阳迁居于此，与历史事实不相符。说母子二人以卖柴为生，后师从孔子周游列国，更像是有点胡扯。但这里提到子路携母亲来此地，不能不引人思考：是不是这几年里子路把母亲从卞邑接过来了？

据《仲里志》记载，公元前 512 年，子路三十一岁时，父亲仲凫卒。次年，子路"迎母养于鲁"。又过了一年，公元前 510 年，

"母宋氏卒……归葬鲁卞城南，与父合葬"。

请注意，子路堤石碑上提到子路携母亲来此地，仲子家志上又有"迎母养于鲁"的说法，两者吻合。这说明子路在父亲死后，的确将母亲接了出来，不是接到曲阜，而是在与鲁国一河之隔的晋国范邑，但时间很短，仅仅一年后仲母就去世了。

母亲的去世，使子路"哀极，颜色憔悴，几乎不起"。大家可以想一想，子路是个极其孝顺的人，但由于随孔子办学，走南闯北，十几年间不在母亲身边，思念父母之情极其强烈。在父亲死后，立即将母亲接到身边，想好好孝奉母亲。没想到，或许年岁已高，或许水土不服，仅仅一年就去世了。这不能不使子路悲痛万分，悲恸欲绝。子路后来经常后悔，父母活着的时候，没能好好尽孝，等自己有能力孝敬父母时，他们又都离世了。这种折磨一直伴随着子路。

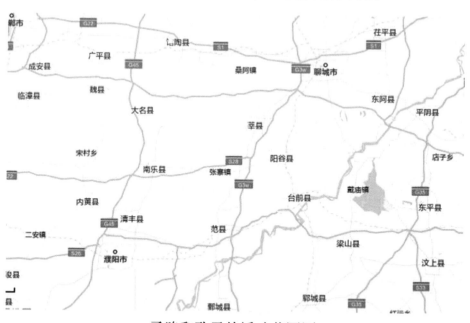

子路和孔子的活动范围图

上图是子路和孔子从齐国出来后生活的范围图。先是在东平县的子路村，之后是靠近范县的观城镇、子路堤村。这里离西北方向成安县（乾侯）不远。接下来我们要问，是什么原因让子路硬要待在晋国的范邑而不回家乡？答案只有一个：和孔子一起，誓死效忠鲁国国君，逃亡外国，宁肯落难，也不归国。当时跟随鲁昭公出逃的有一批人，都住在乾侯附近。

子路之所以在这里留下名声，主要是与公元前514年从齐国出来后到这里住了几年有关。从子路堤村和西边五十里远的观城镇，子路和孔子在这一带生活了三四年的时间，方圆上百里的地方都留下了子路的足迹。观城镇今天划归了山东莘县。子路堤村旁边的金堤河应当是当年黄河的故道，黄河改道后，金堤河成了一条小河。子路住在这里时，与当地人民一起修坝，抗洪，于是金堤河的一段大坝被命名为"子路堤"。

《范县志》有这样一段关于子路的记载："时值卫水大泛，筑堤防御，邻封赖以免患，咸以为功不在神禹下。"当地百姓为纪念其功绩，以"子路堤"命名，堤址位于今山东阳谷县内。由此可以看出，孔子和子路当时在鲁国西北边境地区和晋国境内住过几个地方，有很长时间。

清康熙年间的《范县志》记载："子路书院，在县城东北半里。"《人物考》载："周敬王七年（公元前513年），（子路）从孔子自齐返鲁。鲁乱，避此讲学。卫水大泛，筑堤防御，时值家贫，亲老，负米百里之外。"

这个记载把孔子离开齐国的时间说得更晚，并提到"负米百里"。实际上从这里带米回卞邑老家可不止一百里路，大约要有四百里路。子路从这么老远往家里背米，路上至少要走四天。子路的这种做法让任何人看了都会感动，若没有这种坚强的精神，民间不会留下"百里负米"的感人传说。写到此，笔者才真正理解了"百里负米"的意义，这是我们的先人用脚步和汗水写出的孝敬父母的历史！今天的孩子们能有这种关心父母的精神吗？

正是由于路途太遥远了，往家带米不方便，子路在父亲死后，将母亲接了过来。

颠 沛 流 离

自鲁昭公于公元前 517 年被驱逐出鲁国后，孔子与子路也逃走国外，直到鲁昭公死，才回国。

在郓地和范地隐居的几年里，孔子和子路天天盼望鲁昭公能够回国，但盼了一年又一年，回归的希望每每化为泡影，孔子与子路只能在这偏僻之乡读书，教书。当然，孔子与子路在这期间还会到各地走访。

譬如，河南卫辉市的比干墓有一块石碑，上面刻着"殷比干莫"四个大字，旁边有当地文物部门立的一块小石碑，上面写着"孔子剑刻碑"。碑文说孔子到访此地时，用剑亲自刻下了"殷比干莫"四个字。这是目前所发现的孔子传世的唯一真迹。

从今天山东莘县的观城镇到卫辉市，从百度地图上看是三百华里。孔子和子路去卫辉县的比干墓，不会只去这一个地方，看来这一时期他们在晋国境内的许多地方走过，而这些历史都是很少有人想到过的。

孔子去没去乾侯看望鲁昭公，没有历史记载，但我判断，孔子肯定经常去拜见鲁昭公。从距离上看，从今天的山东莘县的观城镇到河北成安县的漳河店镇两地相隔不远，一百八十华里，也就是两天的路程，孔子和子路怎能不去看望鲁昭公呢？从这件事上看，孔子对国君的忠诚远远超过三桓。虽然三桓也待他不薄，但上升到礼的高度，孔子是遵守规矩的人。

这些年里，孔子和子路没有闲着。南下郯城也可能发生于此时。《孔子家语·致思》记载："孔子之郯，遭程子于涂，倾盖而语，终日，甚相亲。顾谓子路曰：取束帛以赠先生。子路屑然对曰：由闻之士不中间见，女嫁无媒，君子不以交礼也。有间，又顾谓子路。子路又对如初。孔子曰：由，诗不云乎：有美一人，清扬宛兮，邂逅相遇，适我愿兮。今程子，天下贤士也，于斯不赠，则终身弗能见也，小子行之。"

这是一段很有意思的对话。孔子到郯国去（今天的山东郯城），路上碰到了程子。两人"倾盖而语"，意思是两车靠近，车篷对着车篷，相谈甚欢。谈了半天，天都快黑了。孔子对子路说，拿匹绢来送给程先生。子路说，君子交友和女子出嫁，若没有引介和媒人，是不送礼的。等了一会儿，孔子又吩咐了一次，子路又以前言拒绝。孔子急了，说你没读过《诗经》吗，路遇美女，遂我所愿。程先生是天下知名的君子，这时不送给他礼物，恐怕今后一辈子再见不到他了，你小子快拿绢来。我估计孔子是发了火，连"小子"这样的词都骂出来了，可子路就是不给。

这件事反映出子路真是个杠子头。子路此时大约三十岁，跟随孔子八九年，已经很有主见了。这一段记录可以看出，子路是个有个性的人，已经懂了不少规矩，是个按规矩办事的人。在这么多弟子中，孔子偏偏挑选子路跟随自己，并不只是因为子路有勇，可以保护他。更主要的原因是子路忠实可靠，忠心耿耿，刚直不阿。后来子路在卫国为保卫主人而死，说明了子路对主人的忠诚。如果没有这种特点，孔子不会与子路厮守一生。

今天，在山东郯城县城北五公里处有一座倾盖亭，就是纪念孔子与程子的这次相会。明代时，倾盖亭处还建祠三间，名曰问官祠，祠后建正殿三间，祀观音大士，东西草房各三间。

孔子是个多灾多难的人，后来的人们只记住了孔子风光的时候，却并不知道他落难时的狼狈。周游列国时曾经惶惶如丧家之犬，岂不知此时他的境况可能更艰难，可能很长一段时间隐姓埋名，不事声张。子路读书处、子路村等就是例证，人们只知道子路而不知孔子。

孔子和子路所居住的郓地子路村向西不远，就是武松打虎的阳谷县景阳冈，宋代时这里还有老虎出没，春秋时这里老虎就更多了。所以，今天东平县境内有子路拔虎尾的力梁山。但鲁国境内可能不止一处子路掆虎尾的地方，孔子和子路的足迹遍布鲁国。如果是到郯国去，那一路不知要越过多少山岭，穿过多少峡谷和密林，更不知遇上多少虎豹豺狼了。

在写此书期间，我去了一趟平邑县武城故址，亲身领略了鲁中山地的险恶。此时我才明白了子路这种人的重要。在那野兽出没的时代，如果没有搏虎之力，古人的旅行是很危险的。孔子要是离了子路可能寸步难行，两人上路都要刀剑开道。

子路在鲁国的东部也留下了足迹。今天山东沂源县东里镇的镇院峪村有个子路晾书台，古代的书就是竹简，可能孔子与子路走到这里竹简掉到河里湿了，便在此地晾晒。人们只记住了子路，而不知孔子。

后来，闵子骞于公元前495年辞去费邑宰，隐居鲁国东边的浮来山，在这附近办学，留有书院遗址。明代时，当地知县发现此地还有子路晾书台，就将闵子书院和子路共同纪念，将两位古代贤士一并祀之，为"二贤祠"。闵子书院也改称"闵仲书院"。

现在的沂源县东里镇韩旺村东北边有座闵仲山，闵仲书院就坐落在这山上。书院内有子路的磨剑石和晒书台。明、清两代在此设书院，民国后停办。这些地方记录，说明孔子和子路在这些年里跑了不少地方，可以说他们的足迹遍布鲁国东西南北。

写到这儿，人们会有个疑问，为什么这些地方只叫子路读书处、子路晾书台而不提孔子？可能子路当时的名气比孔子大。子路膀大腰圆，虎背熊腰，走到哪儿都比较显眼，人们只记住了当年出头露面干事情的人，而不知背后不动声响的孔子，因为孔子那时还没多大名气，远不像今天这样家喻户晓。他们走到哪里，办事的都是子路，子路比较显眼。所以，人们记住了子路，而不知道孔子。

谈到沂源县的闵仲书院，我想起了北边不远的安丘市石埠子镇保国山村有个公冶长书院，两地相距一百七十里地，在这么近的两个地方有两处孔子弟子遗迹，难道这是偶然的巧合吗？此时要问个问题：孔子在这些年里招没招弟子？难道仅仅是和子路两个人一起行动吗？不是的，肯定还有别的弟子。孔子每到一处，总要招些弟子，收些学费。我估计闵子骞和公冶长就是这一时期的弟子。

先说公冶长多大年龄。公冶长后来成为孔子的女婿，估计与孔子女儿年纪相仿，或许要大一些。孔子十九岁结婚后，二十岁就生了儿子孔鲤，接着生了女儿。估计女儿的出生日期在公元前527年左右。公冶长的出生时间估计要在公元前530年左右。公元前517年孔子随鲁昭公去齐国时，公冶长十三四岁。大约此后公冶长开始跟孔子学习。这个小孩肯定是在山区长大的，因为传说他懂鸟语。鲁中山地多鸟，从小和鸟打交道，公冶长注意观察，时间长了就摸索出了鸟语的意思。在孔子与子路出走的八年时间里，估计公冶长是一个跟随在他们身边的人，从十四五岁一直跟到二十几岁。孔子深爱这个孩子，后来把女儿嫁给了公冶长。

孔子为什么把女儿嫁给公冶长？我估计是这些年里，孔子奔走在外，很少照顾留在曲阜城里的妻子和儿女，只有经常派公冶长到曲阜去看望他们。这样下来，公冶长与孔子的女儿就熟悉了。孔子嫁女儿是水到渠成的事情。我估计公冶长也经常替子路去探望他的妻子颜氏。每次到曲阜，都要探望孔、仲两家人。公冶长与子路的关系也肯定很密切。

公冶长可能是齐国人，因为公冶长留下的遗迹在今天的山东安丘市，此市石埠子镇有个保国山村，坐落在城顶山脚下。公冶长书院就在城顶山的前坡，相传这里是公冶长读书的地方，后来当地人为他建造了公冶长祠堂，又在祠堂的西侧建立了一座寺庙，叫青云寺，里边有许多碑碣。后来祠堂和寺庙都废弃了，但碑碣仍在。为了保护文物，1988年政府拨款修复了祠堂。

公冶长的祠堂正殿一共有三间，里面有公冶长的雕像，在东西两个房间中陈列着很多书画。院子内的碑亭中有清朝和明朝立的石碑，石碑上面记载着修复公冶长祠堂的历史资料。青云寺与书院之间有两棵银杏树，传说是孔子来看公冶长的时候带来的苗子，是公冶长亲手种植的，距今已经有两千多年的历史了，阅尽人间的沧桑，但是两棵树还是形影不离，彼此站立，枝条相互缠绕，根部连在了一起，像是一对夫妻，四个人一起围起来环抱都不能把它围住，这是一对真正的中华雌雄银杏树。现在的书院有万亩的槐林，四周种满了苹果、梨、杏、板栗等果树，鸟语果香，空气非常新鲜，环境十分优美。

我估计安丘石埠子镇的保国山村一带，就是公冶长的家乡。孔子和子路当年游历这一带时遇到了公冶长，于是就将这个十五六岁的小伙子收为弟子。孔子去过保国山村的城顶山，今天青云寺的大银杏树也有可能是他所栽。

宰予可能也是这一时期孔子的学生，其年龄与公冶长差不多。宰予的家乡可能也是齐国，他俩都是孔子在齐国时收的学生。宰予聪明过人，伶牙俐齿，眉清目秀，能说会道，但有时言过其实，惹得孔子不高兴。聪明的人总是骄傲，有时甚至不把老师放在眼里。宰予就是这样的人，对于孔子的话，想听就听，不想听就不听，甚至还反驳几句。因为这个时候的孔子还没有多大威望，头上没有那么多光环，那个时代也没有后来那么多师道尊严，学生对老师都是直来直去，对的就听，不对的就反对。孔子也拿他没办法，只有恶狠狠地骂上几句。宰予后来在齐国做了大夫，在内乱中被杀。孔子耻之。

子路与孔子在一起，最多的是探讨问题，青年时期的子路很多事情要请教孔子，《论语·宪问》里记载了他两人的一次对话。有一天，子路问孔子怎样做才能成为君子，孔子说："修己以敬。"即修养自己，保持严肃恭敬的态度。子路说这样就够了吗？孔子说："修己以安人。"即修养自己，使周围的人们安乐。子路又说："如斯而已乎？"孔子又加了一句："修己以安百姓。修己以安百姓，尧舜其犹病诸！"孔子最后的意思是：修养自己，使所有的百姓都安乐。这一点恐怕尧舜也难以做到。

子路三问，引出三个层次。君子首先要修养好自己，做一个有敬畏之心的人，其次是影响到周边的人都好，最高境界是让天下的平民百姓都能安乐。这就是国家领导人的高度了。后来，根据子路与孔子的这段对话，后期儒家整理出《大学》中开头的思想："古之欲明明德于天下者，先治其国。欲治其国者，先齐其家。欲齐其家者，先修其身……身修而后家齐，家齐而后国治，国治而后天下平。"

后来，这一思想成为中国重要的政治学思想。子路在整个青年时期都是在刻苦修养自己，如果不是孔子的严格要求，子路不会发展成后来那样进退有据的国家栋梁之材。

这些年里，孔子和子路寄情于山水，遍访群贤，获益良多。《列子·天瑞》记载过孔子路遇荣启期的故事。孔子游泰山时，走到今天汶上县白石乡，看见一个老头，"鹿裘带素，鼓琴而歌"。此人名叫荣启期，可能是荣旗的爷爷。他穿得破破烂烂，一边弹琴一边唱歌，神态怡然自得。

孔子见此人不同凡响，学问和才艺很高，却如此贫穷和欢乐，就上前请教。荣启期说，我的乐趣很多，天生万物，唯人为贵。我能成为人，是一乐也。男女之别，男尊女卑，故以男为贵。我是男人，是第二乐。人生有不见日月、不免襁褓者，我今年都活到九十岁了，这是第三乐。人生在世，就是要找让自己高兴的事。

孔子感叹地说，以先生高才，倘逢盛世，定可腾达，如今却空怀瑾瑜，不得施展，未免有点遗憾。

荣启期却说，古往今来，读书人多如过江之鲫，而能飞黄腾达者没有几人。贫穷是读书人的常态，死亡是所有人的归宿。我既能处于读书人的常态，又可以安心等待最终的归宿，还有什么可遗憾的呢？

孔子此时正处在不得志的时候。听了荣启期的话，茅塞顿开，大呼能自宽者也善乎！子路也跟着孔子明白了"知足者常乐"的道理，知足常乐从此成为人们处世哲学的一种态度。

荣启期生性豁达，精通音律，博学多才，思想上很有见解，政治上不得志，但郊野生活使他怡然自乐，逍遥自在。孔子在荣启期老人这里学会了自我宽解，在困境中能保持豁达的心态。后来孔子注释《易经》，很多道理都是从亲身体会而来。

静下来的时候，孔子与子路经常促膝而谈。譬如《论语·阳货》中的这段话："子曰：由也，女闻六言六蔽矣乎？对曰：未也。居！吾语女。好仁不好学，其蔽也愚。好知不好学，其蔽也荡。好信不好学，其蔽也贼。好直不好学，其蔽也绞。好勇不好学，其蔽也乱。好刚不好学，其蔽也狂。"

孔子说爱好仁德而不爱好学习，它的弊病是受人愚弄。爱好智慧而不爱好学习，它的弊病是行为放荡。爱好诚信而不爱好学习，它的弊病是危害亲人。爱好直率却不爱好学习，它的弊病是说话尖刻。爱好勇敢却不爱好学习，它的弊病是犯上作乱。爱好刚强却不爱好学习，它的弊病是狂妄自大。

子路又问："君子尚勇乎？"孔子说："君子义以为上。君子有勇而无义为乱，小人有勇而无义为盗。"

子路总以自己的天赋为傲，以勇为自豪的资本。孔子指出了有勇无义的问题，告诫子路，勇要勇得端正。

第五章　重返曲阜

鲁定公时期

一晃五年过去了。公元前510年，昭公三十二年，《左传》记载："公薨于乾侯。"鲁昭公死了。子路的母亲在这一年也去世了。

这年冬天，寒风呼啸，冰天雪地。鲁昭公病倒了，他预感自己来日不多，便"遍赐大夫"，赏赐给身边最忠诚的老臣子家子一对玉虎，一只玉环，一块玉璧，还有又轻又好的衣服。子家子接受了，大夫们也都接受了赏赐。周历十二月十四日，昭公死了，子家子把赏赐给他的东西还给管理府库的人，说我之所以接受赏赐是不敢违背国君的命令。大夫们也都归还了赏赐的东西。孔子在鲁昭公病重期间，来没来乾侯看望，不可得知。

这一年快要结束的时候，鲁昭公闭上了眼睛，鲁国的公卿恩怨画上了句号，鲁国开始物色新人来继承君位。

赵国的执政大夫赵简子问史墨，季氏赶走他的国君而百姓顺服他，诸侯亲附他，国君死在外边而没人得到惩罚，这是为什么？史墨说，王有公，诸侯有卿。上天生了季氏，让他辅佐鲁侯，时间已经很久了。鲁国的国君世世代代放纵安逸，季氏家族世世代代勤勤恳恳，

113

百姓已经忘记他们的国君了，即使死在国外，有谁去怜惜他？社稷无常奉，君臣无常位，自古以然。《诗经》里说"高岸为谷，深谷为陵"，高高的堤岸变成深谷，深深的谷地变成山陵，三王的子孙在今天变成了平民。《易经》雷卦的震在乾之上，叫作《大壮》，这是上天的常道。季友在鲁国立下大功，受封在费地而做了上卿，一直到季文子、季武子，世世代代增加家业，积攒功业。鲁文公去世后，东门遂杀嫡立庶，鲁国国君这时就失掉了权威，国政进一步落到了季氏手中。到鲁昭公已经是第四代了，百姓不知道有国君，只知道三桓。因此做国君的要"慎器与名，不可以假人"，谨慎地对待器物和名位，不可能随便拿来借给别人。这段对话见于《左传·鲁昭公三十二年》。

这就是鲁国当时的情况，也是各国诸侯对鲁国客观的评价。孔子和子路还能一味追随忠君的道德名义而不顾事实吗？所以，昭公之死，意味着孔子结束了颠沛流离的生活。新君上台，矛盾消失，鲁国进入一个新时代。孔子可以在鲁国顺顺畅畅地办学育人了。

回想起来，孔子的一生很多时间是活在道德展示里。昭公被逼出走，在如此悖逆的世道中，孔子也出走，这是一种道德展示，以自己的亲身行动表示对三桓的反对，表示对国君的忠诚。这就是孔子高人一等之处，为义而活，不是苟且偷生，而是尽自己能尽的本分。春秋时人们讲义，义就是干自己该干的事。该干的事不干，就是背信弃义。譬如忠与孝，就是义。对人要忠诚，对长辈要孝顺，这是做人必有的品德。孔子是主张忠孝之人，子路肯定也赞成支持。两人就这样为理念活着。古代人的脑子不像今人那么活络，一根筋，愚直，认准了一个理，就身体力行。子路是典型的这样的人，但这种人活在世上是要受苦的，所以孔子和子路一生吃了不少苦，很少飞黄腾达。

孔子和子路在东奔西跑的动荡生活中，总结出了危邦不入、乱邦不居的经验。坚守理念，也必须保证安全，避免祸乱。孔子的智慧都是在行动中磨砺出来的。经历了太多磨难，孔子变得小心谨慎，精警异常。而子路因为勇武有力，总是横冲直撞，率性而为。这使孔子每每与子路发生矛盾。孔子既喜欢子路的忠心耿耿，力大如牛，又批评他的鲁莽性情，"子路好勇过我，无所取材"，意思是子路比我勇敢，但不会裁量、揣度事情。

公元前 509 年初夏，一队浩浩荡荡的人马，从乾侯出发，护送鲁昭公的灵柩返回鲁国。孔子和子路在不在这个行列里，不可得知，但后来成为鲁国新君的公子宋，在这个队伍里。

鲁国派叔孙成子到乾侯，迎接鲁昭公的灵柩回国。临行前，季平子对叔孙成子说，子家子说的话，未尝不合我的心意。我想让他参与政事，您一定要让他回来。到了乾侯，子家子却不肯见叔孙成子。叔孙请求进见，子家子辞谢说，国君没有命令就死了，不敢见您。叔孙派人转告他季孙的意思，子家子说，如果立国君，有卿士、大夫和守龟在那里，本人不敢参与。如果是表面上跟随国君出国的人可以回去，和季氏结了仇而出国的可以走开。至于我，国君死前不知道我要回国，所以我不能回去。

子家子是鲁昭公身边最有德行的一位老臣，季平子都佩服他的办事得体，有分寸。但此人钢筋铁骨，至死追随鲁昭公的意志，誓不与季平子见面，即不共戴天。那些按形式迫不得已跟鲁昭公出逃的大夫都回去了，只有他和少数与季平子过不去的人仍然飘零国外。子家子的忠诚和正直在鲁国是出了名的。那时的人不贪图物质享受和俸禄、富贵，纵然是高贵的大夫，为了气节也不惜去过清贫的日子。富贵与贫贱只在一念之间。后来子路在周游列国时碰到的那两个隐士，就是这样的人物。

《左传·定公元年》记载，六月二十一日，昭公的灵柩从乾侯运达曲阜。二十六日，定公即位。季平子对鲁昭公心存怨恨，在埋葬鲁昭公时将他埋在与其他国君较远的地方，还准备挖一条沟将他与先君分隔起来。老臣荣驾鹅这时已经年纪很大了，他对季平子说，国君活着的时候，你不能侍奉，死了又把他的坟墓和祖茔隔离，想用这个来表明自己的过失吗？您要是狠心这样干，后来必有人以此为羞耻。于是就停止了挖沟。季平子想给鲁昭公定个不好的谥号，荣驾鹅说，活着不能侍奉，死了又给予恶谥，想用这个来自我表白吗？有什么好处？于是就选用了昭字。

安葬了鲁昭公，鲁国要选新君上台。挑来选去，三桓认为鲁昭公的四个儿子公衍、公为、公果、公贲没有一个好东西，就是他们挑唆鲁昭公攻打季平子，引起鲁国大乱，于是就选了鲁昭公的庶弟公子宋，立为鲁国新君，这就是鲁定公。

姬宋此年已经五十二岁，老成持重，跟随鲁昭公一起出奔，后随鲁昭公的灵柩回国。鲁定公立，鲁国上下皆大欢喜，周人的先祖有了新的祭祀人，鲁国也终于成了一个有国君的国家。这么多年，鲁国背着一个无君的头号，在各国之间很丢人，现在不用再被人笑话了。季平子此时内心也得到安稳，鲁昭公出国的八年，也是他备受煎熬的八年。诸侯国中间的舆论压力很大，齐国、晋国、小邾国、杞国、莒国、卫国几次想以武力干涉，送鲁昭公回国。现在，昭公已去，定公新立，矛盾化解，再也不用担惊受怕了。

公元前 509 年，鲁定公立。孔子和子路结束了动荡的生活，回曲阜继续办学。这一年，子路三十四岁，孔子四十三岁。这师徒俩已经同甘共苦十三四年了。据仲子家谱记载，子路二十一岁就与颜浊邹的妹妹结婚了，但一直无子。原因就是一直跟孔子在外到处奔波，直到快四十岁的时候才有了儿子仲启。

这一年，颜回十一岁，子贡十一岁，冉求十岁，还都是小孩子。他们什么时候开始跟孔子学习的呢？可能是在公元前 509 年以后。按孔子"十四十五志于学"的说法，古人开始学习的时间估计在十四五岁左右。所以，孔子招收这批小孩子是在季平子公元前 505 年去世前几年开始的。

孔子和子路开始了真正的办学期。孔子办学育人大体分三个阶段，一是公元前 522 年到前 517 年，大约有四五年时间，弟子有琴张、颜路、仲由、秦商、冉耕、曾点、任不齐、颜浊邹、荣旗以及司马迁《史记·仲尼弟子列传》中那些不知生辰年月、事迹模糊的人。这些人不被小弟子们所熟悉，所以在《孔子家语》中只留下了名字，在《论语》中也不曾被提及。

《论语》是由孔子晚年培养的一批小弟子如子游、子夏、曾参、子张这帮人整理的，他们对早期的老弟子不清楚，不知道他们的生辰年月，所以，凡是生卒年不详的可能都是老弟子。如司马牛、公伯寮、宰予、壤驷赤、商泽、石作蜀、后处、秦冉、公夏首、奚容箴、公肩定、颜祖、鄡单、句井疆、罕父黑、申党、颜之仆、县成、左人郢、秦非、施之常、颜哙、步叔乘、原亢籍、乐欬、廉絜、颜何、狄黑、邦巽、孔忠、公西舆如、公西葴等。这些人不仅岁数不知道，事迹也不知道，在各著作中都没有提到。这些人学习几年后就各奔东西了，后来在事业上小有成就，可圈可点，被列入七十二贤弟子之中。至于那些没什么成就和表现一般的，就划在三千弟子的范围之内。

孔子第二次办学期，是公元前509年到前502年。这一时期，孔子生活安定，鲁国社会获得了暂时的平静。孔子专心教学，弟子从各国慕名而来。这一时期还有几个年纪大的弟子陪伴在身边，如颜路、子路、冉耕、曾点、燕伋、冉雍、闵子骞等，主要是为孔子做助教。孔子办学四十多年，不可能靠一个人教学，孔门往往是老弟子带新弟子。譬如，高柴就是子路带出来的小弟子。

此时还有一些二十多岁的学生，如颜高、宰予、冉雍、南宫敬叔、公冶长、司马牛、公晳哀、申枨等，他们或许已经毕业，但仍与孔门保持密切关系。

颜高，又一名叫颜刻，膂力过人，能拉开一百多斤的大弓，是弟子中的射箭好手。《左传》记载，公元前502年，齐国军队来犯，攻打鲁国阳州的城门。战斗间歇期间，士兵们排成行列坐着，称赞颜高的硬弓有一百八十斤，"颜高之弓六钧"，大家拿来传着看。战斗开始了，颜高把别人的软弓拿过来射箭，齐军武士籍丘子用鉏击打颜高，颜高和另外一个人都被打倒在地。颜高倒在地上，向子鉏射了一箭，射中他的脸颊，把他射死了。颜高是孔门中武功较好的人，公元前497年，孔子仕途不顺，离开鲁国去卫国时，颜高给孔子驾车。

宰予，字子我，鲁国人，估计出生于公元前530年左右，口才好，能说会道，因为白天打瞌睡，被孔子骂作"朽木不可雕，粪土之墙不可圬"。孔丘不喜欢巧言令色、华而不实的人，但宰予很有主见，敢于与孔子辩论。在守丧三年的问题上，据理力争，反对守丧三年。宰予讲求效率，对孔子制礼作乐的繁文缛节有抵触，所以孔子不喜欢他。看来孔门的学生并不都言听计从，宰予不是个别现象。

宰予曾经询问五帝的德行，孔子说你不是问这种问题的人。可见孔子对宰予反感到什么程度。老师教出这种弟子也是件很尴尬的事。在这一点上，可以把孔子与苏格拉底做一比较，苏格拉底平等对待学生，鼓励学生独立思考，质疑已有的学说与概念，反对崇拜权威，重新审视已有的说法，培养批判精神。在这一点上，东西方是有差异的。

公冶长，是孔子的女婿，能忍人所不能忍之耻辱。《论语·公冶长》："子谓公冶长，可妻也。虽在缧绁之中，非其罪也。以其子妻之。"公冶长大约出生于公元前530年左右，卒于公元前470年。现在网上说他出生于公元前519年，这和孔子的女儿年龄就对不上号了。孔子女儿怎么能嫁给一个小七八岁的人？据说公冶长自幼家贫，勤俭节约，聪颖好学，德才兼备，品学兼优，终生治学而不仕。

司马耕，字子牛，亦称司马牛，宋国人，出身贵族，为人多言而躁，曾向孔子问仁，孔子说："仁者，其言也。"据《左传·哀公十四年》载，其兄司马桓魋作乱于宋，对此司马牛坚决反对。其兄失败奔卫，他就离卫去齐。其兄奔齐，他又离齐奔吴，誓与其兄不共事君。

申枨（chéng）这个人很值得研究。《论语》只有一句提到了他。"子曰：吾未见刚者。或对曰：申枨。子曰：枨也欲，焉得刚？"由于他的生卒年月不详，也属于早期的弟子，估计比孔子小二十岁左右。

公皙哀，字季次，齐国人，鄙天下人多污身以事大夫家，不愿屈节做人家臣。孔子叹赏之。

孔子第三次教学期是公元前 497 年离开鲁国周游列国时期。第三代的学生是子游、子夏、子张等，他们都要比孔子小四十到五十岁了。

群 英 荟 萃

大约在公元前 507 年左右，孔子学校迎来了教学高峰。这一年，孔门齐刷刷来了一批十三四岁的小孩子，他们是冉求、高柴、颜回、子贡、宓不齐、司马耕、商瞿、巫马施、梁鳣等。这个时期的学生比早期的学生年龄要小得多。

近五十岁的孔子，带着近四十岁的子路、冉耕、曾点和燕伋等，来教这批十几岁的小孩子。按"年长以倍则父事之"的规矩，子路、冉耕和曾点这些第一代弟子对于这帮二代弟子来说已成为师叔了。儒门之内严格按礼道办事，弟子之间，"年长以倍则父事之，十年以长则兄事之，五年以长则肩随之，群居五人，则长者必异席"（《礼记·曲礼上》）。小弟子称一代年龄以上的大弟子为师叔，留校任教的都要被称夫子。颜回、冉求、子贡这些小弟子都要称呼冉耕、子路、曾点和燕伋这些人为夫子。

关于儒家成员之间的称呼，"夫子"这一称呼不仅是小弟子对成为老师和老弟子的称呼，也是学习有成的弟子们之间的称呼。举例来说，《史记·仲尼弟子列传》："孔子卒，原宪遂亡在草泽中。子贡相卫，而结驷连骑，排藜藿，入穷阎，过谢原宪。宪摄敝衣冠见子贡。子贡耻之，曰：夫子岂病乎？"

此事发生在孔子死后，原宪隐居乡下，子贡前去探视，见了面问原宪："夫子岂病乎？"当时的子贡四十多岁，原宪比子贡小四岁，大约刚四十出头，子贡尊重地称原宪为夫子。

这时的教学内容也要系统多了，孔子通过十几年的实践总结已摸索出了成套的教学经验，学生们可以循序渐进、按部就班地学习。子路和冉耕、曾点这帮人，除了自己仍然学习，还担负起辅导小学生的任务。譬如射箭和驾车，可能就是由子路来授课，而弹琴和音乐就由曾点或琴张来教授。

子路此时已成为孔子学校的管理者。这两个人一个红脸，一个白脸，孔子温文尔雅，和蔼可亲，子路严厉，样子有点凶。孔子曾说过子路，"由也喭（yàn）"。喭这个字的意思是不和颜悦色，但也不是整天阴沉着个脸。不会花言巧语的人往往都是直来直去，表情实在。子路是个实在人，表情严肃沉着。碰到难办的事情，孔子就会让子路来对付。文武之道，一张一弛。孔子是深谙管理之道的，怀柔和严厉都必不可少。有些调皮捣蛋的学生，就要子路来管教。这么多年里，子路为孔子与坏人打了不少仗，此时带弟子，就要恩威兼施。子路的威严，令同学们记忆犹新。很多年以后，学生问曾西（曾参的孙子），您比子路怎样，曾西回答说，我哪敢和子路比啊，"子路是我先人所畏者"（见《孟子·公孙丑上》）。曾参害怕子路，不少小弟子可能也害怕子路，见了子路要规规矩矩的。

新来的这批小孩，有的是第一批弟子的儿子。如颜回是颜路的儿子，冉求是冉耕继母生的小弟弟，再晚一点的曾参是曾点的儿子。子路结婚后一直无子，如果早有了孩子，此刻可能也来孔门学习了。

那时的学生不像今天六七岁就上学，一般都要十岁以上。发育未成熟，便无法学习驾车，也很难学习射箭。年龄小的学生往往先上知识课，先学读书写字，伦理道德，礼节礼貌，再学驾车和射箭。这些天真活泼的小孩子都挺可爱，这里逐个做一介绍。

巫马施，字子期，小孔子三十岁，公元前 521 年出生，有人说他是陈国人。如果是陈国人，那他就和子贡一样是从外国来的学生。《韩诗外传》记载，他曾为鲁国的单父宰，"以星出，以星入，日夜不处，以身亲之"，而使单父治。还有书记载他追随孔子周游列国，和子路一起出去打柴。

高柴，公元前 521—前 393 年，齐国人，齐文公的十八世孙，齐文公元年为公元前 815 年。高柴虽姓高，但个头却不高，老实憨厚，孔子对他的评价是"柴也愚"。其实高柴的愚是一种笃实，执着，做事四平八稳，稳稳当当。正是这种性格使高柴活了一百多岁。今天山东省兰陵县兰陵故城东北五公里的刘堡子村有高柴墓，纪念这位卓有成就的地方官。

高柴与子路的关系不一般。高姓乃姜太公的后人，高姓出自姜姓，在齐国是世袭贵族。公元前 532 年，齐国内乱，齐景公联合陈氏和鲍氏两个家族攻打和驱逐了姜姓的栾施和高强两大家族。栾、高两族逃奔鲁国。高柴就是高强的后人。高强逃奔鲁国后，齐国另立高昭子做高氏宗子。孔子去齐国就是投靠在高昭子门下。这样，子路与高家的关系很熟悉。高柴成了他照顾的对象。

后来子路当了季氏家宰，大权在握，正好费邑缺少邑宰，子路就派高柴去管理费邑。当时高柴刚刚二十岁，孔子说子路这是在害人，因为高柴太年轻，正值学习的时候。子路说，那里有人民，有祭祀土神和谷神的庙宇，照样可以学习，为什么一定要读书才叫有学问呢？

这是子路与孔子的一次严重的分歧。事情大概发生在公元前 500 年。子路主张在干中学，孔子看重书本知识。子路认为实践也是学习，孔子认为要先学好了再从政。子路可能没听孔子的，派高柴前去费邑了。高柴从此进入仕途，当了一辈子地方官。

公元前 481 年，当子路在卫国为执政大夫孔悝当家宰时，把高柴也叫了去，担任卫国的卫师，即执法官。高柴严格执法，一丝不苟，赏罚分明。公元前 480 年，卫国发生政变，废太子蒯聩回国篡权，子路被杀，高柴逃走。跑到城门处，门已关闭。守门人打开一扇小门，放高柴出了城。高柴问他，我下令砍掉了你的脚，为什么你还放我走？门人说，你砍我的腿，是因为我确实有罪，但我看出您内心是不忍心的，您是有仁心之人。您为官清廉，秉公执法，我们都知道您是个好人。

高柴就是这样的一个人，看起来像木头疙瘩，寡言少语，内心却有棱有角，无怪子路喜欢他。德者寿，高柴的长寿与德行有关。《孔子家语·弟子行》中对高柴有一段总结性的话："孔子信其能仁，以为异士。自见孔子，出入于户，未尝越礼，往来过之，足不履影，启蛰不杀，方长不折，执亲之丧，未尝见齿，是高柴之行也。孔子曰：柴于亲丧，则难能也，启蛰不杀，则顺人道，方长不折，则恕仁也，成汤恭而以恕，是以日隮（jī，上升）。"

"足不履影，启蛰不杀，方长不折"，最能说明高柴谨言慎行，小心谨慎，心地善良。高柴是一个在政事上卓有成就的人，在孔门弟子中，除了子路、冉求，再就数高柴了。但只是因为他寡言少语，不善言谈，没在《论语》里留下一句话，因而被远远地屏蔽出了人们的视野，没进入"十哲"之列。高柴活了一百二十八岁，健在时一直在鲁国做地方官。如果孔子晚死五十年，就会将高柴列在弟子的重要位置。

颜回是颜路之子，生于公元前521年，卒于公元前481年，与高柴一般大，十四岁拜孔子为师。由于孔子的母亲是颜姓，与颜路家可能是亲戚，颜回按辈分叫，不知叫孔子什么。由于这层关系，孔子格外照顾颜回这个小弟子。颜回是四个德行最好的弟子之一，其可爱之处在《论语》和《孔子家语》以及《礼记》中广为传播。聪明，听话，谦恭，简朴，善良，是颜回最大的特点。

颜回的父亲颜路，生性老实厚道，虽然与孔子关系密切，可能是孔子的表弟，但表现一般，无论是德行、口才、文学和政事都排不上号。他来孔门恐怕要帮孔子处理后勤方面的事情。颜路虽然一生平庸，但却生了个好儿子。颜回的厚道，温良恭俭让的天性，大多来自颜路。所以，颜路是个好脾气的人，子路和他的关系可能也很好。子路的妻兄颜浊邹与颜路不知是什么关系，估计都是一家子。子路娶了颜氏家族的女儿，成为颜家的女婿，子路与颜路也是亲戚。

颜氏家族在曲阜是一个很大的家族，光是孔子七十二贤弟子就有颜姓的八九个人，而在《左传》记录中，颜氏人物经常出现。这说明从小邾国过来的颜氏一族在鲁国已有几代人。孔氏、颜氏、曾氏都是外国来的贵族后裔。

再来看冉求，他比孔子小二十九岁，公元前522年出生，大约也是十四五岁入孔门。冉氏族谱中说冉求是冉耕的小弟弟，是冉耕后母所生，所以与冉耕相差二十多岁。

冉求是个聪明伶俐的孩子，言语不多，但擅长于行动。讷于言而敏于行，指的就是冉求这样的人。冉求跟着孔子学诗文，学算术，学乐礼，跟子路学射、学御，几年之后就成了一个身手敏捷、干脆利落的小伙子。孔子后来总结说"求也艺"，说明冉求多才多艺，六艺样样精通，但就是很少说话。所以《论语》和《家语》中很少有他的言论。这就是孔门中的特点，凡是从政的人都没有留下多少言论。除了子路多一些，冉求有一两句，像高柴、闵子骞、冉雍等都悄无声息。

言论千古！看来人生在世，在立功、立德和立言方面，言论是最容易流传的，而功绩是很少被人知道的。从历史角度看，一个人的价值，与其当官和经商发财，都不如著书立说，流传千古。

子贡是卫国人，今河南淇县，年龄比孔子小三十岁，与颜回一样大，可能也在此时入学。子贡姓端木，名赐，字子贡，公元前520年出生，卒于前456年。端木一姓源于祝融氏的芈姓，是楚国的姓氏，但是端木一家和姜子牙这家人一样，世世代代为周人服务，其先祖鬻熊是周文王姬昌的老师，鬻熊生有二子，长子熊丽，次子端木，端木生典，典以父名为姓，名端木典，这是端木氏得姓之始祖，其后几世断纪无考。

西周末期，有端木典的后裔端木舒，仍仕于周王室，并随周平王姬宜臼东迁洛阳，在建立成周的过程中建有功勋。端木舒生子彻，彻生子缄，缄生子容，容生子宿，宿生子广单，端木广单被卫献公姬衎聘为客卿。自此，端木氏家族迁居卫国。

端木广单生子伓，伓生子巨。端木巨（公元前534—前493年）是卫灵公时期的卫国大夫，娶蘧伯玉的女儿蘧氏，蘧氏生端木赐，这就是子贡。蘧伯玉是卫国的贤大夫，大学问家，听说孔子在鲁国教学，特意将外孙送来学习，于是子贡年纪轻轻地就到鲁国来了。

子贡刚来孔门时是个什么样的孩子呢？《论语·公冶长》透露了一句："子贡问曰：赐也何如？子曰：女，器也。曰：何器也？曰：瑚琏也。"

这段话很能反映子贡小时候的可爱。子贡问孔子我怎么样啊？孔子说你是一件器物。子贡说什么东西呀？孔子说是放在宗庙中盛黍稷的瑚琏。一件可爱的盛具。

过了几年来的还有原宪等人。原宪，字子思，公元前515年生人，鲁国卞邑人，今山东临沂市平邑县仲村镇南屯人，与子路家相距几里地，他们是卞邑同乡，也可能是子路把他带来的。原宪出身贫寒，个性狷介，一生安贫乐道，不肯与世俗合流。孔子晚年时，子路安排他做孔子的家臣，孔子给他九百斛的俸禄，他推辞不要。孔子死后，原宪隐居鲁国，野草丛生，茅屋瓦牖，粗茶淡饭，生活极为清苦。子贡坐着四匹马拉的车子，后面还跟着一溜马车来拜访原宪，他们拨开草丛，进入一个简陋的小房子，原宪整理好破衣服出来迎接。子贡说，你病了吗？意思是你怎么搞得这么穷酸。原宪说，我没病，只是穷而已。没有财产叫作贫穷，学了道而不施行叫作病。子贡感到很惭愧，不高兴地离去了，一辈子都为这次说错了话感到羞愧。

这件事反映了原宪的个性，原宪与颜回一样，终生以求道为宗旨，不以物质匮乏而烦恼，不以穷为耻。人活着以守道为宗旨，而不是为了富贵荣华。这就是孔子和子路教育出来的儒家精神。

司马耕，字子牛，子姓，大约出生于公元前520年以后，宋国人，向罗之子，司马桓魋之弟。司马牛多言而躁，当其向孔子问仁时，孔子说："仁者，其言也。"意思是要注意说话不要过多，要掌握分寸。公元前481年，鲁哀公十四年，其兄桓魋作乱于宋，司马牛交出封邑，离开宋国到齐国。桓魋出奔齐国，司马牛又到吴国，赵简子、陈成子召他，司马牛没有去，最后在鲁国城门外去世。

其兄弟作乱后，他感到忧惧，孔子就教育他"不忧不惧"是为君子。其家族败落后，有孤独感，子夏则以"生死有命，富贵在天"和"四海之内皆兄弟"安慰他。

樊须，字子迟，公元前515年出生，少孔子三十六岁，与原宪一样大，鲁国曲阜城里人，不懂得种田。他可能十几岁就入孔门，跟了孔子多年，直到公元前491年冉求被召回国，他可能跟冉求一起回鲁国为季氏办事。这两人的关系不一般。公元前484年，在保卫曲阜城的战斗中，樊迟为冉求的车右，勇敢作战，击退了齐军的进攻。

澹（Tán）台灭明，字子羽，生于公元前512年，鲁国武城（今山东临沂市平邑县南武城）人。十几岁时也来孔子门下学习，但因相貌丑陋，孔子没把他当回事，学了几年就回家了。十几年后，孔子的第三代小弟子子游（言偃）到武城做邑宰，孔子问："你在那里得到什么人才了吗？"子游说："有澹台灭明者，行不由径，非公事未尝至于偃之室也。"

后来，澹台灭明往南游学到吴地，跟从他学习的有三百多人，他有思想、有方法，影响很大，成为儒家在南方的一个有影响的学派，其才干和品德传遍了各诸侯国。孔子听到这个消息后感慨地说，我凭语言判断看错了宰予，凭长相判断看错了子羽。今天的苏州城南有澹台湖，江西南昌市有澹台灭明墓。澹台灭明死后，南昌人民为他立祠立墓祭祀，并设立澹台门以表纪念，进贤县也因他南游至此而名。子贡在《孔子家语·弟子行》中评价澹台灭明："贵之不喜，贱之不怒，苟利于民矣，廉于行己。其事上也，以佑其下，是澹台灭明之行也。孔子曰：独贵独富，君子耻之，夫也中之矣。"

习 艺 洙 泗

就这样，一群聪明可爱的小男孩生活在孔门学堂大家庭中，习艺于洙泗，浴风于舞雩。这一时期的学堂很热闹，一群天真活泼的孩子来到孔子和子路身旁，子路整天要忙前忙后，照顾这群孩子。

这一时期，是孔门最正规的学习期，杏坛之下，每天传来琅琅读书声和阵阵琴瑟声。天天读书识字，书就是一片片的竹简或木板。写字就用粉石笔在石板上写，只有重要的话记在竹简、木板或羊皮之上。

算术是在地上摆草棍。古代的算筹是一根根同样长短和粗细的小木棍子，一般长为十三到十四厘米，多用竹子制成，大约二百七十几枚为一束，放在一个布袋里，系在腰部随身携带。需要记数和计算的时候，就把它们取出来，放在桌上、炕上或地上都能摆弄。在算筹计数法中，以纵横两种排列方式来表示单位数目的，其中一至五均分别以纵横方式排列相应数目的算筹来表示，六到九则以上面的算筹再加下面相应的算筹来表示。表示多位数时，个位用纵式，十位用横式，百位用纵式，千位用横式，以此类推，遇零则置空。

音乐课是必不可少的内容。当时的乐器有琴和瑟两种。琴的弦少，瑟的弦多。琴便于携带，瑟体积较大。相传伏羲作琴，舜定琴为五弦，文王增一弦，武王伐纣又增一弦为七弦。古琴音域宽广，音色深沉，余音悠远。嵇康的《琴赋》说："众器之中，琴德最优。"琴不仅仅是一种乐器，更是文人雅士以琴修身养性，乃至以琴静心悟道的一种精神生活方式。

中国古琴的音域为四个八度零两个音，有散音七个，泛音九十一个，按音一百四十七个。泛音像天，按音如人，散音则同大地，称为天地人三籁。古琴一器具三籁，可以状人情之思，可以达天地宇宙之理。三音交错，变幻无方。宋代《琴史》中说："昔圣人之作琴也，天地万物之声皆在乎其中矣。"

瑟也是拨弦乐器，形状似琴，但有二十五根弦，弦的粗细不同。每弦瑟有一柱，按五声音阶定弦。最早的瑟有五十弦，唐代李商隐的诗"锦瑟无端五十弦，一弦一柱思华年"，就是以瑟为题，抒发诗意。

瑟的体积大，空腔大，故音量大，弦多则音色变化多。传说疱牺作瑟五十弦，黄帝使素女鼓瑟，哀不自胜，乃破为二十五弦，所以瑟的表达能力比琴还要厉害。瑟往往用于帷幕后面隐匿处作为背景音乐演奏，目的是给宾客饮酒谈天营造一种轻松愉快的气氛，而非用于专场音乐欣赏会，所以演奏员可以是技术娴熟的老叟或老妇。相比较起来，琴比较高雅，有情调。瑟的娱乐性和随意性较大。

这期间发生过一件事，可以看出孔子对习乐之人的要求。《孔子家语·辩乐解》里记载了这件事：

"子路鼓琴，孔子闻之，谓冉有曰：甚矣由之不才也。夫先王之制音也，奏中声以为节，流入于南，不归于北。夫南者，生育之乡，北者，杀伐之城。故君子之音温柔居中以养生育之气，忧愁之感不加于心也，暴厉之动，不在于体也。夫然者，乃所谓治安之风也。小人之音则不然，亢丽微末，以象杀伐之气，中和之感，不载于心，温和之动，不存于体，夫然者乃所以为乱之风……由今也匹夫之徒，曾无意于先王之制，而习亡国之声，岂能保其六七尺之体哉？冉有以告子路，子路惧而自悔，静思不食，以至骨立。夫子曰：过而能改，其进矣乎。"

由这段话可以看出，弹琴的确是子路的弱项，不仅技巧上不娴熟，风格上也不温柔平和。像子路这样威猛的人，弹起琴来，必然反映他的雄壮之性，但孔子听了就感觉刺耳，不仅刺耳，孔子还从中听出了杀伐之声，暴厉之音。孔子认为，小人之音就是这样：亢丽微末，以象杀伐之气。中和之感，不载于心。温和之动，不存于体。由此可以看出子路的心性此时还没修炼到温和平静的地步。

孔子说子路不学先王之制，而习亡国之音，将来六七尺之躯恐怕难保。子路听了孔子如此严厉的批评之后，深为触动，几天吃不下饭，人都消瘦了一圈。子路是一介武夫，打仗时用得上，不打仗的和平时期，这种人就没用了。不仅没用，还显得与孔子的文明教育格格不入。可以说孔子既需要子路在他危险时鞍前马后，靠勇武之气来克服困难，又不愿见到子路永远都是一副起起武夫的样子。孔子对子路的这种态度，导致了"门人不敬子路"。儒门是一个学习文化的地方，不是军事学校，所以，子路这样的人得不到敬重。

这是一个危机时刻，孔子对子路的不满导致子路竟然形销骨立，甚至连离开的心都有了。这是一个很容易让子路离开的时刻，天下太平了，孔子用不着东奔西跑了，像子路这样的人也没有多少用了。并且，子路这样的粗人也不适合学校这样的环境。但子路最终没有离开，可能还是因为孔门有需要子路的原因。譬如骑马射箭，这些都需要子路上阵教学。

孔子的七十二贤弟子，人人可弹得一手好琴瑟，但古代的士人，人人都要会驾车和射箭。孔子的学生不仅能文，还要能武。射箭，是孔门一项重要的学习内容，不会射箭就别想及格。

《孔子家语·观乡射》记载了孔子观乡射的感叹："射之以礼乐也。何以射？何以听？修身而发，不失正鹄者，其唯贤者乎！若夫不肖之人，则将安能以求饮？"这意思是，射箭时配上礼仪和音乐，射箭的人怎能一边射，一边听？只有努力修养身心而发出的箭才能射中目标，只有贤德的人才能做到修养身心，平心静气。如果是不肖之人，他怎能射中靶子而罚别人喝酒呢？

于是，孔子回来与弟子们举行射箭比赛，"与门人习射于矍相之圃，盖观者如堵墙焉"。矍相之圃，可能离阙里不远，是曲阜城内一个射箭的地方。每到射箭比赛，围观者围得像一堵墙。

"试射至于司马，使子路执弓矢，出列，延谓射之者曰：奔军之将，亡国之大夫，与为人后，不得入，其余皆入。盖去者半。"

司马是射箭比赛的指挥。子路做司马，轮到他射时，子路手执弓箭出列邀请射者，但对参赛者是有要求的，败军之将、丧失国土的大夫、求做别人后嗣的人，不准入场。听到子路这话，人走了一半。

公罔之裘举着酒杯又出来了，说："幼壮孝悌，耆老好礼，不从流俗，修身以俟死者在此位。盖去者半。"

序点举着酒杯说："好学不倦，好礼不变，耄期称道而不乱者，则在此位，盖仅有存焉。"

由此可以看出，子路对射箭比赛的人要求有多高，必须是幼年壮年时能孝敬父母，友爱兄弟，到老年还爱好礼仪，不随流俗，修身以待终年的人，必须是好学不倦，好礼不变，到老还言行不乱的人。这么一要求，符合射箭比赛的只有为数不多的人了。

"射既阕，子路进曰：由与二三子者之为司马，何如？孔子曰：能用命矣。"

射箭比赛完毕，子路对孔子说，我们几个做司马的怎么样？孔子说，行，很用力，很合格。

通过这段记录，可以看出子路的射艺，以及对射箭者的要求。射箭之人首先必须是士，是君子。然后，射箭时必须屏神静气，集中精力，才能射中目标。

现在我们可以想象子路训练学生射箭的场面：一队队弟子轮番上阵，十几个袒胸露臂的弟子，站成一排，对准靶心，张弓搭箭，嗖嗖射出。靶场上肌肉膨胀，热血偾张，子路一声令下，弟子们各显神英。射箭训练的不仅是射艺技巧，更是勇武之气。孔门弟子不但要能文，还要能武。

子路力大无穷，是当之无愧的射箭能手，不仅百步穿杨，而且射得远，力穿靶心。可惜后儒重文轻武，把早年儒家的尚武精神都给弄丢了。

孔子课堂还有一项很重要的内容：礼。孔子不仅在课堂上讲，还要带弟子们去庙堂亲身实习。习礼，问礼，观礼，执礼，是弟子们经常做的事。《荀子·宥坐》记载了孔子这一期间带弟子参观鲁桓公庙的故事：

"孔子观于鲁桓公之庙，有欹（qī）器焉。孔子问于守庙者曰：此为何器？守庙者曰：此盖为宥坐之器。孔子曰：吾闻宥坐之器，虚则欹，中则正，满则覆。"

桓公庙里挂了一个警戒人的座右铭之器，欹器，倒上水后，它持平悬挂着，倒满水便歪倒了。欹器告诉人们满则覆的道理，提醒人们不要自满，始终保持谦虚心态。孔子感叹地说："唉，哪有满了而不溢的事呢！"

子路问："敢问持满有道乎？"

子曰："聪明睿智，守之以愚。功被天下，守之以让。勇力振世，守之以怯。富有四海，守之以谦。此所谓损之又损之之道也。"

子路问道："有什么保持盈满的方法吗？"孔子说："聪明睿智的人，用愚朴来保守成业。功盖天下的人，用谦让来保守成业。勇力震世的人，用怯懦来保守成业。富有四海的人，用谦卑来保守成业。这就是退损再退损的方法。"后来，满招损，谦受益，成为中国人的座右铭。

从公元前509年鲁定公上台，到公元前503年阳虎乱鲁，整整有六七年安定祥和的时间供孔子办学。正是在这六七年时间，孔子的教学成绩斐然，誉满各国，连陈国蔡国那些隐居的人士都知道了。

闲来的时候，孔子喜欢远足，与弟子们一起郊游。曲阜的北边几十里地是一片大山，有一座山叫农山。这一天，子路和孔子带着颜回和子贡一起登上了山顶。气喘吁吁之后，终于平定下来。望着脚下的鲁中平原，孔子感叹起来。他认为只有在登高望远、极目远眺、胸怀宽广的时候，人们才会思泉如涌，尽情想象。于是他请大家各自谈谈自己的志向。

望着山下辽阔的鲁中大地和云雾飘动，小弟子们心潮澎湃，当然要让师叔先说了。子路也不客气，铿锵有力地说出了这样一番话："由愿得白羽若月，赤羽若日，钟鼓之音，上震于天，旌旗缤纷，下蟠于地，由当一队而敌之，必也攘地千里，搴旗执馘（guó），唯由能之，使二子者从我焉。夫子曰：勇哉。"（《孔子家语·致思》）

这些话一看就是后来第三代小弟子编出来的作文，语言和文采非常好，子路当年是说不出这样漂亮的话的，但这些话也表达了子路的意思，描写了子路的形象。子路的愿望是，带领一支军队，白色的旗帜像月亮一样皎洁，红色的旗帜像太阳一样鲜红，钟鼓的声音响彻云霄，旌旗飘飘，席卷大地，攻城略地，夺取敌国千里之地，拔旗割耳，全胜而归。子贡和颜渊可跟着他干！

孔子说："真勇敢啊！"子路永远是进取的，英雄主义的，但孔子总是打压他。孔子尚文，子路尚武。两个人凑到一起，总有矛盾冲突。子路在孔子手下是有点委屈的，好在孔子的打压有时是正确的，避免了子路遭受不必要的损害。

鲁山远眺

子贡复进曰："赐愿使齐楚合战于漭瀁之野，两垒相望，尘埃相接，挺刃交兵，赐着缟衣白冠，陈说其间，推论利害，释国之患，唯赐能之。"

子贡愿出使到齐国和楚国交战的广阔原野上，两军的营垒遥遥相望，扬起的尘埃连成一片，士兵们挥刀交战。在这种情况下，他穿着白色衣帽，在两国之间劝说，论述交战的利弊，解除国家的灾难。这样的事只有我能做得到。

孔子说："真有口才啊！"

颜回谦虚不语，孔子逼他说话。于是颜回说了这样一段话："回闻薰莸不同器而藏，尧桀不共国而治，以其类异也，回愿得明王圣主辅相之，敷其五教，导之以礼乐，使民城郭不修，沟池不越，铸剑戟以为农器，放牛马于原薮，室家无离旷之思，千岁无战斗之患，则由无所施其勇，而赐无所用其辩矣。"

孔子听了高兴地说："美哉！德也。不伤财，不害民，不繁词，则颜氏之子有矣。"

颜回的意思是，薰草和莸草不能藏在同一个容器中，尧和桀不能共同治理一个国家，因为他们不是同一类人。我希望得到明王圣主来辅助他们，向人民宣传五教，用礼乐来教导他们，使百姓不修筑城墙，不逾越护城河，剑戟之类的武器改铸为农具，平原湿地放牧牛马，妇女不因丈夫长期离家而忧虑，千年无战争之患。这样，子路就没有机会施展他的勇敢，子贡就没有机会运用他的口才了。

三个人三种观点。子路正视现实，在利益纷争的时代积极进取，攻城略地，英雄主义。子贡是调和冲突，化解矛盾，偃旗息鼓，共和主义，做和事佬。颜回是"薰莸不同器而藏，尧桀不共国而治"，幻想逃避冲突，远离恶人，幻想一个清静和平的理想国，与世无争。孔子也这样想，所以孔子欣赏颜回的观点。但愿望虽好，在实际中却行不通。接下来的事实都在残酷地教训着他。

孔子的思想极大地影响了中国历史，但后来的问题是，儒学一旦占了上风，民风怯弱，斗志消失，就要遭受外族的攻击侵略，丧权辱国，沦为亡国奴。求和与被奴役仅一步之遥。和平主义和与人为善是好东西，但面对豺狼成性的世界，不用子路的英雄主义武装自己是不行的。

这种平平静静的学习环境没能持续多久，公元前505年季平子去世后，鲁国又变得动荡不安起来。季桓子立，年纪尚幼，而家宰阳虎已是两代老臣，位高权重，阳虎一时把持了季氏家的大权。如果阳虎是子家子那样的忠臣，鲁国也不会动乱，但由于鲁国政治从根基上已经打歪，三桓篡权的做法已经上行下效，所以，家臣一旦掌了权，也会像三桓那样架空国君。

现在轮到季桓子被架空了。季氏家宰如此，孟氏家宰也是如此。一个"陪臣执国命"的时代到来了。鲁国之后就是齐国，齐国之后就是晋国。到了公元前475年晋国三家分晋，陪臣终于完成了篡权瓜分的任务。

第六章　步入政坛

阳 虎 之 乱

鲁定公五年，公元前 505 年春，逃亡到楚国的王子朝被周室派来的人刺杀。越国攻入吴国，迫使吴军从楚国撤退。吴军攻占楚国国都郢之后，待了半年就退出了。

夏天，季平子到东部视察，回来时走到房这个地方死了。叔孙不敢（叔孙成子）接着也死了。鲁国三桓家族连死两大宗子。继位的都是小青年，压不住老臣，鲁国一时出现了"陪臣执国命"的现象。不仅季氏家的阳虎凌驾新宗子，叔孙家的家宰也在郈邑不听使唤了。

季桓子继位后亲近另一老臣仲梁怀，在有些事情上与家宰阳虎产生分歧。譬如，在办理季平子的丧事时，阳虎想以鲁国镇国之宝玉"玙璠"为季平子敛尸，仲梁怀却认为那是季平子在昭公逊国时期国君行祭时所配，今定公已立，不能再用。争执不下之时，孔子甚至都赶来了支持仲梁怀，反对用此玉陪葬。阳虎开始对季桓子不满，并开始提防自己被仲梁怀取而代之。

不久，季桓子到费邑去，对费邑宰公山不狃（字子泄）没表现出应有的敬重，公山不狃生气了。于是，这年秋天阳虎囚禁了季桓子和公父文伯，驱逐了仲梁怀。冬季，十月初十日，杀了公何藐。十二日，与季桓子在稷门里边盟誓。十三日，举行大的诅咒，驱逐了公父文伯和秦遄，两个人都逃亡到齐国。

阳虎，又叫阳货，姬姓，出自孟孙氏家的庶支，季武子时期就是季孙氏家臣，季平子时很受重用。季平子死，季孙斯（季桓子）立，阳虎是三朝元老，大权在握，已经不把新宗主放在眼里了。

《左传》记载，公元前504年冬，定公六年，季桓子与仲孙何忌（孟懿子）帅师围郓。阳虎又盟公及三桓于周社，盟国人于亳社，诅于五父之衢。不知阳虎这是要干什么，又盟又诅，一个家宰做出这种举动，显然已经超越他的身份了。公元前503年，定公七年，齐国归还了鲁国部分郓地和阳关，阳虎居之以为政。

公元前502年，定公八年，鲁定公发兵入侵齐国，攻打阳州（泰山之南）的城门。孔门弟子颜高手持一百八十斤的硬弓参加战斗，表现英勇。鲁军还攻打了廪丘外城。廪丘在今天山东郓城县的西北，在郓城镇西北十几公里的水堡。自从鲁昭公出奔齐国，郓地被齐国占领后，鲁齐之间就一直打仗，鲁国总想夺回郓地，齐国就是赖着不给。这使齐鲁两国陷入了长达十六年的战争。

季寤、公鉏极和公山不狃在季氏那里不得志，叔孙辄在叔孙氏那里不受宠信，叔孙志在鲁国不得志，所以这五个人都去投靠阳虎。阳虎想要去掉三桓，用季寤取代季氏，用叔孙辄取代叔孙氏，自己取代孟氏。

这一年冬季十月二日，鲁国在僖公庙里举行大规模祭祀。阳虎准备在蒲圃设享礼招待季氏时杀死他，因此在城里部署战车。成地的孟氏宰臣公敛处父发现情况不妙，就告诉孟懿子：“季氏调动战车是什么缘故？”孟孙说：“我没有听说过。”处父说：“那么这就是叛乱了，必定会涉及您，是不是先准备一下？”于是孟氏家里做了准备。

十月三日，阳虎驱车走在前边，林楚为季桓子驾车，士兵手持铍和盾在两边夹护，阳虎的弟弟阳越走在最后。将到蒲圃，桓子突然对林楚说："你的先人都是季氏家里的忠良之臣，你能像他们一样吗？"林楚说："能。"桓子说："你能带我去孟氏那里吗？"林楚回答说："我不敢爱惜一死，怕的是不能让主人免于祸难。"桓子说："去吧！"

孟懿子挑选了三百个壮汉在门外造房子。林楚鞭打乘马，跑进孟氏家门。阳越用箭射他，也没射中。造房子的人关上大门，并从门缝里用箭射阳越，杀死了他。阳虎劫持了鲁定公和武叔来攻打孟氏。这时，公敛处父率领成地人从上东门进入，和阳虎的兵打起来。

阳氏战败。阳虎看大势已去，便脱去皮甲来到公宫，拿了宝玉、大弓出来，住在五父之衢，自己睡下，让人做饭。有人说追赶的人恐怕快来了，阳虎说，鲁国人听说我出去了，正高兴得可以晚点死了，哪里有空来追我？跟随的人说，快点套上马车吧，公敛处父可能要追过来。实际上公敛处父的确想追杀阳虎，但被孟懿子拦住了。公敛处父还想杀死季桓子。孟孙就赶快把季桓子送回家去了。与阳虎一起作乱的季寤，跑到季氏的祖庙里向祖宗斟酒祭告，然后逃走了。临走也不会忘了祖宗。

阳虎向北撤退，进入讙地和阳关，可能是今天的山东泰安一带。后来投奔齐国，齐国将其缉拿。阳虎逃脱后，投奔了晋国。

公元前502年的冬天，鲁国的曲阜城里分外冷清。阳虎的动乱平息了，阳虎兵败跑掉了，季氏家里和鲁国终于安定了下来，但此时公山不狃占据着费邑各自为政。公山不狃是季氏家老臣，也是个有血性、有野心的汉子，他看不惯季氏家的新宗子季桓子，干脆在费邑另立门户，自成一体。公山不狃与孔子友善，知道孔子是个能人，便派人来请孔子去费邑，和他一起共事。

《史记·孔子世家》载："公山弗扰以费畔，召，子欲往。子路不悦，曰：末之也已？何必公山氏之之也？子曰：夫召我者而岂徒哉？如有用我者，吾其为东周乎？"

孔子想去。子路不高兴，说没地方去就算了，何必到他那里去？看来子路对公山不狃的为人有所了解。孔子说，他来召我，难道是说空话吗？如果有人肯用我，我也许就会建立一个强盛的王朝。但在子路的反对下，孔子终于没去成。这时的孔子已经五十岁了，子路四十一岁，都是经验丰富的治国人才。空有一身学识，无以施展，是孔子非常难受的事情。现在有这么个机会，放弃了也很可惜。子路固执，不做不正当的事。孔子灵活，可以曲线救国。这就是孔子和子路的区别，但孔子还是善于听取意见的。子路反对，那就作罢。

其实在这之前，孔子就有做官的机会。季平子死后，阳虎想笼络人才，控制鲁国，便请孔子出来做官，但孔子犹犹豫豫，没敢答应。《史记》的记录如下：

"阳货欲见孔子，孔子不见，馈孔子豚。孔子时其亡也，而往拜之。遇诸途，谓孔子曰：来，予与尔言。曰：怀其宝而迷其邦，可谓仁乎？曰：不可。好从事而亟失时，可谓智乎？曰：不可。日月逝矣，岁不我与。孔子曰：诺，吾将仕矣。"

阳虎想见孔子，孔子不见，便送给他一只熟乳猪，以便让孔子去他家致谢。孔子乘他不在家时去拜谢，却在半路上碰到了。阳虎对孔子说，自己身怀本领却任凭国家混乱，能叫作仁吗？想做大事却总是不去把握机遇，能叫作明智吗？时光一天天过去，岁月不等人啊。孔子说，好吧，我准备做官。

阳虎让孔子做官，孔子不答应，公山不狃邀请，孔子却答应。这说明孔子对阳虎是心存芥蒂的，不是一路人。公山不狃虽然以费反叛，只是对抗季桓子，季桓子也确实不怎么样，后来齐国送来几个歌女就把他迷倒了，可见他是个什么样的人。

公山不狃后来和叔孙辄客居吴国。公元前487年，鲁哀公八年，吴国为了邾国的缘故，准备攻打鲁国。吴王询问叔孙辄，叔孙辄说："鲁国有名无实，攻打他们，一定能如愿以偿。"辄退出来后，告诉了公山不狃。

公山不狃对叔孙辄说，你这样做是不合于礼的。按规定，君子离开自己的国家，不能到敌国去。在鲁国没有尽到臣下的本分，而又去唆使人去攻打它，为吴国奔走听命，这样做是该死的。一个人离开了他的国家，不应该因为有所怨恨而祸害乡土。此事见诸《左传·哀公八年》："吴为邾故，将伐鲁，问于叔孙辄。叔孙辄对曰：鲁有名而无情，伐之，必得志焉。退而告公山不狃。公山不狃曰：非礼也。君子违，不适仇国。未臣而有伐之，奔命焉，死之可也。所托也则隐。且夫人之行也，不以所恶废乡。"

这就是我国著名的"不以所恶废乡"原则。公山不狃虽然在鲁国做了反叛的事情，但骨子眼里是热爱鲁国的。这是他与叔孙辄不同的地方。叔孙辄是叔孙氏的庶子，是公山不狃的政治同伴，公元前498年，因为反对"堕三都"，两人一起带领费邑人攻打曲阜，失败后两人一起流亡。

"不以所恶废乡"，体现了公山不狃的爱国情操。可以有不同的政治主张，可以逃亡国外，但不可以因为有怨恨而祸害自己的祖国。公山不狃的做法，至今都有启示意义：君子要有气有节，热爱祖国。

2016年春天，笔者随山东临沂电视台的节目组到蒙山脚下考察，走进颛臾村，本想问问颛臾的后人姓什么，但这个村却是以公姓为主。颛臾的后人姓公吗？现在突然想起了公山不狃，公姓是不是公山不狃的后人？

孔子相鲁　子路堕三都

孔子拒绝了公山不狃的邀请，却接到了鲁定公的任命，让他去中都当邑宰。中都在今天山东汶上县西部，中都历来是鲁国国君的食邑，所以鲁定公说了算。担任了中都宰，就等于做了国君家的家宰。

公元前501年，鲁定公九年春天，孔子摆脱开学校的事情，带着冉耕等去中都走马上任。孔子学堂此时可能由曾点等管理。子路此时可能已去季氏家做家宰了。

孔子在中都待了一年，中都大治。《孔子家语·相鲁》里说：
"孔子初仕为中都宰，制为养生送死之节，长幼异食，强弱异任，男
女别涂，路无拾遗，器不雕伪，为四寸之棺，五寸之椁，因丘陵为
坟，不封、不树，行之一年，而西方之诸侯则焉。"

孔子制定了使老百姓生有保障、死得安葬的制度，长幼吃不同的
食物，强者和弱者担任不同的任务，男女走路各走一边，路不拾遗，
器物不雕饰浮华的花纹，棺木厚四寸，椁木厚五寸，利用山坡地修坟
墓，不占用良田，不建高大的坟包，不在墓地栽树。这样的规定施行
一年之后，西方各诸侯国都纷纷效法。

墓地不栽树似乎不合情理，笔者小时候在山东蓬莱姑姑家范家
村，见到的茔地里全是高大的黑森森的柏树。

鲁定公见孔子施政得法，便对孔子说，用你的方法来治理鲁国怎
么样？孔子说，就是天下也足以治理好，岂止是鲁国。于是，鲁定公
任命孔子做司空，负责水利、建筑工程，还有农业管理。孔子把土地
分为山林、川泽、丘陵、高地、沼泽五类，把各种作物种植在适宜的
地方，效果很好。

公元前500年，鲁定公十年，齐大夫黎鉏言于景公曰："鲁用孔
丘，其势危齐。"于是这年夏天，两国国君决定在夹谷见面，解决多
年来两国之间存在的问题。鲁国经过一场动乱，与齐国的关系有所缓
和，但鲁国启用孔子，引起了齐国的不安。

齐鲁交恶多年，从鲁昭公流亡那年开始打仗，断断续续打了十六
七年，齐国占着鲁国西北部的郓地、龟阴等地，鲁国一直想夺回来。
齐景公此时已经年老，可能也无心与鲁国争下去了，便想通过与鲁定
公会晤把领土问题解决。鲁定公便让孔子安排这次见面。孔子说：
"臣闻有文事者必有武备，有武事者必有文备。古者诸侯出疆，必具
官以从。"国君会晤，不能示弱，要显示实力。于是，鲁定公带了左
右司马一起去，在夹谷里安排了伏兵，修筑了盟坛。

这一次，孔子与齐景公又见面了，都是老熟人了。孔子按礼办事，搞得齐国人很尴尬。鲁国毕竟是礼节大国，有规有矩，有板有眼，齐国人不能不佩服。

齐景公见此景象深受触动，自知齐国理亏，回国后便对大臣们说："鲁国是用君子的道理来辅佐他们的国君，而你们却拿夷狄的办法教我，使我得罪了鲁国国君，这该怎办呢？"主管官员说："君子有了过错，就用实际行动来向人家道歉认错。小人有了过错，就用花言巧语来谢罪。您如果痛心，就用具体行动来表示道歉吧。"于是齐景公就退还了从前侵夺的鲁国郓、汶阳、龟阴的土地，以此向鲁国道歉并悔过。孔子参与会盟有功，充分展示了他的智慧和能力。

鲁国刚刚平息了季氏家阳虎的一场动乱，叔孙家又乱起来。叔孙家也是家臣作乱。鲁定公五年，季平子和叔孙成子接连去世，季氏家立了季桓子，叔孙家立了叔孙武叔（叔孙不敢）。家宰公若藐当初反对立武叔，武叔怀恨在心，派人暗杀公若藐，未果。后来公若藐到郈邑任邑宰，叔孙武叔通过郈邑的马正侯犯，派圉人杀了公若藐。之后，侯犯任郈邑邑宰，他看到季氏家的阳虎和公山不狃都反叛了家主，自己也搞起独立王国，"以郈叛"。

公元前500年，鲁定公十年夏，叔孙武叔联合孟懿子率兵围郈，弗克。郈邑故城位于今山东东平县彭集镇后亭村一带，是春秋时鲁国叔孙家族的私邑。这年秋天，叔孙家和孟氏家又从齐国搬来了兵，联合攻打郈邑，但郈邑城高池深，外人根本打不进来。后来，叔孙武叔通过内应，挑动郈邑民众反叛侯犯，把侯犯逼走，郈邑才回到武叔手里。但此时季氏家的费邑仍然掌握在邑宰公山不狃手中，不听调令。鲁国的内乱仍未止息。

大概是公元前499年，孔子由鲁国的大司空转为大司寇。《孔子家语》载："由司空为鲁大司寇，设法而不用，无奸民。"孔子当了大司寇后，颁布了法令，却没人犯罪了，但面对三桓家族家臣不断叛乱的局面，鲁国上下都坐立不安。为了遏制家臣叛乱，为了削弱三桓的势力，孔子帮鲁定公出了一招：降低三桓家私邑城墙的高度。《史记·孔子世家》载："定公十三年夏（公元前497年），孔子言于定公曰：臣无藏甲，大夫毋百雉之城。使仲由为季氏宰，将堕三都。于是叔孙氏先堕郈。"

这里首先要指出的是，司马迁的《史记》有误，此事应该发生在定公十二年（公元前498年）。《左传》的记载是定公十二年，以《左传》为准。

孔子说，臣下的家中不能收藏武器，大夫封邑的城墙高度不能超过一丈、长不能超过三百丈。他建议鲁定公降低三桓私邑的城高。郈邑就是个例子，叔孙和孟氏打了半年也没打下，季氏家的费邑和孟氏家的成邑的城墙都很高，一旦家臣叛乱，很难攻破。季武子死后，南蒯据费邑反叛，持续了三四年，现在公山不狃割据费邑也有四五年了。

鲁定公启用孔子，实际上是走了一步恢复鲁国君权的大棋。鲁定公的目标是夺回由三桓把持的朝政，削弱三桓的势力。但怎么削弱呢？以防止家臣反叛为理由，降低三桓家邑的城墙，这是一步棋。孔子先从礼的角度来说明鲁国三桓家邑城墙的不合理，然后采取实际行动，"使仲由为季氏宰"，堕（huī）三都。此时的鲁国，三桓与国君想到一起来了。三桓的家主在臣子的不断反叛下，不得不与国君站到一起，采取措施，限制家臣。

《左传·定公十二年》（公元前498年）记载了这一过程："仲由为季氏宰，将堕三都，于是叔孙氏先堕郈。"

子路大约于公元前501年（鲁定公九年）左右去季氏家做了家宰。阳虎叛乱逃跑后，季氏家宰出现了空缺，早先被阳虎驱逐的仲梁怀和公父文伯都回来了，但他们比较文弱，缺少指挥能力。这时季桓子想到了子路这个人才，有虎有威，有大将风度，便把子路请了过来。

季氏家宰权力很大，半个鲁国都是季氏家的，所以，当了季氏家宰等于掌管了半个鲁国。要想干"堕三都"这样的大事，非子路这样的人不行。决定一出，叔孙家最痛快，立刻将郈邑的城墙拆去半截，因为叔孙家深受这个城墙之苦，侯犯作乱，仗着城墙高大，武叔和孟懿子硬是攻不下来。

然而，在轮到季桓子削低费邑城墙的时候，公山不狃不干了，不仅不毁城墙，还带着人打到曲阜来。《左传·定公十二年》载："季氏将堕费，公山不狃、叔孙辄帅费人以袭鲁。公与三子入于季氏之宫，登武子之台。费人攻之，弗克。入及公侧。仲尼命申句须、乐颀下，伐之，费人北。国人追之，败诸姑蔑。二子奔齐，遂堕费。"

由于是突然袭击，曲阜人毫无准备，费人来到曲阜时，估计城门都没关闭，于是他们直奔公宫，先找鲁定公算账。公宫的公兵毫无准备，一触即溃，掩护着鲁定公和孔子向季氏家跑来。进了季氏府，他们便慌忙躲避到季氏家中的高台上。这个高台是季武子时修建的，叫武子台。当年季平子就是躲在这个高台上，才没被鲁昭公拿下。今天，鲁定公和三桓都躲来了，说明事情的仓促。

子路为季氏家宰，把鲁定公接进院子后，便把公山不狃的人堵在门外。费人潮水般涌来，子路以一当十，率人拼死抵挡。大门被攻破，子路且战且退，一直退到高台之下。站在高台上的孔子看到情势十分危急，便对公兵中的两名武士句须和乐颀说，你俩今天必须拼命了，否则我们今天都要死在这里。句须和乐颀听了孔子的话，招呼起一伙人，大吼一声跳下高台，挥刀向费人大杀大砍。费人与子路战了半天，已经疲惫了，突然出现几个不要命的，被打得措手不及，纷纷后撤。

这时，曲阜人听到国君被围，从四面八方赶了过来。费邑人少，公山不狃和叔孙辄见势不妙，下令撤退。子路率领众人在后面追赶，追到姑蔑，就是今天泗水县城这个地方，把费人击溃了。公山不狃和叔孙辄逃往齐国。子路率人乘胜追击，打到费邑，把城墙扒掉了一半。

三桓的三个城邑被子路率人毁掉了两个，只剩下孟氏家的成邑。成邑位于鲁国北部与齐国交界的地方，是鲁国的北大门。孟氏家也没发生家臣叛乱，何必要毁坏城墙呢？《左传·定公十二年》载："将堕成，公敛处父谓孟孙：堕成，齐人必至于北门。且成，孟氏之保障也，无成，是无孟氏也。子伪不知，我将不堕。冬十二月，公围成，弗克。"

孟氏家的家宰公敛处父这个人很厉害。定公八年，在阳虎作乱的危急关头，是他拯救了三桓。今天，在孟氏家族遇到危害时，又挺身而出，坚持不毁成邑的城墙。鲁定公带着子路亲自去攻打，也没打下来。后来，堕三都的事只有作罢。

轰轰烈烈的"堕三都"战役结束了。子路立下了汗马功劳。从头到尾，子路忠实地执行了鲁定公和孔子交给的任务，与三桓斗智斗勇，不辱使命。

子路此年四十五岁，正是年富力强的时候，他和孔子，一个做季氏家宰，一个做鲁国的大司寇，鲁国的大权几乎掌握到这两人手中。三桓经过家臣叛乱，元气大伤，威望尽失，权力的天平正慢慢向国君这边倾斜。鲁定公此时已经六十多岁，精力不济，很多事委托孔子处理。孔子治国的理想正在慢慢实现。

孔子的弟子在这一时期也被大量委任，冉雍在季氏家也成了一个被季桓子倚重的家臣，公山不狃跑掉后，闵子骞去做了费邑宰，冉耕继孔子之后做了中都宰，还有一些地方都由孔子的弟子当政。眼看孔门弟子成为鲁国的一大政治力量，照这个势头发展下去，鲁国很可能成为一个国君掌权的国家。

到了公元前497年，鲁定公十三年，孔子的权力达到高峰，"由大司寇行摄相事"。这个相字需要好好解释。当时的诸侯国还没有听说过有宰相一职，这里的相是指辅佐鲁定公处理国务，可以叫作辅相，后来有了宰相、丞相、首相。"摄相事"主要显示的是孔子与国君的关系密切，国君的事情都由他来管理。

这种成功使孔子有点飘飘然。子路便出来说他了。《孔子家语·始诛》载："孔子为鲁司寇，摄行相事，有喜色。仲由问曰：由闻君子祸至不惧，福至不喜，今夫子得位而喜，何也？孔子曰：然，有是言也，不曰乐以贵下人乎？"

孔门当中经常劝谏和批评孔子的只有子路。孔子有了毛病，子路都会毫不客气地指出。看着孔子沾沾自喜的样子，子路忍不住引经据典地批判他几句。"君子祸至不惧，福至不喜"，君子应当矜持如此。子路年轻时莽撞，现在成熟了，做人不能俗气。孔子当然也明白这些道理，所以附和着子路说，是啊，显贵了也仍然要以谦恭待人为乐事。

不过孔子也是真干事的人，摄行相事仅七天，就诛杀了乱政大夫少正卯。《孔子家语·始诛》载："戮之于两观之下，尸于朝。"子贡对此不解，说少正卯是鲁国的名人，夫子刚上台就把他杀了，是不是有点过分。

孔子对子贡说，过来，你坐下，我跟你说明原因。孔子说："天下有大恶者五，而窃盗不与焉。一曰心逆而险，二曰行僻而坚，三曰言伪而辩，四曰记丑而博，五曰顺非而泽。此五者有一于人，则不免君子之诛，而少正卯皆兼有之。其居处足以撮徒成党，其谈说足以饰褒荣众，其强御足以反是独立。此乃人之奸雄者也，不可以不除。夫殷汤诛尹谐，文王诛潘正，周公诛管蔡，太公诛华士，管仲诛付乙，子产诛史何，是此七子，皆异世而同诛者，以七子异世而同恶，故不可赦也。诗云：忧心悄悄，愠于群小。小人成群，斯足忧矣。"（《孔子家语·始诛》）

《孔子家语》详细阐述了孔子诛杀少正卯的理由，对心逆而险、行僻而坚、言伪而辩、记丑而博、顺非而泽、祸害社会的人不能留情。这五种大恶翻译过来是：通达事理却又心存险恶，行为怪僻而又固执坚定，言语虚伪却又能言善辩，对怪异的事知道得过多，言论错误还要为之润色。这五种大恶，人只要有其中之一恶，就免不了受正人君子的诛杀，而少正卯五种恶行样样都有。忠奸不两立，邪僻不除，社会不宁。这反映了孔子的政治学思想。

《史记》也记载了孔子杀少正卯一事，只是《论语》没提。《史记·孔子世家》载："定公十四年，孔子年五十六，由大司寇行摄相事……于是诛鲁大夫乱政者少正卯。与闻国政三月，粥羔豚者弗饰贾，男女行者别于涂，涂不拾遗，四方之客至乎邑者不求有司，皆予之以归。"

孔子参与国政三个月，贩卖猪、羊的商人就不敢漫天要价了，男女行人都分开走路，掉在路上的东西也没人捡走，各地的旅客来到鲁国的城邑，用不着向官员们求情送礼，都能得到满意的照顾，好像回到了家中一样。

孔子治国有一套，德法兼用，既讲求道德，又严刑峻法，使鲁国民风一变。到了孔子的手下，没有官员敢贪腐、敢偷懒渎职。孔子既搞人治又搞法治。法律告示一出，立刻执行。空讲法治，如果没有人执行，法律的效果等于零。看来孔子是两手都硬。

齐 人 奸 计

公元前497年，鲁定公十三年，子路已经四十七岁了，在季氏家工作也有四五年了。经历了"堕三都"、费邑平乱之后，鲁国平静了下来，像十几年前鲁昭公去世一样，国内各种矛盾又一次得到了化解。阳虎、公山不狃、侯犯、叔孙辄这些作乱的人都跑了，鲁国在孔子的领导下得到了大治，子路似乎也该安安稳稳地享受一下生活了。

季氏家宰的待遇很高，年收入要几万斤粮食，子路完全可以建一处大房子，养儿育女，过几天幸福的生活。子路的父母于公元前512年和公元前510年先后去世，姐姐此时也不知道是否健在。由于多年在外颠沛流离，直到公元前 502 年，子路的长子仲启才出生，此时的启已经是个六七岁的活蹦乱跳的小孩。闲暇之余，与儿子一起玩耍，成了子路一大乐趣。

子路再也不需要百里迢迢背着米去回泗水老家孝敬父母，再也不用为生存而担心操劳。孔子身为上大夫，已坐上三匹马拉的大车，子路出行也至少是两三匹马拉的车子。并且，作为季氏家宰，一人之下，万人之上，子路手下的臣仆众多。动动嘴，就有一批人去做。子路已跻身于鲁国上层社会，无怪以后子路一张嘴就说可以治理一个千乘大国。

子路天生是一个指挥者，办事干脆利索，快速果断。孔子曾经夸奖子路"片言可以折狱"。碰到纠纷，子路一眼就能看出个是非曲直，几句话就把事情解决了。高效率是子路的一大特点，往日由别人操办的事，到了子路手里只用一半时间就能完成。

子路是一个天生的行动家，不仅如此，"子路无宿诺"，答应别人的事情当天必须完成，承接的事情没完成，不敢再答应别的事情。子路的为人就是这么实在。

当然，子路也会得罪人，疾恶如仇，讨厌小人，是子路的天性。孔子诛少正卯，"子路从焉"，即没有反对。为此，子路也得罪了一些小人。譬如《论语》记载过公伯寮在季氏面前说子路的坏话。做一个好人并不难，难的是与坏人做斗争。一个正人君子，必须是敢于斗争的人。社会存在着庸俗和邪恶，不制止邪恶，正气便不能伸张。执政者必须有威有严，有仁有慈。子路就是这样一个人。要文化有文化，要人品有人品，要经验有经验，要武力有武力。季氏家里有子路操持，是一件幸事。

正在子路要过平静日子的时候，树欲静却风不止，一些敌对势力开始算计鲁国。齐国看到鲁国民风变正，国力变强，便坐卧不安起来。《晏子春秋·第八卷外篇》里透露出一些齐国的阴谋：

"仲尼相鲁，景公患之，谓晏子曰：邻国有圣人，敌国之忧也。

今孔子相鲁若何？晏子对曰：君其勿忧。彼鲁君，弱主也。孔子，圣相也。君不如阴重孔子，设以相齐，孔子强谏而不听，必骄鲁而有齐，君勿纳也。夫绝于鲁，无主于齐，孔子困矣。居期年，孔子去鲁之齐，景公不纳，故困于陈蔡之间。"

《晏子春秋》给我们提供了一个新视野，即孔子离开鲁国，与齐国的阴谋有关。齐国给孔子下了个套，"阴重孔子"，就是在背地里看重孔子，私下里请孔子来齐国为相。孔子在鲁国不得志，必然投奔齐国。齐国具体的做法是，先派八十名歌舞女去鲁国，迷得国君与三桓不上朝，荒废国事，孔子干着急也没有用。这时就想到齐国。孔子真的以为齐国请他为相，就辞掉了鲁国的职务赶赴齐国。这时齐国变卦了，将孔子拒之门外。孔子上当受骗之后，也没脸待在鲁国，就只好奔往卫国，之后"困于陈蔡之间"，开始了周游列国的生活。

由此看来，晏子真是老谋深算，心狠手辣！这么聪明的孔子也被玩弄于股掌之中。正直善良的孔子与子路哪会想到齐人这么狡诈！孔子多阳术，晏子多阴术。孙子兵法多源于齐国的阴术。就在写此书期间，笔者去山东蒙山开了一次兵学和鬼谷学研讨会，系统地研究了诡术的起源。兵者，诡道。诡道与齐国文化密切有关。晏子只用小小的一计，便使鲁国衰弱下去，孔子游走列国十几年。今天，大国争霸的窍门仍需要从中国古代历史和兵法中汲取。

《史记》没有透露这一信息，只是说齐国害怕鲁国称霸，就从国内挑选了八十个美貌女子，穿上华丽的衣服，教她们学会跳康乐舞，配上有花纹的马一百二十匹，一起送给鲁君。先把女乐和纹马彩车安置在鲁城南面的高门外。季桓子身着便服前往，再三观看，并欺骗鲁君说他到外地视察去了，实际上天天悄悄地到南门外观看齐国美女，连国家的政事也懒得去管理了。

子路看到这种情形便对孔子说，我们可以离开了吧？孔子说，鲁国现在就要在郊外祭祀，如果能按常规在典礼后把烤肉分给大夫们，那么我们还可以留下。季桓子接受了齐国送来的女子乐团，一连三天不过问政务，在郊外祭祀结束后，又违背常礼，没把烤肉分给大夫们。孔子和子路就离开了鲁国。

《史记》对孔子出国的原因记载得太简单，实际情况远不止这些，鲁国国内敌对势力的威胁也是重要原因。孔子一上台便杀害少正卯，少正卯的帮派都成为他的政敌。当他在鲁国得志时，政敌不敢动他，但一旦失势，局面就危险了，少正卯同党必然要报复。这就是孔子在鲁国难以待下去的原因。

只有结合《晏子春秋》和少正卯事件，才能看清孔、仲离开鲁国的原因。孔子和子路的确是中计才离开鲁国的，季氏贪恋女色、没分祭肉给大夫以及冷落孔子是一方面，少正卯余党暗算孔子也是一个重要原因。一旦孔子在鲁国失势，少正卯势力便会卷土重来，威胁到孔子的性命。孔子感到了自己处境的转变，所以齐国人一来引诱，便答应了。结果，在向鲁定公和季氏提出辞呈后，准备去齐国时，齐国又变卦了。于是，只有拉着子路仓皇出走。

这么一对优秀人物出走了，鲁国的损失无可估量。并且，跟孔子和子路走的还有一批人，这些人都是鲁国的青年才俊，宝贵人才。他们是冉求、颜回、子贡、高柴、颜高、原宪、樊迟这一批二代弟子，此时都二十岁左右。孔子为什么要带他们走？除了他们需要继续学习，还因为需要助教。第一批老弟子助教已经走了，只剩下子路一个，冉耕此时可能已经因病去世了。今后需要的是这批年轻的弟子，他们将成为孔门新的骨干。此时的孔子已没有别的出路，要么重操旧业，继续干他的老本行，设坛授徒；要么到别的国家谋个一官半职。

此时孔子家的情况是，妻子亓官儿可能已经去世，儿子孔鲤三十多岁，孙子孔伋还没出生。孔子出国带没带孔鲤不可得知，看情况可能是没带。孔鲤留在鲁国生活怎么样也不知道。

孔子出行前，是要召集弟子们开个会的，决定谁跟着出走，谁留下。老一代的弟子曾点的年龄此时四十六七岁了，冉雍此时四十岁左右，两人都拖家带口，不便行动。冉雍在季氏家干家宰，曾点的小儿子曾参才八九岁，曾点和冉雍又都是文人，遇山开路逢水架桥的事不是他们的长项。所以，会议决定曾点和冉雍留下，冉雍继续在季氏家当家臣，孔子和子路带着一帮小弟子出走。冉雍任季氏家宰的记录发现在新出土的竹简上，上面记载了孔子临走时与冉雍说的话。

孔子和子路带弟子走后，曾点心灰意懒，卷起铺盖带着家人回武城种地去了。《孔子家语》记下了曾点教子的故事。有一天曾点与儿子曾参在地里锄地，曾参不小心把一棵秧苗锄断了，曾点生气了，拿起锄杠就打了一下，结果把曾参打晕了。曾参醒来后并没责怪父亲，而是赶快微笑着安慰父亲，我没事。让父亲放心，这就是孝子的表现。

2018 年 10 月 11 日，笔者来到平邑县郑城镇的南武城村曾子墓处照下了这张相。望着周围的田野，心想这里就是曾家父子当年锄地的地方，历史旧景仿佛就在眼前。

曾子墓

孔子这一出走，受伤最大的就是子路。遍观第一代老弟子，早已各奔东西，成家立业了。唯有子路与孔子在一起。多少年相守，已使他两人在事业上融为一体。自从鲁定公上台第二次办学，子路已成为孔子的合作伙伴，孔门事务主要由子路来掌管。出走这一年是公元前

496 年，子路已经四十七岁了，这么大岁数的人还东奔西跑，抛家舍业，如果不是与孔子有不寻常的伙伴关系，谁能舍得扔下刚刚七岁的儿子和季氏家宰的高位远走他乡！

为人谋而不忠乎！这是子路的为人。夫子发迹跟着夫子，落难跟着夫子。命运造就了这一对儒家的创始人，一文一武，撑起了儒学教育的门面和理念。前面已经说过，没有了子路，孔子寸步难行。公元前 515 年，他们逃离齐国，经受了数年流亡生活。这一次，两人再次踏上流亡历程。或许流亡对于他俩已经不算什么，曾经沧海难为水，他们已经有了很强的适应能力。

孔子这一年已经五十六岁，若没有相当的压力和毅力也难以走上这条艰辛之路。游走异国他乡，无异于从人生的巅峰跌落谷底，从白云降落到地面。曾几何时，孔子还坐着高头大马的车子在鲁国堂堂皇皇，招摇过市，转瞬间成了小老百姓，恓恓惶惶，沦落民间。孔子和子路的心理落差太大了。怪都怪孔子在鲁国树敌太多，齐国人太狡猾，孔子太单纯，没有看透齐人的暗算。齐国那是什么地方？姜太公的封地，出管子的地方，出《孙子兵法》的地方。等孔子和子路明白过来，一切都晚了。

齐国不能去，环顾四周，到哪个国家去呢？只有卫国。卫国有两户人家可以投靠，一是子路的妻兄颜浊邹家，二是子贡的外公蘧伯玉家。于是，孔子和子路驾着一辆马车，带着几个弟子上路了。从鲁国去卫国估计要走七八天，一路上踽踽而行，孔子坐在马车上经常与弟子聊天。

这一天，樊迟驾车，他就趁机问老师，什么是仁。孔子说："居处恭，执事敬，与人忠。虽之夷狄，不可弃也。"（《论语·子路》）

樊迟又问什么是知，孔子说："务民之义，敬鬼神而远之，可谓知矣。"（《论语·雍也》）

过了一会儿，樊迟又问仁，孔子说："仁者先难而后获，可谓仁矣。"（《论语·雍也》）

樊迟当时是个十八九岁的大小伙子，什么都想学，他曾问孔子怎么种田，孔子瞧不起地说，你去问老农吧。"樊迟小人也"，就是这样来的。

看来樊迟不仅是个"小人"，还是个杠子头。有一天，他又向孔子问仁。孔子说："爱人。"他又问什么是知，孔子说："知人。"看见樊迟有些迷惑，孔子又加了一句："举直错诸枉，能使枉者直。"（《论语·颜渊》）

樊迟向孔子问了三次仁和知，孔子的回答是一次一个样。就这样，说着说着，他们就来到了卫国的都城帝丘，其位置在今天河南省濮阳市东南方向的高城村。

第七章　周游列国

卫风扑面

卫国，是鲁国西部的近邻，卫都帝丘位于黄河东南岸，离黄河不远，过了黄河是晋国的地界。帝丘的附近有一片水，叫澶渊，因此卫都经常被称为澶渊，唐代时这里称澶州。当时的黄河在今天黄河的西面，所以从鲁国去卫国不用渡黄河。孔子曾说过一句话"鲁卫之政兄弟也"，意思是鲁国和卫国很亲近，就像兄弟一样。当年周公封在鲁，弟弟康叔封在卫，都是姬姓国家，都是爵位最高的公国，但由于位居中原，周边无荒蛮之地可以开发，卫国像鲁国一样，至今面积不大，在诸侯国中已落入小国行列。

大约是公元前 496 年的春天，孔子和子路来到卫国。卫国的景象映入眼帘，弟子们感叹起来。《论语》记载："子适卫，冉有仆。子曰：庶矣哉！冉有曰：既庶矣，又何加焉？曰：富之。曰：既富矣，又何加焉？曰：教之。"

这一段话告诉我们很多信息。卫国比鲁国富庶，自然地理和气候似乎比鲁国好。尽管国家不大，但是富饶的中原之乡，民风与鲁国很不一样。卫风和郑风淫，从《诗经·国风》的风格和内容上，就可以看出卫国的文化特点。卫国人比鲁国人更有情调，更浪漫，更富有感情。孔子在这里阐发了一个理论：富而教之，富裕了之后就有条件接受教育了。看来卫国是个适合办学的地方。

远远望见都城帝丘了，颜浊邹等已经早早地在城外迎候。子路这次出行，估计携带着妻子和儿子。妻子已多年没见到哥哥了，亲人相见，分外感动。颜浊邹在卫国也有一大家子，子路一家的到来，充满亲情，十分欢乐。

颜浊邹把孔子接进家中，安排妥当，便去报告卫灵公。子贡回到卫国，到家见了久别重逢的父母，又把孔子来的消息报告了姥爷蘧伯玉。蘧伯玉此时已经六七十岁了，听说孔子来，十分高兴。君子爱才，蘧伯玉是卫国的大学问家，贤大夫，听说孔子来怎能不高兴呢？当了解到孔子在颜浊邹家住得比较紧张，蘧伯玉就邀请孔子一行到他家来住。于是，子路等就搬到蘧家来了。

蘧伯玉和颜浊邹都是卫国大夫，将孔子适卫之事报告给卫灵公后，灵公便接见了孔子。卫公问孔子，你在鲁国俸禄多少？孔了说八万。卫灵公说我也给你六万。于是，孔子和子路的生活就有保障了。舒舒服服住在蘧伯玉家，再也不用考虑政事，也不用为鲁国朝政和季氏家务操心了。孔子和子路可以转过心来，安安静静地从事教育事业。

公元前496年，孔子和子路设教澶渊，孔门的第三次教育生涯开始了。此时，孔子的学堂已经名闻天下，听说孔子来到了卫国，各国弟子奔走相告，纷至沓来。

子路这时要操心得多，整个弟子队伍都要他来关照。吃喝拉撒睡，安全保卫，应酬接待，都要他来处理，教学方面也要负责。一切安排妥当，孔子的学堂再次开张了。冉求、颜回、子贡和原宪跟随孔子已学习多年，此时已成为孔子的助教和助手，第二代弟子已经接过第一代弟子的班，成为孔门新的顶梁柱了。

这一次来的小孩子，有公西赤和卜商。公西赤，字子华，卫国当地人，今濮阳县渠村乡公西村人，此时十四岁。卜商字子夏，此时十一岁，晋国人，家是今天河南温县的，离帝丘二百多华里。这两个小孩子从此就紧跟在孔子身旁。通过子夏，可以看出孔子学堂招生的范围。

新的一天开始了，孔门学堂又传出了琅琅读书声：

瞻彼淇奥，绿竹猗猗。有匪君子，如切如磋，如琢如磨……河水洋洋，北流活活……谁谓河广？一苇杭之。

……

来到卫国要学习卫风，孔子会找一些优美的卫诗让孩子们阅读。卫风的《氓》这首诗语言既优美，又有大量的历史信息，叙述了一个女子从恋爱到离婚的过程：

氓之蚩蚩，抱布贸丝。匪来贸丝，来即我谋。送子涉淇，至于顿丘。匪我愆期，子无良媒。将子无怒，秋以为期。

乘彼垝垣，以望复关。不见复关，泣涕涟涟。既见复关，载笑载言……淇则有岸，隰（xí）则有泮。总角之宴，言笑晏晏，信誓旦旦，不思其反……

这首诗写得不怨不怒，但真真切切，如泣如诉，读来令人回味无穷。

卫风轻柔，鲁风敦厚。卫国属于中原文化，历经夏、商、周三代熏染，鲁国是周文化与东夷文化相杂糅。卫国的诗歌中展现了中原文化的雅致与多情。卫风包括邶风和墉风，这两个地方的风都算是卫国的诗。邶、墉、卫是古国名，都在卫国的区域内。《左传·襄公二十九年》记载，吴公子季札访问鲁国，听了鲁国乐队歌唱的"邶、墉、卫"以后，将这三首诗统称为"卫风"。他把"邶墉卫"作为一个整体，以区别于其他国风。譬如邶风的《静女》就写得十分活泼优美：

静女其姝，俟我于城隅。爱而不见，搔首踟蹰。……自牧归荑，洵美且异。匪女之为美，美人之贻。

译文：娴静姑娘真可爱，约我城角楼上来。故意躲藏让我找，急得抓耳又挠腮。……郊野采荑送给我，荑草美好又珍异。不是荑草长得美，美人相赠厚情意。

邶风《匏有苦叶》也十分有味道：

匏有苦叶，济有深涉。深则厉，浅则揭。有弥济盈，有鷕（yǎo）雉鸣。济盈不濡轨，雉鸣求其牡。

译文：葫芦瓜有苦味叶，济水边有深渡口。深就垂衣缓缓过，浅就提裙快快走。济水茫茫涨得满，岸丛野雉叫得欢。水涨车轴浸不到，野雉求偶鸣声传。

翻开《诗经·国风》，找不到鲁风，这不能不令人遗憾。所以，孔子和子路来到卫国、陈国和蔡国，不能不学习一些当地的诗歌。孔子的小弟子文学这么好，大概与卫、陈、蔡、楚文化有关。

孔子之所以成为大学问家，很大程度得益于他的四处游历。离开鲁国看来是坏事，但也是好事，可以使孔子重新从事文学和历史研究，并且深入了解地方文化。如果说孔子以前教课的内容大多集中在政治伦理方面，那么到了后期，增添了大量的文学内容，这使小弟子们富于文学色彩。孔子曾评价过他的学生，德行：颜渊、闵子骞、冉伯牛、仲弓。政事：冉有、季路。语言：宰我、子贡。文学：子游、子夏。在孔子弟子中，文学最好的是后期的两个小学生子夏和子游，而前面的弟子大多突出在德行、言语和政事方面。

政治家一旦下野，便会热衷于文学，加上卫国的文化氛围，孔子和子路的爱好都会发生一些改变。卫国也是文化大国，与蘧伯玉这些文化大家聊天、畅谈，孔子可以增添许多知识。

这个时候还发生了一件事，有一天，鲁国孟氏家族的二公子南宫敬叔突然跑到卫国来了，原来是因为他聚敛的财富太多，惹怒了鲁定公。一看形势不好，南宫敬叔赶快跑到卫国来躲避。南宫敬叔娶的是孔子哥哥的女儿，现在与孔子已经是亲戚了。

卫灵公从中说情，请求鲁定公恢复敬叔的官位，让南宫敬叔载着自己的宝贝返回鲁国朝见鲁定公。孔子听到这件事，说："像这样使用财货进行贿赂，丢了官位还不如迅速贫穷好呢！"子游正侍奉孔子，说："请问这话是什么意思呢？"孔子说："富而不好礼，必定会招致灾祸。南宫敬叔因富有而丧失官位，却仍不知悔改，我恐怕他将来还会有祸患啊！"南宫敬叔听到孔子的话，马上去见孔子，从此以后他做事遵循礼节，还把自己的财产施舍给百姓。

这件事见《孔子家语·曲礼子贡问》："南宫敬叔以富得罪于定公，奔卫，卫侯请复之，载其宝以朝。夫子闻之曰：若是其货也，丧不若速贫之愈。子游侍曰：敢问何谓如此？孔子曰：富而不好礼，殃也，敬叔以富丧矣，而又弗改，吾惧其将有后患也。敬叔闻之，骤如孔氏，而后循礼施散焉。"

南容在卫国和孔子、子路待了一些日子就返回鲁国了。他是鲁国的贵族，这种身份的人是不可能跟随孔子周游列国的。

卫国这里是一个多情的地方，有一个美丽的夫人的故事被广为传诵。这要先从卫灵公说起。卫灵公是卫国第二十八代国君，姬姓，名元，生于公元前540年，卒于鲁哀公二年，即公元前493年，寿年四十八岁。

此时的卫灵公四十五六岁，比子路小两岁。他从公元前534年七岁被立为国君，到现在已经快四十年了，卫灵公的夫人南子约比他年轻几岁，此刻大约四十岁。南子是宋国国君的女儿，嫁到卫国来还经常与宋国的男友宋朝相会。有一次南子的儿子蒯聩到宋国去，路上听到人们在唱歌，歌词是讽刺南子淫荡的内容，"已经满足了你们的母猪，何不归还我们那漂亮的公猪？"

太子感到羞耻，回来后对戏阳速说："跟我去见夫人，夫人接见我，我一回头看你，你就杀死她。"但是在夫人接见太子时，太子回头看了三次，戏阳速都不肯向前。南子看到了儿子凶狠的脸色，吓得大叫着逃走了，说："蒯聩要杀死我。"

卫灵公要惩治蒯聩，太子就逃亡到了宋国。卫灵公把太子的党羽也都赶走了。这就是孔子到卫国这一年发生的事。儿子杀母亲，从这件事上可以看出蒯聩的凶狠。母亲再有问题，当儿子的也不能对母亲下手。蒯聩的残忍从小就表现出来。后来他回国篡政夺权，杀死子路，证明了此人的邪恶与歹毒。

再来说南子。南子是宋国国君的女儿，聪明伶俐，风姿绰约，聪明过人，否则卫灵公也不会这么宠爱她。《古列女传·卫灵夫人》载：

"灵公与夫人夜坐，闻车声辚辚，至阙而止，过阙复有声。公问夫人曰：知此谓谁？夫人曰：此必蘧伯玉也。公曰：何以知之？夫人曰：妾闻礼下公门式路马，所以广敬也。夫忠臣与孝子，不为昭昭信节，不为冥冥堕行。蘧伯玉，卫之贤大夫也。仁而有智，敬于事上。此其人必不以闇（àn）昧废礼，是以知之。公使视之，果伯玉也。公反之，以戏夫人曰：非也。夫人酌觞再拜贺公。公曰：子何以贺寡人？夫人曰：始妾独以卫为有蘧伯玉尔，今卫复有与之齐者，是君有二贤臣也。国多贤臣，国之福也。妾是以贺。公惊曰：善哉！遂语夫人其实焉。君子谓卫大人明于知人道。夫可欺而不可罔者，其明智乎！诗云：我闻其声，不见其人。此之谓也。"

此段记载说明卫灵公夫人受过良好的教育，知书达理，明辨是非。她通过马车路过门口的声音便知道这是蘧伯玉，走到公门前放慢速度，悄悄通过。蘧伯玉，卫之贤大夫也！不为昭昭信节，不为冥冥堕行。当卫灵公叫人调查证实之后，骗她说这不是蘧伯玉，南子居然祝贺卫灵公又多了一个贤臣。从这个故事中可以看出南子的聪慧贤达。

《诗经·国风·墉风》有一篇《君子偕老》，写的就像是南子：

君子偕老，副笄六珈。委委佗佗，如山如河，象服是宜。子之不淑，云如之何？玼兮玼兮，其之翟也。鬒发如云，不屑髢也。玉之瑱也，象之挮也，扬且之皙也。胡然而天也？胡然而帝也？……子之清扬，扬且之颜也。展如之人兮，邦之媛也！

这首诗翻译过来就是：美丽的夫人，誓和夫君白头到老。玉簪首饰插满头。举止雍容，怡然自得，行止如山如河，服装华丽，宜人和悦。至于操守上的不淑，有什么可说？服饰鲜亮绚丽，画羽绣鸡。黑发宛若云霓，不屑假发。美玉琳琅，耳饰摇摆，象牙发钗，面庞光彩照人，好似天女下凡，女子清扬，舒展而艳丽。仪容妖媚，倾城倾国。

有这样美貌而洞察力敏锐的夫人，卫灵公为何不用呢！所以灵公夫人参政顺理成章。卫灵公晚年的卫国，南子多参与政事，凡是来卫国的人都来拜见灵公夫人。孔子也不例外。

于是，孔子去见国君夫人了。除了政务的关系，从另一层关系上看，孔子也该见见南子。因为孔子也是宋国国君之后，三百年前，他和南子是一家子，都是子姓，若按辈分，说不定南子是妹妹。有这种同姓本家关系，孔子与南子应当很亲密的。但与南子会面回来后，子路不干了，露出非常生气的样子。急得孔子跺着脚对天发誓，我要是干了丑事天打五雷轰。这是一次子路与孔子之间很厉害的冲突。否则《史记·孔子世家》里不会记载："孔子矢之曰：予所不者，天厌之！天厌之！"孔子以后再也不敢见南子了。

通过这件事，可以看出子路此时对孔子的管束是多么厉害。子路对孔子都这个样，对孔门弟子更是严格要求了。所以，通过这件事，可以想象孔门学校的组织纪律多么严格。孔门学生很少有干坏事的，很少有不忠不孝之人，因为有个严格的道德管家和纪律管家。谁要是在外面干了坏事，子路是不会饶过他的。此时的子路已经成为一个职业的教育家，为人师表，以身作则，严以律己，宽以待人。儒门的第一要求就是德行，学生必须要德行好。从第二次办学时起，子路就成为学校管纪律和管品行的人，出了什么问题，可能都要子路处理。多少年了，子路已形成了管束人的习惯，对孔子也不例外。

现在看，子路也是有点多管闲事，只听了些男女关系上的事，就把南子看得一无是处。但如果子路不干涉，一任南子对孔子纠缠下去，也说不定会发生什么事情。到那时，孔子的名声就难保了。

　　卫国在男女关系上比较开放，不像鲁国那么严谨。当初卫宣公给儿子娶妻，齐国国君的女儿宣姜，因年轻漂亮，卫宣公就自己占有了。宣公与宣姜生了儿子惠公后，就去世了。宣姜年纪轻轻的怎么能守寡呢？齐国就逼着卫宣公的儿子公子顽与宣姜生活。这是父死子继的婚姻。公子顽年龄与宣姜相仿，两人一气生了五个孩子。这是发生在公元前700年左右的事，当时的中原文化与后来匈奴、蒙古的习俗一样，辈分不分的，但宣姜的做法遭到了宋明清文人的猛烈批评。

　　有人说《诗经》里的墉风《墙有茨》，就是讽刺宣姜和公子顽的，说宣姜不守妇道，荒淫无耻，和庶子通奸。这一种说法太不了解历史。公元前700年的中原国家，哪有后来宋代、明代时那么多的伦理道德？中国男女方面的伦理和管制是从秦始皇之后才严格起来的。

　　子路严格要求孔子，孔子过分要求卫国人，不仅自己不高兴，别人也不快活。《史记·孔子世家》载："灵公与夫人同车，宦者雍渠参乘。出，使孔子为次乘，招摇市过之。孔子曰：吾未见好德如好色者也。于是丑之，去卫，过曹。是岁，鲁定公卒。"孔子连卫灵公与夫人一块乘车都看不惯，未免有些不近人情。灵公作为一国国君，出门有个夫人陪伴着怎么不行？从今天的眼光看，孔子真是没必要。

　　正是孔子这种表现，有人在卫灵公处说孔子的坏话，灵公就派公孙余假（弥子瑕）监视孔子。孔子害怕获罪，在卫国住了不到一年便离开了。这一年是公元前495年，鲁定公在这一年去世了，鲁国国君换成了鲁哀公。

　　第一次在卫国居住，水土不服。总结一下原因，可能是孔子和子路好指刺时事，评头论足，指手画脚。跑到人家国家来，不老老实实，还摆出相鲁时的架势，肯定会引起卫国人不快。一个下岗了的士大夫，要安分守己，做好自己的教育工作就是了，但孔子的目标不在教学，而是在于从政，总想让卫灵公起用他，总是跟卫国人谈治国大道理，让人接受他的治国理念。这样反而惹人警惕，甚至遭人反感和嫉妒。结果，官没当成，却被人监视。五十多岁了的孔子，从政欲望还如此强烈。教育，只是在没办法的时候，无路可走的情况下才走的路。

今人读孔子的著作，会发现很多事说得头头是道，譬如一个"邦有道"，孔子说出五六种花样。首先是《论语·宪问》篇，"子曰：邦有道，危言危行。邦无道，危行言孙（逊）"。看这道理说得多清楚，但当时的孔子不懂，吃亏上当后才总结出了经验。下面还有：

《论语·泰伯》："子曰：笃信好学，守死善道。危邦不入，乱邦不居，天下有道则见，无道则隐。邦有道，贫且贱焉，耻也。邦无道，富且贵焉，耻也。"

《论语·公冶长》："子谓南容，邦有道，不废。邦无道，免于刑戮。以其兄之子妻之。"

《论语·述而》："（颜回）用之则行，舍之则藏，惟我与尔有是夫。"

《论语·宪问》："宪问耻。子曰：邦有道，谷。邦无道，谷，耻也。"

《论语·公冶长》："子曰：宁武子，邦有道则知，邦无道则愚。其知可及也，其愚不可及也。"

《论语·卫灵公》："邦有道，则仕。邦无道，则可卷而怀之。"

可以说这么多"邦有道"的论述都是孔子历经坎坷总结出的经验，因为孔子和子路去过的国家太多了。孔子的一生都在围绕着入仕和入世奋斗，舍之则藏，是不得已的事情，是对自己的心理安慰和心灵治疗。人只有在碰壁和碰钉子之后才会变得豁达和放下。豁达和放下不过是一种无奈罢了。

此刻，孔子和子路真要"卷而怀之"，打着铺盖卷走人了。但这一走不要紧，差点就把性命搭上。

匡 宋 遇 难

公元前 496 年晚些时候，孔子和子路率领弟子们离开了卫都帝丘到陈国去。走了两天，第二天傍晚时来到了匡邑。这个地方在今天的河南省长垣县张寨乡孔庄村。

弟子颜高（也叫颜刻）来过这个地方，他指着城墙的一个缺口说，我十年前就是从这个缺口进去的。原来，公元前 504 年（定公六年）时，鲁定公在晋国的指使下曾经派阳虎率兵讨伐郑国，夺取了匡地，干扰过当地的老百姓，"阳虎尝暴匡人"，匡人怀恨在心。颜高是射箭高手，跟随阳虎打过好几次仗，那次战役也参加了。他这么一说，匡地人以为鲁国的阳虎又来了，于是把孔子这一伙人包围了起来。

匡人对鲁国人心里有气，后来知道这里面没有阳虎，但也不能让他们走，非要折腾和折磨一番再说。这一围就是五天，动刀动枪地也小打过几次，情况十分险恶。匡人之所以没把孔子们消灭，就在于孔门弟子是个武装的集团，学生们个个文武双全，都是经过武功专业训练的。并且，古人行动都是带着刀枪剑戟的，儒家门生可不是文弱书生。在这个队伍里，子路是一员大将，手下有颜高、公良孺、冉求、原宪、樊迟等一批猛士。匡地人仗着人多，把孔门弟子团团围住，但也奈何不了他们。

《孔子家语·困誓》记载：

"孔子之宋，匡人简子以甲士围之。子路怒，奋戟将与战。孔子止之曰：恶有修仁义而不免世俗之恶者乎？夫诗书之不讲，礼乐之不习，是丘之过也，若以述先王，好古法而为咎者，则非丘之罪也。命之夫。歌，予和汝。子路弹琴而歌，孔子和之，曲三终，匡人解甲而罢。孔子曰：不观高崖，何以知颠坠之患。不临深泉，何以知没溺之患。不观巨海，何以知风波之患，失之者其在此乎？士慎此三者，则无累于身矣。"

不知道这五天是怎样度过的。五天啊，吃喝拉撒睡怎么办？几十名弟子在深秋的野地里安营扎寨，把车上装载的粮食拿来做饭，就地挖井取水，就地砍柴烧火。匡人里三层外三层地把鲁人包围起来，夜间点起篝火，昼夜监视。

这是对孔门弟子的一次严重考验。子路奋戟要率领弟子们冲出去，可孔子不让，他要以文明战胜野蛮。他让弟子们齐声高唱，吟诗作歌，弹琴作乐，通过文化的力量来证明他们是仁义之师。

于是，子路将瑟拿出来，当心一划，五十弦一声如裂帛。瑟的声音洪亮，宏大，在空旷的田野里听起来尤其震撼。子路亮开嗓子高声唱起来，像荆轲临行前唱的一样，先是变徵之声，"复为慷慨羽声，士皆瞋目，发尽上指冠"。

徵音和羽音是今天简谱的 5 和 6，都是高音。变徵，是升 5，变羽是升 6，非情绪异常激动，很难唱出这种声音。所以，当子路唱到升羽之声时，听者眼睛都睁大了，毛发都竖起来了。

孔子也唱起来，歌声平稳深沉，在枪林剑丛的紧张对峙中，忽然增加了一股祥和宁静。如果说子路唱得充满杀气，孔子唱得就充满平和。这一文一武，交相唱和，众弟子也加了进来。空旷的荒野里歌声响成一片，时而雄壮，时而凄凉，时而悲鸣，但一会儿又变得和谐舒缓，娓娓道来。弟子们平静地吟唱着，匡人们呆呆地倾听着。歌声、琴声打动着他们的心灵。匡人们奇怪，这是一些什么人？这些人和先前见过的鲁国人怎么不一样？

渐渐地匡人心中的敌意化解了，他们明白了这是一群有文化的文明人。止戈为武，或许这就是儒家的武学精神。经过沟通，"孔子使从者为宁武子臣于卫，然后得去"。看来匡地是卫国大夫宁武子的封地，孔子派了一个弟子去宁武子家做家臣，匡人撤走，事情就解决了。

从匡地回到卫国，休整了一个冬天，来年春天，公元前 495 年春，孔子与子路又带着弟子上路了。这次是途经曹国去宋国。

宋国是孔子先祖的国家，孔子怀着激动心情奔向宋国，还没到都城商丘，远远地看到一个大工地，成群结队的工匠在劳作。走近一看，原来是一群石匠在造墓，其中有一个巨大的石棺还没凿成形。近前一打听，原来这是宋国司马桓魋（tuí）的墓，已经建造三年了，至今还没完工，工匠都累病了。面对这怨声载道的场面，孔子看得揪心，说："像这样奢靡，死了还不如快点腐朽了好。"

跟在孔子屁股后边的冉有问："礼书说，凶事不可能预先就料到，这是指的什么意思？"孔子说："人死了以后再议定谥号，谥号定了以后再选择下葬地点日期，安葬完毕再建立宗庙，这些事都应该由属下的臣子来办，并非是预先就操办好，更何况是自己为自己操办呢？"孔子说的是春秋时墓葬的惯例，国君和大夫的墓葬都是死后才打造，可这个宋国的司马桓魋还没死就在造墓了。从此事可以看出桓魋是个什么样的人。孔子此时心中已经暗暗升起一片阴影，他渴望的宋国已经让他失望。

《孔子家语·曲礼子贡问》记载了这件事："孔子在宋，见桓魋自为石椁，三年而不成，工匠皆病。夫子愀然曰：若是其靡也，死不如朽之速愈。冉子仆曰：礼，凶事不豫，此何谓也？夫子曰：既死而议谥，谥定而卜葬，既葬而立庙，皆臣子之事，非所豫属也，况自为之哉。"

结果，说了这些话后，孔子惹大祸了。子路满以为到宋国会得到欢迎，但没想到吃了个闭门羹，走到城门口却被挡在门外，不让进城。原来隔墙有耳，当孔子和弟子们在议论桓魋时，不小心他们说的话传到了桓魋耳朵里。桓魋听后哪能高兴，立即派人对孔门弟子进行围剿。

《史记·孔子世家》载："孔子去曹适宋，与弟子习礼大树下。宋司马桓魋欲杀孔子，拔其树。孔子去。弟子曰：可以速矣。孔子曰：天生德于予，桓魋其如予何！"

宋国的司马桓魋听到了孔子对他的不利评论，厌恶孔子，才下如此狠手。为了驱赶孔丘，连弟子们聚集听课的大树都给砍掉了。在这种情况下，孔子与子路商量，最后做出一个决定，投奔郑国，看看到郑国能不能发展。

在一个月黑风高的夜晚，宋人围剿过来，要对孔门痛下杀手。这时子路显示出了他的巨大作用，一人横戟断后，掩护众人撤退。孔门弟子们仓皇而逃，慌不择路，一路向西。后人很难想象当时的险情，否则弟子和老师不会走散。《孟子·万章上》记载："孔子悦于鲁卫，遭宋桓司马将要而杀之，微服而过宋。"这意思是，孔子在鲁国和卫国都不顺心，又遇上宋国的司马桓魋要杀害他，于是就化装逃出宋国。这里又多了一个化装而逃出宋国关卡的事实。

从今天的河南商丘到新郑有三百多里地，路上要走三四天。走着走着，队伍就走散了。子路前后照应，发现孔子不见了，便与弟子们到处找老师。《孔子家语·困誓》载：

"孔子适郑，与弟子相失，独立东郭门外。或人谓子贡曰：东门外有一人焉，其长九尺有六寸，河目隆颡，其头似尧，其颈似皋繇，其肩似子产，然自腰以下，不及禹者三寸，累然如丧家之狗。子贡以告，孔子欣然而叹曰：形状永也，如丧家之狗，然乎哉！然乎哉！"

子贡真是忠心耿耿，精明而有智慧，危难时机找到了孔子。郑人描述孔子"累然如丧家之狗"，由此看出孔子的狼狈。公元前505年，孔子已经五十七岁，子路四十八岁。这么大年纪的人长途奔波，怎能不显疲相？特别是在异国他乡，行人上路都要仗剑而行，全副武装，随时准备打仗，还要防备野兽。每到上路，都是子路最操心的，不仅要到前边探路，还要安排食宿，照顾小弟子，负责警卫。孔子这次走失，是多少年来最惊险的一次。

更糟糕的是，郑国与宋国一样，难以容纳孔门一行人。尽管孔子对郑国的执政大夫子产充满了赞赏，但郑国人对孔子的儒学毫不感兴趣。特别是郑国与鲁国关系不好，十年前还打过仗。对于鲁国人的到来，不怀好意。郑国人放没放孔子入城，孔门弟子是不是又在野地露营，也不知道。辛辛苦苦奔波四五天，来到郑国城门下再次碰壁。在这种情况下，孔子与子路召集来颜回、颜高、冉求、子贡、公良孺、原宪、樊迟等，研究分析下一步的出路。

向北，是晋国。此时的晋国正在内斗，赵简子和范氏、中行氏已打了几年仗了。齐国和卫国支持范氏和中行氏，与晋国对抗，两派力量僵持不下。按危邦不入的原则，晋国不能去。看来只有去南面的陈国，找个小国暂栖身。于是，子路率领着人马向陈国而来。

俗话说，人要是走背字，喝凉水都塞牙。由于走到各地都遭围、遭拒、遭追杀，孔子一行俨然成了声名狼藉的一群人。每到一处，师生们遇到的是怀疑和敌视的眼光。人们不理解这是一群什么人，既不像商旅，也不像行人（当时外交人员的称呼）。说是一群学生跟着老师出游，人们都半信半疑。因为孔门在当时还是人们没见过的新生事物，所以麻烦就来了。

这一天，子路带着弟子们来到一个村庄，村民们关门闭户，躲了起来。好不容易叫开了几户人家，要求给点饭吃，也遭到冷眼相待。拿出来的是冷饭、冷干粮、冷脸子。于是，这个村就被师生们记住了。今天，河南扶沟县大新镇有个冷店村，当地县志记载了这个村庄名字的来源，就是因为孔门弟子们在此遭受冷遇而得名。

又走了两天，孔家师生来到了陈国的国都宛丘。

蛰　伏　陈　国

宛丘在今天河南省的淮阳，古时也叫平粮台。陈国的都城建在一片高台上，今天这块高台犹在。当时陈国的国君是陈愍公，名字叫妫越，这是陈国最后的一任国君，在位期间为公元前 501—前 478 年。公元前 501 年他的父亲陈怀公被吴王阖闾杀死，陈国人拥立他即位。愍公二十四年，前 478 年，楚惠王举兵北伐，杀死了陈愍公，于是灭掉了陈国。

当时的陈国已经成为一个弹丸之地，三十年前曾被楚国灭掉，后来恢复，现在被吴国和楚国争来夺去，朝不保夕。陈国一会儿投靠楚国，一会儿投靠吴国，就像大海中一片漂浮的树叶。

《史记·陈杞世家》记载："愍公六年，孔子适陈。吴王夫差伐陈，取三邑而去。"愍公六年即是公元前 496 年，司马迁把孔子周游列国的时间整个提前了一年。而根据《左传》计算，应当是公元前 495 年。

陈愍公是个老实厚道的君主。孔子们的到来令他十分高兴，名闻遐迩的孔丘和一群青年才俊来到陈国，使陈国这样的小国蓬荜生辉。偌大的一个世界，目前也只有陈国这样的小国能容纳孔子和子路了。就这样，孔门弟子们在陈国安定下来，住在司城贞子家里，孔子的学校又开张了。

笔者一直把孔子的学校叫作孔门，而不用后来的一个名词私塾，这是因为孔门带有社会性，招生范围和规模要比私塾广大。私塾往往是一个村子一个宗族开办的子弟学校，囿于本村本族，多则十几个人，少则三四个人，与孔子的学校规模没法比。

来陈国的两年多时间，是一段相对和平的时期，学生们又可以安安静静地学习了。这时来了一批陈国和蔡国的学生，巫马施就是一个。

弟子们学习，子路操持孔门家务。这么大一个学校，后勤供应是个大问题，要买粮买菜，什么事都要子路负责。孔子只是动动嘴，具体实施的都是子路。冉求、子贡、颜回此时的年龄也不小了，公元前 495 年，冉求二十七岁，子贡和颜回二十六岁，原宪和樊迟二十一岁。此时正是他们成家结婚生子的时候，但由于教学需要，仍然跟着孔子到处跑。颜回娶宋戴氏为妻，子贡和冉求的妻子不知何人。他们此时带没带妻子来陈国，也不知道。孔子身边最有献身精神的一是子路，二是颜回。子路陪伴着孔子度过了跟随鲁昭公出逃8年的艰苦岁月，之后又和颜回等陪伴着孔子度过了十几年的周游列国时光。

陈国虽小，却是大皞之墟。今天的淮阳古称宛丘、陈、陈州，历史源远流长。大约距今六千多年时，宛丘为太昊伏羲氏之都，后来是神农氏之都。夏朝，禹将尧的后裔封于陈。殷封虞遂于陈。周初，武王封舜帝之后妫满为陈侯，陈为周初十二大诸侯国之一。妫满建陈国，筑陈城，后人以国为姓，陈姓出自妫姓，妫满是陈姓的得姓始祖，"陈姓遍天下，淮阳是老家"。楚灭陈之后，战国末期，楚顷襄王迁都于陈，宛丘成为楚都。

据地质学家考证，五亿七千万年前，在中国境内大部分都是海洋的情况下，就出现了淮阳古陆。六千五百多年前，中华人文始祖太昊伏羲氏在这里建都，伏羲定姓氏、制嫁娶、结网罟、养牺牲、兴庖厨、画八卦，肇始了中华文明，创造了龙的图腾，中华民族始称龙的传人。后来，炎帝神农氏都于太昊之旧墟，易名为陈。神农氏在这里尝百草，艺五谷，率领先民步入农耕社会。所以，淮阳是姓氏文化、农耕文化、八卦文化和龙图腾的发源地。考古学家称：中国的历史，一千年看北京，三千年看西安，五千年看洛阳，六千年看淮阳。

孔子和子路来到陈国，是一次绝好的学习机会，他俩的很多学问都是用脚走出来的。宛丘人文历史遗迹众多，最著名的是太昊陵，此陵庙为中国名陵之首，占地近千亩，规模宏大，肃穆庄严，被称为"天下第一皇朝祖圣地"。春秋时期，太昊陵不会有今天这么规模宏大，但孔子和子路一定去朝拜过。曲阜是古代帝都，陈国是更古老的帝都。通过对比，孔子一定有新的发现。

然而，教学的生活也是艰苦的。孔子高高在上，不用干活，靠弟子们伺候着。子路可不能闲着，几十号上百号人的吃住都要他管着。《韩诗外传》记录了一段子路带着弟子外出砍柴的故事：

　　"子路与巫马期薪于韫丘之下。陈之富人有处师氏者，脂车百乘，骋于韫丘之上。子路与巫马期曰：使子无忘子之所知，亦无进子之所能，得此富，终身无复见夫子，子为之乎？巫马期喟然仰天而叹，阖（tà）然投镰于地，曰：吾尝闻之夫子：勇士不忘丧其元，志士仁人不忘在沟壑。子不知予与？试予与？意者其志与？"

　　砍柴是古人最经常干的事情，我这个年龄的从小在农村生活过的人都知道拾草和砍柴的重要性。孔门的弟子要经常出去砍柴，连子路这个大当家的也要去，其辛苦可想而知。所以子路试探巫马施，看见富人之后，是否会动心放弃学习。巫马施年轻气盛，对子路的试探有点生气，就回了一句：勇士不忘丧其元，志士仁人不忘在沟壑。这虽然是《韩诗外传》的一篇杜撰，但也透露了子路砍柴的事实。放弃季氏家宰那么显耀的地位，跑到穷乡僻壤里来砍柴劳动，如没有坚定的信仰和理念，没人会来受这个罪。子路不仅身体力行，也教育弟子矢志于道。

　　后来，孔子教导弟子说："富与贵，是人之所欲也，不以其道得之，不处也；贫与贱，是人之所恶也，不以其道得之，不去也。君子去仁，恶乎成名？君子无终食之间违仁，造次必于是，颠沛必于是。"

　　孔子的这段话就是在陈蔡受困期间总结出来的。苦难迸发出了儒家宝贵的思想，苦难磨炼出了子路的铮铮铁骨。子路此时年近五十岁，已到了知天命之年。多年的闯荡历练，已使子路形成了完整的世界观。

　　原宪跟随子路和孔子多年，深受孔仲思想影响。公元前484年孔子回鲁国后，子路安排原宪在孔子家做家宰。孔子去世后，他不愿与俗世同流合污，独居穷乡僻壤，洁身自好，宁守穷困，不慕虚荣。

　　巫马施比子路小二十岁，与颜回等一般大。此人可能是陈国人，是孔子到陈国之后前来学习的学生，年龄比较大了，但是一个勤勤恳恳的用功之人。

有一次，陈司败问孔子："鲁昭公知礼吗？"孔子回答："知礼。"

孔子走后，陈司败问巫马施："我听说君子无偏私，鲁君娶了吴国的同姓之女，人们叫她吴孟子，如果鲁君这样做都算知礼，那谁不知礼呀？"春秋时同姓不婚，鲁国与吴国都是姬姓，本不应该通婚，但鲁昭公还是娶了吴国国君的女儿，违反了礼，就遭到人们指责。

巫马施就把陈司败的话转告给孔子，孔子对巫马施说，我很幸运，有了错，别人就会知道。

徘 徊 于 卫

《史记·孔子世家》记载："孔子遂至陈，主于司城贞子家。岁余，吴王夫差伐陈，取三邑而去。赵鞅伐朝歌。楚围蔡，蔡迁于吴。吴败越王句践会稽。"

可见陈国也不是个世外桃源，陈国夹在楚国和吴国之间，反复被两个大国争夺。"孔子居陈三岁，会晋楚争强，更伐陈，及吴侵陈，陈常被寇。孔子曰：归与归与！吾党之小子狂简，进取不忘其初。于是孔子去陈。"

这真是一个兵荒马乱的年代，到处都放不下一张平静的课桌。并且，琅琅读书声和孩子们天真的笑脸，抚不平孔子躁动的心理，从政和治国始终是他挥之不去的心影。于是，在陈国待了两年多之后，孔子又返回卫国，这一年大概是公元前493年春。

再次路过蒲地，麻烦来了。蒲地是公叔氏的封地，因与卫灵公有矛盾，就反叛了。见孔子一行来，便挡住不让走。这就是《史记》说的"蒲人止孔子"。

三年前在卫国时，有个贵族子弟叫公良孺，崇拜孔子，拜孔子为师，"以私车五乘从孔子，其为人长贤，有勇力"。今天看到这个场景，公良孺挺身而出，横槊与蒲人搏斗，"斗甚疾，蒲人惧"。

一个"斗甚疾"，说明这场战斗打得多么激烈。如不是血流遍地、人头落地，蒲人是不会畏惧的。打仗打的就是士气，软的怕硬的，硬的怕不要命的。子路训练出的弟子没有一个孬种。通过蒲地之战，可以看出儒家弟子是一群什么样的人。孔、仲门下多勇士，哪一个拉出来都能摔打一阵子。早期的儒门弟子能文能武，不似后来的儒生，只会文绉绉地动嘴皮子。

蒲人退了下去，将路堵住，双方僵持起来。公良孺说："吾昔从夫子遇难于匡，今又遇难于此，命也已。吾与夫子再罹难，宁斗而死。"《史记》的记录，使人们记住了公良孺这个勇敢无畏的青年。

当时打仗多用弓箭，古代战争往往不是近身肉搏，而是百步开外就用弓箭射击。像孔门中的颜高，能拉开一百八十斤的大弓，嗖嗖几箭就可以把敌人吓退。但道路已被蒲人挡住了，不想办法是过不去的。

蒲地人的条件是孔子一行别到卫国帝丘去，如果到别处去，就放行。于是孔子就与蒲人盟了誓。离开蒲地，大家一路疾行来到帝丘。子贡问孔子："盟可负邪？"孔子回答说："要盟也，神不听。"在要挟之下发的盟誓，神不听，不管用。这就是孔子的智慧。

"卫灵公闻孔子来，喜，郊迎。"卫灵公在两年之后欢迎孔子来卫，是因为卫国当时正和晋国的赵氏打仗。卫国的北部城邑朝歌和戚邑已经数次被晋军围攻。卫灵公想利用孔子的弟子为卫国出力，但孔子说自己不懂军旅，这使卫灵公很失望。

就在前一年早些时候，公元前494年，《左传·哀公元年》记载："夏四月，齐侯、卫侯救邯郸，围五鹿。齐侯、卫侯会于乾侯，救范氏也，师及齐师、卫孔圉、鲜虞人伐晋，取棘蒲。冬十一月，晋赵鞅伐朝歌（今河南淇县）。"

当时的天下真是乱成了一锅粥。卫灵公和齐国的齐景公老头子一起带兵打仗，救援晋国的范氏和中行氏。晋国也来攻打卫国的朝歌。

在这种情况下，司马迁却说卫灵公老了，"怠于政，不用孔子"，有点不符合事实，还不到五十岁怎么能算老？

《史记·孔子世家》："灵公老，怠于政，不用孔子。孔子喟然叹曰：苟有用我者，期月而已，三年有成。"面对这么复杂的国际关系，孔子说如果用我，三年有成，不知是说大话，还是真有办法。晋国的内乱从公元前497年持续到前489年，整整打了八年，卫国和齐国卷在其中也整整七八年。再说卫国此时也有内乱，卫国的世族公叔氏在封地蒲邑与卫灵公作对，卫灵公想围剿公叔氏也力不从心。孔子执政难道就能平息这种局面？还有，南方的楚国和吴国，东方的鲁国和小邾国，没有一天不在打仗。孔子上台后，能平息诸侯国之间的争夺吗？孔子有这么大的本事力挽狂澜吗？孔子连齐国晏婴都算计不过，还能摆平各国之间的纠纷，并把一个国家建成诸侯间的霸主？显然孔子想得过于简单，过于理想主义了。这也是卫灵公不用他的原因。

孔子在卫国不能施展，于是又离开了。这次孔子到哪里去呢？有两个选择，一是到晋国的中牟（móu）去，那里的邑宰佛肸来信邀请孔子帮他共襄大举，共同治理中牟。中牟在今天河南省鹤壁市的西边，不是今天开封附近的中牟。佛肸原是赵简子手下的家宰，看晋国打来打去，乱成一团，就在中牟独立自主了。他听说孔子近在咫尺，就诚邀孔子前去助力。

这一次，子路又出来阻拦了。《论语·阳货》记载："佛肸召，子欲往。子路曰：昔者由也闻诸夫子曰：亲于其身为不善者，君子不入也。佛肸以中牟畔，子之往也，如之何！子曰：然。有是言也。不曰坚乎，磨而不磷。不曰白乎，涅而不缁。吾岂匏瓜也哉？焉能系而不食？"

子路说，君子不到做坏事的人那里去。佛肸据中牟反叛，我们不能去。孔子无奈地说："坚硬的东西磨也磨不坏，洁白的东西染也染不黑。我难道是个苦味的葫芦吗？怎么能只挂在那里而不给人吃呢？"子路的意见真是正确，佛肸独立之后不久，就被晋国剿灭了。

上一次是费邑的公山不狃邀请被子路否了，这一次佛肸邀请也给子路否了。子路简直是在断孔子的路。通过这两件事，可以看出孔门的行动在很大程度上由子路说了算。如果说孔门有掌门人，那就是孔子和子路。孔子的行动大都要与子路商量决定。如果任由孔子往来，不知孔子以后会背上什么坏的名声。在这一点上，子路可以说是儒门的一颗定盘星。非礼勿视，非礼勿听，非礼不往。子路坚守这一准则，保证了孔门的清正名声。若不是子路阻拦，孔子真到了佛肸那里，不知会落个什么下场。从这一点上看，孔子之所以伟大，甘受困苦，是与子路分不开的。是子路维护了孔子的声名，不至于在晚年留下污点。

但是，对于赵简子的邀请，不知道子路为什么没有反对。赵简子当时是个流亡人士收留者。鲁国的阳虎，卫国的蒯聩，都躲避在他的手下。孔子如果去了，又是一个著名的流亡人士。难道孔子愿意去与阳虎和蒯聩为伍吗？子路此时为何不反对呢？看来真是走投无路了。

于是，孔子与子路又上路了。他们顺着黄河右侧的岸边，来到今天山东茌平县的博平镇三教堂村，准备从这里渡过黄河去晋国。此地至今还保留着"孔子回辕处"的石碑，早先的大殿不知还有没有。但在这个时候，传来了赵简子杀窦鸣犊和舜华两位老臣的消息。孔子和子路的心一下子凉了。

《史记·孔子世家》对这件事做了详细的记录："孔子既不得用于卫，将西见赵简子，至于河而闻窦鸣犊、舜华之死也。临河而叹曰：美哉水，洋洋乎！丘之不济此，命也夫！子贡趋而进曰：敢问何谓也？孔子曰：窦鸣犊，舜华，晋国之贤大夫也。赵简子未得志之时，须此两人而后从政。及其已得志，杀之乃从政。丘闻之也，刳胎杀夭则麒麟不至郊，竭泽涸渔则蛟龙不合阴阳，覆巢毁卵则凤凰不翔。何则？君子讳伤其类也。夫鸟兽之于不义也尚知辟之，而况乎丘哉！"

孔子回辕处

面对赵简子的心狠手毒，孔子惧而止步。谁知道去后会有什么下场？到此为止，可以说孔子已经四处碰壁了。于是，孔子和子路返回了鲁国，孔子没有去曲阜，而是回老家陬邑休息了几天，在陬邑写作了一个琴曲《陬操》，以哀悼窦鸣犊、舜华两位贤人。子路回家与妻儿团聚，离别四年，儿子已经十岁了。这次，骨肉再也不能分离了。不久他和孔子返回卫国，随行可能带着妻子和儿子。

仲子家志记载，子路的第二个儿子出生于公元前492年，这与前493年子路返鲁正好相吻合。此时的孔子呢？妻子可能已经去世，多年的夫妻分离，孔子早已经孑然一身。

来到卫国，还是入住蘧伯玉家。

"他日，灵公问兵陈。孔子曰：俎豆之事则尝闻之，军旅之事未之学也。明日，与孔子语，见蜚雁，仰视之，色不在孔子。孔子遂行，复如陈。"

这是卫灵公生前与孔子见的最后一面。孔子刚走，卫灵公就去世了。这一年是公元前 493 年。《左传·哀公二年》："夏四月丙子,卫侯元卒。晋赵鞅帅师纳卫世子蒯聩于戚。冬十月,葬卫灵公。十有一月,蔡迁于州来(下蔡)。"

卫灵公去世,并没立逃亡在外的太子蒯聩,而是立了他的儿子姬辄,这就是卫出公。估计南子此时当政,她不会让蒯聩回国的。蒯聩在阳虎的陪伴下回国吊丧,被阻挡在边境的戚邑。赵简子派兵占领了卫国北部边境上的戚邑,把蒯聩安置在这里。戚邑位于黄河南岸,距离帝丘很近,也就二三十里。为此,卫国请齐国出兵,一起攻打戚邑,夺回戚邑。

《史记》:"是岁鲁哀公三年,而孔子年六十矣。齐助卫围戚,以卫太子蒯聩在故也。"《左传·哀公三年》:"三年春,齐国夏、卫石曼姑帅师围戚。宋乐髡帅师伐曹。秋七月丙子,季孙斯卒。六月癸卯,周人杀苌弘。冬十月,晋赵鞅围朝歌,师于其南。"看来,卫国为夺回戚邑联合齐国与晋国进行了一番艰苦的斗争。此时,孔子和子路已离开了这个是非之地。

公元前 492 年,鲁国的季桓子死了。季氏家换上了季康子。这一年秋天季桓子得病时,乘车走在曲阜的大街上,望着鲁城喟然叹曰:"昔此国几兴矣,以吾获罪于孔子,故不兴也。"然后对季康子说:"我即死,若必相鲁。相鲁,必召仲尼。"

几天后,桓子卒,康子代立。已葬,欲召仲尼。公之鱼曰:"昔吾先君用之不终,终为诸侯笑。今又用之,不能终,是再为诸侯笑。"公之鱼怕孔子回来后又不合适,所以劝康子要谨慎。

康子曰:"则谁召而可?"曰:"必召冉求。"

看来公之鱼是有眼光的。在孔子的弟子里,除了子路,最适合从政的是冉求。子路曾在季氏家任过家宰,现在年岁已高,冉求刚三十岁,正是年富力强能干事的时候。于是季康子派人来召冉求。

公元前 491 年的春天,冉求奉召回国。临行前,孔子说:"鲁人召求,非小用之,将大用之也。"冉求后来的确不负所望,成为鲁国的栋梁之材。然而，冉求的离去，让大家恋恋不舍。出国五年来，风风雨雨，经历了生死磨难，师生们已结下深厚的友谊。冉求来到孔子和子路身边，也整整十五六年了。望着冉求离去，人们心中多么难受啊！

这一天，孔子和子路心潮翻滚。孔子大声地喊出一句："归乎归乎！吾党之小子狂简，斐然成章，吾不知所以裁之。"看来弟子们都有归心，孔子快拢不住了。子赣（子贡）把这一切看在眼里，知道孔子思念家乡，在送冉求走时私下嘱咐他说，你要是被启用，一定想办法让老师回去。

这一天是悲痛的一天，大家都默默不语。孔子抚琴而弹，边弹边唱："肃肃鸨羽，集于苞栩。王事靡盬，不能蓺稷黍。父母何怙？悠悠苍天，曷其有所？予道不行邪？使汝愿者。"

弹着弹着，有人就号啕大哭起来。冉求和子贡等在孔子身边十几年，弟子相互之间早已结下深厚友情。如今冉求离去，那些亲密的同门兄弟怎能不伤心！

冉求是个品学兼优的学生，他的走，引起孔门师生一阵难受。孔子和子路曾经私下里议论过冉求，通过这段谈话，可以知道冉求在孔子和子路心里的地位。子路问孔子怎样做才是一个完美的人。孔子说，如果具有臧武仲的智慧，孟公绰的克制，卞庄子的勇敢，冉求那样的多才多艺，再用礼乐加以修饰，也就可以算是一个完美的人了。这里，孔子提到了冉求。可见孔子对冉求的艺多么欣赏。孔子还说过："求也艺。"可以说冉求是孔门中最多才多艺的人。

《论语·宪问》中的原话是："子路问成人。子曰：若臧武仲之知，公绰之不欲，卞庄子之勇，冉求之艺，文之以礼乐，亦可以为成人矣。曰：今之成人者何必然？见利思义，见危授命，久要不忘平生之言，亦可以为成人矣。"

孔子认为，人无完人，但见到财利能想到义的要求，遇到危险敢于献出生命，长久处于穷困而不忘平日的诺言，也可以成为一位完美的人。这是孔门弟子最基本的要求。落难中的孔子与子路，不忧不惧，而是默默地培养着一批又一批的优秀人才。

居 蔡 访 叶

从公元前493年到前491年，孔子和子路在陈国住了三年，小小的陈国成了孔门弟子们的栖息地，加上前一次的两年，在陈国前后一共住了五年之久。

公元前491年末，冉求走后，孔子和子路"自陈迁于蔡"。此时的子路已经五十三岁了，孔子六十二岁，两个老家伙带着一群小学生东奔西走。可喜的是有颜回、子贡、巫马施、原宪、商瞿等二代弟子陪伴。这些人忠心耿耿，不弃不离。辉煌不再，雄心难存，赫赫权势和权力时代已经远去。孔、仲二人只有细细体味人生落难的滋味。

此时的蔡国很不平静。公元前531年，楚国一度灭掉蔡国，三年后蔡平侯复国，并迁都吕亭，即新蔡。公元前506年，蔡国随吴国伐楚，并攻入郢都。公元前494年，楚军包围新蔡，在城墙周围建筑堡垒，宽一丈，高二丈，役夫屯驻九昼夜。新蔡人没办法，把男女奴隶分别排列捆绑作为礼物出城投降。楚昭王让蔡国人迁移到长江和汝水之间去，蔡昭公犹豫再三没有南迁，而是于第二年（公元前493年）带领国人迁到了东边的下蔡，也叫州来（今天的安徽省凤台县），投靠吴国去了。

蔡国真是多灾多难。从上蔡、新蔡和下蔡三个国都来看，就能看出蔡国人是如何在楚国的紧逼下，从西到东步步撤退的样子。蔡国毕竟是姬姓的国家，与周人有着血缘亲情。在楚国的攻势下，蔡人只好向东边吴国的方向靠拢。

子路和孔子来的是上蔡，此时的上蔡已经被楚国占领，所以，子路来的蔡国实际上是楚国。这一年，楚国再一次侵蔡，下蔡混乱之极，由于两年前蔡昭公逼着国人将国都迁往下蔡，反对者就在这一年把蔡昭公刺杀了。

孔子从陈国来上蔡的原因，可能是因为楚国的叶公。上蔡的西边与楚国的叶地相邻，所以此时管理上蔡的可能是楚国的叶公，叶公是镇守楚国北方边境的封疆大吏。孔子来上蔡不久，就去拜访了叶公。叶公这时是住在今天河南的叶县一带，还是漯河与周口一带，并不确定。由于楚国已经吞并了上蔡，所以叶公也有可能在上蔡办公。总之，孔子和子路到上蔡来，与叶公有关。叶公是个有文化的地方官，他看到孔子在陈国办学成绩斐然，就邀请孔子到上蔡来。

春秋地图

另外还有弟子漆雕开的原因。漆雕开比孔子小十一岁，出生于公元前 540 年，应当是孔子的第一批老弟子。他在鲁国生活过几年，但老家却是蔡国上蔡人，家住今天华陂镇的华南村，在上蔡县北边几十里。周游列国这些年他可能回到老家，孔子到陈国之后，他们可能经常联系，后来干脆把孔子引到他的家乡来了。孔子和子路一来，便在上蔡待了大约三年，至少两年多。

史书上没记载过孔子与蔡国的国君打过交道，这是因为蔡昭公将国都迁往下蔡之后便被人暗杀，儿子蔡朔被立为国君，这就是蔡成侯。由于上蔡与下蔡相距甚远，孔子与子路可能从来没与蔡成侯见过面。

孔子和子路来上蔡住在哪里呢？估计要住在城里。要是住在乡下，办学不会方便。但他们以上蔡为中心，走过附近很多地方。今天的上蔡，留下了孔门不少遗迹。在河南省上蔡县蔡沟镇中学院内，有一棵参天的老银杏树，它是树包树，外头枯树干枝嶙峋，却包生着一棵活树。相传此树为孔子手栽。

上蔡城东三十公里处有个蔡沟，古名蔡沟店，又名大成寨，横跨蔡河（今名黑河），河南岸有厄台。汉时尊孔崇圣，在厄台上修建了庙宇。蔡邕撰写碑文曰："北距陈界十八里，西距蔡城六十里，有厄台……"今天的厄庙（又称文庙）占地九亩，正殿名曰大成殿，内塑孔子坐像，傍伴"十哲"，前有礼殿，后有启圣宫，左有文昌宫、尊经阁，布局严谨，规模宏大，每逢庙会，香客云集。

大约是公元前490年，"孔子自蔡如叶"，大队人马上路了，前去西边叶公的封地叶邑游览。叶公是个实干家，并且招贤纳士，孔子来到上蔡，肯定要到叶地去考察一下山川地理。

从上蔡去叶地，从今天的地图上看，没有多远，估计也就是三四天的路程，经过漯河市，向西走两天就到了。这次弟子们走得从容、阔气，再也没有从宋国到郑国时的紧迫样子了。

《孔子家语·致思》有一段子路晚年说的话："亲殁之后，南游于楚，从车百乘，积粟万钟，累茵而坐，列鼎而食。"这就是当时孔门弟子们的状态，来蔡国后（准确地说是楚国）条件变好了，学校已经发展到这样大的规模，一出行便是前呼后拥。子路作为总指挥，威风八面。

　　走了一天，来到一个叫化身台的地方，即今天漯河市西边的郾城区龙城镇。孔子和子路见这里有个私塾办得不错，便停下来，在这里讲了几天课。于是这里便留下了孔子讲学的化身台遗迹。后来，化身台南一公里有了个孔庄。唐玄宗听说化身台是为纪念孔子而建的，便特批在化身台建造了一座兴国寺，后来这个寺成为祈求风调雨顺、黎民平安的地方。

漯河市化身台遗址

　　如今这些古迹都保留着。中国历史实际上有两本大书，一本是《史记》这样的信史，一本是各地遗留下来的古迹。笔者写此书，就是看着这两本书写的。今天好在写作条件比以前方便多了，上网一搜便可以了解各地的情况。

　　往西北又走了一天，孔子与弟子们来到叶邑。楚国的叶地在今天河南的叶县一带，叶公是楚国一位很能干的大夫。安顿下孔门弟子们之后，叶公设宴招待孔子，问孔子的从政经验。孔子说"政在来远附迩"，即招纳远方的贤能，让近处的人归服。

　　过了几天，叶公趁孔子不在的时候问子路，孔子是个什么样的人。"子路不对"，没有回答。孔子听说后说，你怎么不告诉他，"其为人也，学道不倦，诲人不厌，发愤忘食，乐以忘忧，不知老之将至"。

子路为什么没有回答？因为子路的嘴没有小弟子子贡那么甜，能说出一堆恭维老师的话。子路实事求是，孔子有优点，也有缺点，光说优点不说缺点不是子路所为。所以，子路不答。子路不会阿谀奉承，儒家著作中批评孔子最多的就是子路。他们两个是一辈人，都用不着客气。好在孔子能接受子路的批评甚至骂语。如果都像子路与孔子之间那样说话，就没有虚假存在了。

颜回曾问孔子如何交朋友，孔子曰："君子之于朋友也，心必有非焉而弗能谓，吾不知其仁人也，不忘久德，不思久怨，仁矣夫。"（《孔子家语·颜回》）

孔子说，君子对待朋友，一定要知道他的错误之处，但不能说出来。说也只能说好话，表扬人家的优点和长处。孔子的做法是不得罪人，拣好话说，知道对方有毛病也不指出来。这样做可以维护朋友间的一团和气，但问题却隐藏下来，让朋友继续犯错误。子路不是这样的人，所以子路以"不对"来应付叶公。

中国文化分实在文化与面子文化。其实，面子需要，实在也需要。孔子与子路结合起来，就相得益彰。可以说，孔子的很多理论都是在子路的审核中通过的。如果是错误的，子路不能答应。当孔子洋洋洒洒、高谈阔论时，有一点不对的地方都会遭到子路的反对和批评。儒家文化的第一把门人就是子路。

孔子和子路在叶地待了多久，还去过哪些地方？《地理志》载："南阳叶方城邑西有黄城山，是长沮、桀溺耦耕之所，有东流水，则子路问津处。"

方城在今天河南省的南阳，此处有子路问津处，说明孔子一行到叶邑以后并未停止脚步，而是继续向西向南行进，一直到达了今天南阳的境界才返回。南阳的子路问津处在今天方城县独树乡和杨楼乡交界之处的李奎岗、曹庄、赵庄、杨武岗、上曹屯自然村一带，这一带的砚水向东流。

写到此，笔者看了一下百度地图，此地距离楚国的都城郢都三百七十八公里，如果再往南走八九天，就可以到达郢都。但或许距离太远，已超过了财力物力的极限，子路和孔子从方城向东折返上蔡。

孔子这一行，在叶地一带留下了孔门师生的遗迹。今天叶县的城关镇有一个问津村和晾书台。传说孔子和子路过河时突然起了一阵风，把他们所带的书简打湿了，他们到对岸后便在一块大石头上晾晒，那块大石头便被后人称为"晾书台"。

《叶县志·古迹》里说，问津村在县北十里黄柏山下的淄水之南，也是子路向长沮和桀溺问津的地方。《叶县志·冢墓》篇里说，长沮、桀溺墓在县北十里铺大路西，两人皆叶人，隐居避世耦耕于黄成山下。孔子自楚返蔡过之，使子路问津于此。黄成山在今城北十里，下有东流水，即子路问津处。

孔子和子路率弟子们这一趟叶地行，时间大约一个多月，所走的路程要有上千里，路上可能参观了不少小国。师生们增长了见识，还锻炼了体魄。

读万卷书，行万里路。孔子和子路住在上蔡，时常要出去走走。蔡地是伏羲画卦象之地，也是周人测天中之地，历史文化丰厚，孔子不能放弃游览学习的好机会。今天，上蔡县城东三十公里的蔡冈仍然有座伏羲画卦亭。据说伏羲在上蔡县城东十五公里的白圭庙画过卦。大皞伏羲氏为定天下凶吉，制作八卦，曾在此处用蓍草和龟甲烧灼揲（shé）卦，此地蓍草丛生，首若矫龙，尾若凤翔，伏羲认为此地的蓍草和龟甲最灵。所以，上蔡是出蓍草的地方，也是《易经》流传的地方。

孔子来到上蔡，接触到周易八卦，如获至宝。孔子在鲁国那么多年没见过易，这说明易当时都是深藏于宫室，并不流行。而上蔡这个地方，民间就有。据说是民间一位老者将一套周易送给了孔子。学了周易之后，孔子感叹地说："加我数年，五十以学易，可以无大过矣。"（《论语·述而》）

孔子聪明异常，年纪又六十多岁，阅历丰富，所以《易经》从此有了孔子写的系辞，对周易进行了进一步解释。弟子瞿商从此跟孔子研究易经，并获真传。

子路在这一时期就是一个大当家的。孔子想到哪儿去，子路就准备粮草和车马，逢山开路，遇水架桥，前呼后应，照顾众多的小弟子。子路这一时期的责任与辛苦，是后人完全不知道的。

子路在上蔡三年一个最大的收获，是结交了叶公这么一个好朋友。叶公敬佩子路，两人经常私下交流一些重要的事情。子路后来在卫国遇难，就是叶公替子路报的仇，将杀害子路的凶手石乞扔到油锅里给烹了。

南 游 于 楚

子路在蔡国这几年可真是没闲着。大约去游览过叶国之后，又帮孔子张罗南游楚国的计划。《孔子家语·致思》里记载了子路晚年说的话："亲殁之后，南游于楚，从车百乘，积粟万钟，累茵而坐，列鼎而食"，这个南游于楚，可能发生在子路在上蔡的时候。

这次南游于楚的目标是哪里？好像是楚国的国都郢，但从各方面的记载看，子路率弟子们只走到武汉附近的长江边上，就折返回上蔡了。至于说为什么没有到达郢都，可能与距离太远有关。

叶地距离上蔡没有多远，最多二百华里，几天就到。而到楚国郢都去，走古道弯弯曲曲大约要有一千华里，至少要走十天半月。郢都位于今天湖北省荆州市北边五公里，从上蔡出发南下向西，要越过汝水、淮河等数条大河。所以，南游于楚必须做好充分准备，备好粮草和车马。

"从车百乘，积粟万钟，累茵而坐，列鼎而食"，虽然有点夸张，但也说明了孔门弟子出行的规模和阵势。如果是有上百辆车子，那么学生就要有数百人。"累茵而坐"的意思是车上铺了坐垫子，学生们坐在上边，也可以理解为车上的坐垫一大摞。每到宿营地，要用鼎来烧火煮饭。几百人的队伍要用十几只鼎吧？所以叫列鼎而食。看看这个几百人吃饭的场面，够壮观的了。

笔者年轻时当兵，1974年冬天在山东胶县沽河农场修堤坝，全师几千人沿堤坝排成一长溜干活，中午饭都是炊事班在田野雪地里挖坑支锅做饭，战士们拿碗盛了饭，背对着北风吃饭。早年当过兵的人应该都熟悉这种场面，就是风餐露宿。

孔子的弟子们每到一地，可能都露宿在野地里。天当被，地当床，子路与弟子们过的完全是大自然的生活。那个时候的野外，地广人稀，道路两旁多是参天大树的密林，山野里野兽出没，要随时应对野兽的袭击。晚上不仅要防蚊叮虫咬，更要小心毒蛇。

南方还是多雨的地方，走着走着，大雨便倾盆而下，行人整天要与泥水做斗争。

从上蔡出来，向南走一天，第一站应该是汝南县的天中山。天中山在河南汝南县城北一点五公里处，应该在上蔡境内。这里是周公测日影之地。《重修汝宁府志》载："禹分天下为九州岛，豫为九州岛之中，汝为豫州之中，故聚土垒石以标天中，名天中山。"如今的驻马店市，也被称为天中市，很多公司都起名为天中。

西周初年，周公营造东都洛邑时，为了确定地中，即大地的中心，派人到各地用土圭测影。经测定，豫州为九州之中，汝在豫州之中。于是，人们就在这里聚土垒石以标天中，名曰天中山。唐代书法家颜真卿亲笔书写"天中山"碑刻。对于这种地方，孔子和子路能不来光顾吗？孔门的知识很多是用脚走出来的。

今天，汝南县城北街有座大成殿，原名文庙，内有孔子雕像及历代知名文人牌位，建于明成化八年（公元1472年）。孔子和子路的思想理念在这里世代相传。

看完天中山，子路一行向东南来到新蔡。过了新蔡，横在面前的就是一条宽阔的大河——汝河。汝河从西北方向流过来，向东汇入淮河。在汝河边的津关渡口，留下了子路的足迹——子路问津处。

今天的河南、山东、湖北等地留下了很多子路问津处，最清楚的是新蔡县城南边五公里处的问津关渡口，这里有一个"子路问津台"，有一高大的石碑耸立。据记载，周敬王三十年（公元前490年），孔子与学生云游到此处，宽阔的汝河横在眼前。子路便向田里并排干活的两个老农打听渡口在哪里。这两个人，一个是长沮，一个是桀溺，都是当时的隐士。

子路问津台

长沮说，那个牵着缰绳的人是谁？子路说是孔丘。长沮说那他应该知道渡口在哪里。桀溺对子路说你是谁？子路回答说是仲由。桀溺说："悠悠者天下皆是也，而谁以易之？且与其从辟人之士，岂若从辟世之士哉！"（《论语·微子》）于是继续耕他们的地去了，"耰（yōu）而不辍"。

桀溺讽刺孔子妄想改变天下，他跟子路说，与其跟着要改变世道的孔子，不如跟着他们隐居避世。子路回来告诉孔子，孔子怃然曰：

"鸟兽不可与同群。天下有道，丘不与易也。"

在这种困苦的情况下，孔子仍然坚持天下之道，这是什么表现？是信仰的表现。谁说中国人没有信仰？纵观孔子的一生都在为信仰和理念而活。从鲁昭公被逐，随昭公出行，到陈蔡困厄，颠沛流离，孔子坚守周礼，矢志不渝，显示出知识分子身上信念的作用。人一旦有了认知，有了信仰，就要被理念所左右。信念越强的人，意志越坚定。

古代的关津渡口，从春秋以至明清，是南北通衢大道上的重要水陆码头。后来修了京广铁路，南北交通偏到西边的驻马店和信阳去了，这条古道和渡口逐渐平寂下来。可是在古代，关津渡口每至日暮，商旅和车船云集，渡口上下一片灯火，橹棹哗哗，人声鼎沸。子路问津台遗址立有巨大的石碑，经常被人光顾。渡口两侧，岗峦起伏，水流回环，芦苇丛生，巨柳成行。关津渡口的遗风胜迹是一大景观。

过了汝河，队伍向南行走，在息地（今天的息县）渡过淮河，折向西南，两天后来到今天河南信阳市的罗山县境内。谁能想到在这个偏僻的地方居然有一个以子路命名的乡镇！这说明子路和孔子确实到过这里。子路乡不仅有村，有镇，还有子路街、子路山、子路河、子路湖和子路问津处。可以说，这个地方充满了子路的踪迹。

子路街位于罗山县城西南十五公里处，街南头有一条与小潢河汇合的小河，名叫子路河。子路街、子路河都由"子路问津"这个典故而得名。明清两代当地乡绅先后在"子路问津处"立过几块石碑。明代立的在青山乡五里村，清代立的在青山乡洪河村。

今天罗山县子路乡的天柱竿村和邻乡五里棚村都有子路问津的遗迹。这说明在古代，越是小一点的河流越不清楚渡口的位置，而前大经过的淮河渡口却没有子路问津处，因为走大路，渡口是清楚的。越是走小路，渡口越不清楚。所以，子路要经常问路。

1986 年文物普查时，发现了"子路问津处"石碑，明嘉靖翰林何洛文书，原立于子路山北坡，距子路河仅七十米，并有石牌坊遗址。子路山顶还有子路祠遗迹，至今农民赶庙会时还在那里唱大戏。据明万历十一年《罗山县志》载："子路洞：嘉靖辛酉年知县陈思武申允建立，以子路问津、宿石门也。祭期用春秋二仲上丁祭。"又据清乾隆《罗山县志》载："桀溺畈，在问津处北，相传桀溺旧居于此。"

当时的南方，河流纵横，水泽遍地，森林茂密，外出旅行要经常穿林涉水。凡是子路到过的地方，都留下了子路问津处。

罗山县，在西周时期是申国所在地，后被楚国吞并，今天隶属河南省信阳市。罗山县位于河南省南部，大别山北麓，淮河南岸，气候湿润，地势西南高、东北低，淮河、浉河、竹竿河、小潢河从境内穿过，从这里再向西向南就进入山区了。子路率子弟要到长江边，必须顺着大乘山东侧的竹竿河河谷向南穿过大别山，这条路就是后来著名的南北大通道——大别山古道。于是，孔子和子路在罗山境内休息了一下，便开始南行。

从罗山向南，通过九里关，走上大别山古道，向西南可达楚国郢都，向南可到今天的武汉。通过各地文物古迹这本大书记录，孔子和子路率弟子去了南面的武汉方向，没有去西南面的郢都。

这一天傍晚，子路走在队伍的后面，遇到一个老丈人，"以杖荷莜"，在平整土壤。子路问他说，您见到夫子了吗？丈人说："四体不勤，五谷不分，孰为夫子？"然后继续干活。子路见天色已晚，就陪着丈人干完活，到他家去借宿了。丈人真是善良，晚饭"杀鸡为黍而食之"，又把两个儿子领出来与子路相见。

第二天，子路告别丈人和家人上路，找到孔子后把这事告诉了孔子。孔子说这是隐者啊，咱们回去找他聊聊。等到子路回来找时，丈人已经出门了。子路这时说了一大段卫道的话："不仕无义。长幼之节，不可废也。君臣之义，如之何其废之？欲洁其身，而乱大伦。君子之仕也，行其义也。道之不行，已知之矣。"（《论语》）

子路认为，不做官是不对的。长幼间的关系不能废弃，君臣间的关系就能废弃吗？想要洁身自好，却破坏了君臣关系，这是不对的。

君子做官，只是为了实行君臣之义。至于道的行不通，早就知道了，但隐居山林是不对的。

这段话显露出子路是个什么人。到了穷途末路的地步，子路仍然坚守道义，不避世。子路和孔子是一批要改造世界的人，认准了一个方向，就矢志不渝。这应该是信仰的力量。

子路的话顶天立地。任何社会都要有规矩，长幼之节和君臣之义都不能废。社会失去纲常和法治便无法维系。尽管时代和法律法规总在变化，但每个时期人们都要坚守理念，否则社会就会腐败堕落。不能为了个人洁身自好，而放弃社会责任。当官从政，也是为了实施正义。子路在社会风气败坏的时代，始终不退缩规避，敢于直面现实，勇于同不正之风做斗争，这是人类最宝贵的品质。

后来子路就是在对抗社会邪恶中死去的。子路的死，不是因为鲁莽、愚笨，而是有坚实的理论基础，是践行做人的道义。

明代万历年间的《罗山县志》载："小石门在县南八十里，子路宿于石门。"今天罗山县涩港乡的南边有个地方叫石门，有人认为这就是荷蓧丈人"止子路宿"的地方。清代乾隆时期的《罗山县志》里甚至有一首诗："高贤留一宿，吾道已明明。不有鲁师弟，难容楚并耕。"但《罗山县志》把石门的地点搞错了。《论语·宪问》载："子路宿于石门。晨门曰：奚自？子路曰：自孔氏。曰：是知其不可而为之者与？"这个石门应是曲阜城的东南门，在涩港乡不可能有看城门的人。但子路问津肯定会发生在罗山县境内，荷蓧丈人也可能在子路乡附近。

从子路乡往南，下一个子路问津处居然在武汉北部的长江边上。2018年8月，笔者在北京参加一个活动，遇到从湖北武汉新洲区宣传部来的罗部长，在谈及新洲区情况时，他偶然提到新洲有子路问津处，当时半信半疑。但在写作此书时，笔者已完全肯定子路去过武汉的长江边了。因为从罗山到新洲，直线距离只有三百五十华里，沿着大别山古道只需四五天的时间就可以到达。在今天，开车用不了两小时。

公元前490年的一天，孔子和子路率领着他们的弟子们终于穿过大别山的西麓，从罗山经红安县到达今天湖北省麻县的夫子河镇。在这里又创造了一个子路问津处。今天，这里属于武汉市新洲区旧街街道办事处的范围。

新洲区以前是新洲县，县里有座孔庙，也叫问津书院，位置在旧街的黄林乡。相传汉代曾在此处掘得"子路问津"碑，所以乡人世世代代认为这里是孔子适楚时的子路问津处。

由于孔子的到来在本地留下了影响，所以这里也留下了孔子和子路的遗迹，如孔子山、夫子河、子路问津处、问津书院等。可以说，凡是子路和孔子到过的地方，当地都会留下传说和纪念。并且，我国的地名中充满了历史，历史就隐藏在古老的村落地名中。今天，每当某些地方随意更改地名，我就痛心疾首。大量地名的消失，意味着与历史的割裂和对历史的消灭。

走到这里，子路南游于楚的故事结束了，但儒家文化在这次游学的最南端留下了火种。聪明好学成为新洲和黄冈地区人的特点，黄冈中学居然成为全国的高考状元，与当地的儒家文化传统密不可分。新洲历史上有问津书院，传播和发扬了儒家的文化知识。有因就有果，新洲地区的儒学渊源来自二千五百年前孔子和子路的一次旅行。真是文脉悠长，川流不息。

从新洲向西，往荆州方向，没听说过哪个地方还有子路问津处或子路村。这说明子路的足迹到了长江边上，就基本停止了。孔门弟子们可能还是按原路返回了上蔡。

为什么不往西边的郢都去？可能与经济状况有关。这么多学生，沿途消费的粮草很多，如果财力有限，便难以长途跋涉。能深入楚国腹地，望一眼浩浩荡荡的长江，目的便达到了。当时的长江根本不像现在这样，而是莽莽苍苍一片大水，无边无际，整个武汉地区全是泽国汪洋，河湖密布。望洋兴叹就是在这种地方发出的。

第八章　仕楚遇阻

城 父 之 约

孔子与子路回到上蔡不久，便接到楚昭王的邀请。听说楚昭王有请，孔子大喜，立刻与子路率人马去城父见楚昭王。

《左传·哀公六年》记载："六年春，吴伐陈，复修旧怨也。楚子曰：吾先君与陈有盟，不可以不救。乃救陈，师于城父。"

公元前489年春，吴国举兵攻打陈国，楚昭王说，我们的先君与陈国有盟，不能不救，便率领军队前来救陈，驻扎在城父。城父现位于安徽省亳州市谯城区东南边的城父镇，南依漳河，北偎涡水，是陈国和吴国之间的重镇。楚昭王率楚军到这里对抗吴军，听说孔子在附近，就想让孔子来楚国做事。我估计是叶公向楚昭王推荐了孔子和子路。《史记·孔子世家》记载："孔子迁于蔡三岁，吴伐陈。楚救陈，军于城父。闻孔子在陈蔡之间，楚使人聘孔子。"

于是，子路吩咐弟子们整点行装，带孔子去城父见楚昭王。从地图上可以看到，城父在上蔡的东边，两地距离有四百华里，中间要路过陈国的都城宛丘。当孔子与学生们走到宛丘时，陈国人把他们包围起来，不让走了。这一堵就是七天，差点没把孔子和子路饿死。这就是史书上记载的"陈蔡绝粮"。

陈国人为什么要拦住孔子和子路？《史记·孔子世家》这样记载："孔子将往拜礼，陈蔡大夫谋曰：孔子贤者，所刺讥皆中诸侯之疾。今者久留陈蔡之间，诸大夫所设行皆非仲尼之意。今楚，大国也，来聘孔子。孔子用于楚，则陈蔡用事大夫危矣。于是乃相与发徒役围孔子于野。不得行，绝粮。从者病，莫能兴。"

看来孔子真是个民间批评者，走到哪儿都指责时弊，惹人家不高兴。在陈蔡之间待了这么长时间，可以说当地官员没给孔子好脸子看，两者关系疙疙瘩瘩，不融洽。这次遇上事，矛盾终于爆发了。如果说上蔡已被楚国占领，孔子还行动自由，但进入陈国国境，围堵就来了。孔子和子路为什么当年从陈国跑到蔡国，可能与得罪了陈国的小人有关。

今天，河南淮阳城内的南坛湖中有一弦歌台，据说这里就是孔子当年被围的地方。弦歌台，又名厄台和绝粮祠，今天的这里水静如练，红莲映日，碧荷接天，风景优美，景色宜人。然而，昔日却是差点要人命的地方。

《论语·卫灵公》载："在陈绝粮，从者病，莫能兴。子路愠见曰：君子亦有穷乎？子曰：君子固穷，小人穷斯滥矣。"

烈火识真金，患难见真情。这句话道出了一个重要问题，君子与小人的区别。对于今天的现代人来说，坚持不坚持真理和原则，似乎无所谓，保命至上是做事的准则。可在古代社会，古人的头脑简单，认准的事情不能改变。假如孔子和子路见道路走不通，退回上蔡，也不会有七天绝粮的事情发生，但孔子坚持不退，就是要往前走。因为，见楚昭王对他太有诱惑性、太重要了。一旦被楚国启用，那对孔子和子路以及弟子的命运改变就太大了。所以，孔子坚持前行，陈人就是不让，僵持到最后就是断炊。弟子们都饿得有气无力，快爬不起来了。

在这种情况下，子路当然不能高兴。他一脸愠色来到孔子面前，问了一个哲学问题：正人君子也有穷尽的时候吗？作恶的人没有好下场，坚守正道的君子难道也要遭厄运？子路不是责怪陈蔡人，而是质问上天，难道连好人都没有好报吗？孔子经常说只要做善事，走正道，厄运就不会降临到自己身上，但现在看，老天爷好像不保佑了。

子路实际上是在质疑孔子的天命论，孔子遇到事总是自恃有上天庇护，不在乎。在宋国遇难时，孔子说"天生德于予，桓魋奈我何"。在卫国匡地遇难时，孔子说"非丘之罪也，命之夫"。此时孔子可能还在跟子路说这种话，子路生气了。那意思是，你再说天命，我们就完蛋了。

这一次，孔子不说天命了，而是指出了一个现象：君子固穷，小人穷斯滥矣。是君子，就能忍受穷困。小人忍受不了困苦，遇到危险就会不择手段寻找别的出路，那些变节分子就是"穷斯滥"的人。

孔子又问了子路一个问题："诗云匪兕匪虎，率彼旷野。吾道非邪？吾何为于此？"不是犀牛也不是老虎，它却在旷野上徘徊。难道是我们学说不对吗？为什么会落到这种地步呢？

子路说："意者吾未仁邪？人之不我信也。意者吾未知邪？人之不我行也。"意思是大概我们做得还不够好吧，人家不信任我们，或者是我们的智慧还不够吧，人家不放我们通行。

孔子说，是这样吗？假使有仁德的人必定能使人信任，哪里还会有伯夷、叔齐饿死在首阳山呢？假使有智慧的人都能通行无阻，哪里会有王子比干被剖心呢？原文："有是乎！由，譬使仁者而必信，安有伯夷、叔齐？使知者而必行，安有王子比干？"

从孔门这两个当家的对话可以看出，孔子认死理，具有殉难精神，子路是想结合实际把事情做成。理想主义者容易碰壁，实干家在摸索中前行。这是理论工作者和实际工作者的区别。孔子一生总是碰壁，与他坚守理念有关。几千年来，人们常把孔子的话挂在嘴上，但落实到行动中，又是一回事。

就在孔门弟子饿得要死的时候，城父的楚军大营里正进行着一场讨论。楚昭王用人心切，"将以书社地七百里封孔子"，封给孔子方圆七百里的土地，这可不是个小数目。当时的里要比今天的华里小一点，但方圆七百里是相当大的一块土地了，连鲁国可能都没有方圆七百里。楚国人少地广，所以楚昭王出手阔绰，一张口就是"书社地七百里"。书社地是指有人烟的地方，有户籍人口登记的地方，不是荒山野岭。孔子真要搞到这么大一片地，这么多人口，还不知会弄出什么样子来。

楚国的令尹子西出来反对了，他说，楚国有子路那样的将帅吗？有子贡那样的外交家吗？有颜回那样的辅佐之相吗？有宰予那样能干的臣子吗？楚王说没有。

那好了，令尹子西继续说了一大堆反对的理由，当年楚国的先祖只封了一片方圆五十里的土地，就发展成现在这样的大国，而周文王和周武王"百里之君卒王天下"。你今天想封七百里地的地方给孔子，他发展起来楚国怎么办？实在是"非楚之福也"。

楚昭王只好打消封地给孔子的念头，派人去陈国宛丘告诉孔子不要来了。陈国人听到这个消息，就把包围解除了。但是，司马迁的书上却是这样写的："于是使子贡至楚，楚昭王兴师迎孔子，然后得免。"司马迁说楚昭王兴师迎孔子，陈国人解围，但没说孔子见没见到楚昭王。我认为是没见到。因为从"然后得免"之后就没下文了。如果孔子见了楚昭王，弟子们肯定会大书特书一番。

就这样，折腾了一阵子，孔子和子路带着弟子们又灰溜溜地回来了。这次真是身心大受损伤，名声扫地，再回上蔡也没脸见人了。干脆，回卫国。《史记·孔子世家》载："于是孔子自楚反乎卫。是岁也，孔子年六十三，而鲁哀公六年也。"

公元前489年秋，楚昭王在城父患病，不久就死去了。孔子很欣赏楚昭公，他听说楚昭王在病中反对迷信，不祭河，称赞说："楚昭王知大道矣！其不失国也，宜哉！"（《左传·哀公六年》）孔子与楚昭王失之交臂，在楚国点起的一股希望之火，熄灭了。

斯 文 在 兹

孔子居蔡三年在蔡国留下了许多弟子，据清代《汝宁府志》和《上蔡县志》记载，蔡国有孔门六弟子，即漆雕开、漆雕从、漆雕哆、漆雕凭、曹恤和秦冉，孔门七十二贤，上蔡居六。孔子"居蔡三岁"，曾在上蔡县华陂镇的鸿隙湖畔和蔡河岸边演礼，弦歌。孔门移居陈蔡，振兴和丰富了当地文化，特别是培养一批有用人才，譬如子夏、子游、子张、陈亢、樊须、有若、宓不齐、颜幸、曹恤等一伙小弟子都是在陈蔡培养的。

先看颛孙师，字子张，公元前503—前446年，陈国阳城人，十岁时，值孔子周游讲学于陈，拜孔子为师。十三岁，随孔子由陈去蔡国，后又随孔子由蔡去楚、卫。二十岁时，随孔子返回鲁国。是年，与闵子骞、子贡等同学一起到萧县，游历了萧县东南的天门山，现存有圣人场、晒书台等圣迹。

从子张可以看出，孔子在陈蔡时招收的学生年龄已降低到了十岁。子路和孔子整天就是带着这么一批小孩在学习。"师也辟"，性情比较偏激，这是孔子对子张的评价，孔子还说"师也过，商也不及"，看来子张这个小孩很有个性。

陈亢，字子亢，一字子禽，陈国人，《家语》说他少孔子四十岁，生于公元前512年。《史记》里没有他的记载。陈亢看来是孔子到陈国时收的弟子。

子游，姓言，名偃，生于公元前506年，是从吴国常熟一带来的学生，他比子张大两岁，来孔门时大约十四五岁了。

这个时候负笈而来的还有子夏，子夏姓卜，名商，字子夏，生于公元前507年，少孔子四十四岁，是晋国温地人（今河南温县）。

这几个学生自从投入孔子门下，始终跟着孔子，直到孔子去世，所以成为较有成就的小弟子。

有若，公元前505年出生，少孔子四十三岁，鲁国人。公西赤，字子华，公元前506年出生，少孔子四十二岁。这两个人都是孔子在陈蔡时期的学生。

樊须，字子迟，鲁国人，司马迁的《史记》说他少孔子三十六岁，《孔子家语》说他少孔子四十六岁，那就是生于公元前505年，与有若、曾参一般大。樊迟一直跟着孔子周游列国，直到二十岁左右被冉求叫回鲁国当他的助手，在公元前494年与齐国军队中是冉求的副手。

宓不齐，字子贱，鲁国人，司马迁的《史记》说他少孔子三十岁，可《孔子家语》说他少孔子四十九岁。在年龄方面，宁信《孔子家语》不信《史记》，我认为《孔子家语》更可靠。所以，宓不齐应当出生于公元前502年，与子张差不多大，也是孔子陈蔡卫时的学生。宓不齐后来任单父宰，为政三年，单父大治。《史记》中说："子贱治单父，民不忍欺，西门豹治邺，民不敢欺。"他注意修养，有君子之德，以善政和善于用人而著称。宓不齐有著作流传于世，东汉时有《宓子十六篇》在社会上流传。

曾参此时来没来，不确定。曾参生于公元前505年，与子夏、子游、子张、有若、樊迟和公西赤差不多大，他可能一直呆在鲁国。

颜幸（《家语》为颜辛），字子柳，少孔子四十六岁，生于公元前505年。

冉孺，字子鲁，少孔子五十岁，生于公元前501年。

叔仲会，鲁人，字子期，公元前501年生，《家语》记载："少孔子五十岁，与孔琁（xuán）年相比，每孺子之执笔记事于夫子，二人迭侍左右。孟武伯见孔子而问曰：此二孺子之幼也，于学岂能识于壮哉？孔子曰：然少成则若性也，习惯若自然也。"

伯虔，字子析，少孔子五十岁。

曹恤，生于公元前 501 年，家居上蔡洙湖镇，少孔子五十岁。曹恤的上六代祖曹骐是曹国人，为曹成公使蔡，而留居在蔡国。父亲曹岷，祖父曹鳞。曹恤是曹叔振铎第二十世孙。

由此可以看出，到了曹恤这批学生时，已经属于第三代人了。颜回和子贡比他们大二十岁，已经是他们的老师了。孔门的弟子是一代带一代，子路这一代带出冉求、颜回、子贡一代，然后颜回、子贡又帮助孔子带出子张、曹恤这一代。

孔子和子路在陈蔡办学八年，把知识的火种传遍中原，儒家学说也逐渐在这里奠基成型。后来儒家分成八派，漆雕开就成为陈蔡的一派。

漆雕开比孔子小十一岁，《论语》仅记载了漆雕开一句话："子使漆雕开仕。对曰：吾斯之未能信。子说。"孔子认为漆雕开年纪不小了，可以入仕了。漆说，我还没有信心，或者我还没有能力让人信服。孔子听了很高兴，认为漆雕开谦虚，有自知之明。

漆雕开有名士风度。《韩非子·显学》篇里记录说："漆雕之议，不色挠，不目逃，行曲则违于臧获，行直则怒于诸侯。"意思是漆雕氏为人处世的风度仪表无奴颜媚骨，也不避讳别人怎么看自己，不欺弱小，不畏权贵。这是名士风度之体现。漆雕开发展了孔子"性相近、习相远"的学说，认为有的人性善，有的人性恶，关键在于后天修养。这与主张性善的孟子和主张性恶的荀子大为不同。宓子贱、公孙尼子等大约都是漆雕一派。

郭沫若先生说，漆雕开有思想，有见地，有著作，能构成一个独立学派，即孔门中的任侠一派。总之，"上蔡六贤"到后来形成了自己的一派体系。

上蔡县华陂镇陈蔡铺村南七百米处的青青麦田中，有一片稍高于周围的岗地，上有三间小屋，几块残碑，旁边立着文物保护的标示牌。这里就是上蔡的孔子晒书台，是陈蔡界河的枯河南岸高岗地。据上蔡县文史记载，孔子往来于陈蔡两国时，有一回刚走到这儿，天降大雨，孔子一行淋得像落汤鸡一样。雨过天晴后，道路极为泥泞，马车无法行驶，只好在这片高岗地上歇息晒书，竹简摆满了高岗。孔子叹息说：这是子开在为我送行啊！

漆雕开的家，在上蔡县华陂镇的华南村。漆雕开的墓在村子西边，墓是用水泥箍起的圆形土墓，墓前立有两座古碑，均为清代碑，字迹全部消失，其中一碑只剩半截。墓前，是一片水塘，这是鸿隙湖的一部分。据清《上蔡县志》记载，昔年鸿隙湖水面广阔，莲荷数顷，灿若锦绣，现水面已大为缩小。相传漆雕开是掉进鸿隙湖里淹死的。今天的华南村有两千多人，漆雕氏只有四户二十八口。看《漆雕家谱》，漆雕的后人今天已排到100多辈。

笔者今天写此书，也是在拯救历史。过不几年，漆雕开家乡的墓碑遗迹就可能全部消失了。

秦冉，字子开，史称"德艺有成"，唐代追封为彭衙伯，宋代追封为新息侯。《家语》无此人。

曹恤，字子循，比孔子小五十岁，家在上蔡洙湖镇，史称"乐道明义"，唐代追封为曹伯，宋代追封为上蔡侯。有些资料称，曹雪芹是曹恤后代。今天，上蔡洙湖镇曹寨村北一公里处的洪河西岸河堤上有曹恤墓园，是一座很大的圆形土冢，冢前立有数座高大的石碑，这是曹氏后人近年来捐资重修的曹恤墓园。

无昏昏之功，便无赫赫之明。文化和文明之果在悄悄地孕育。孔子和子路在陈蔡卫默默耕耘十几载，没想到后来结出了累累硕果。

孔子弟子中能著书立说传流后世的，主要是在陈、蔡、卫时培育的这批学生。他们是颜回、子贡、子夏、子游、子张、曾参、宓不齐、有若、公西赤等。这群学生在孔子死后，发挥了巨大作用。他们把孔子整理编辑的夏书、商书、周书、周易以及各国的风雅颂诗歌编辑成册，形成今天的《尚书》《逸周书》《诗经》《易经》。他们把孔子以及弟子们的言行语录记录整理起来，形成了《论语》《孔子家语》《仪礼》《礼记》《国语》《孝经》《周礼》等。以这一批学生为主,鲁国和卫国形成了一个强大的文化力量,并扩及周边国家。

这个文化和文明如此强大,在秦始皇焚书坑儒之时,只有鲁国人冒着杀头的危险将书籍隐藏起来,躲过了历史上的浩劫。今天,存留于世的只有鲁国的一部史书《左传》,其他国家的史书无一幸存。假如没有鲁国的《左传》《尚书》《诗经》《国语》《孔子家语》《礼记》等一批书籍存世,中国的上古历史就是一块空白,人们将对春秋以前的事情一无所知,笔者今天也无法写作《子路传》。

文化的力量如此重要,文明如此重要。在今天的人们争先追逐GDP 的时候,何曾想到要记载我们的历史,创造我们的文化!

斯文在兹!几千年来,人们前呼后拥地去山东曲阜朝拜孔圣人,难道仅仅是尊崇他的思想,他的人格?我想更重要的是纪念他对中华民族做出的文化贡献。他使一个民族变成了好文的民族,热爱文化和崇尚知识的民族。这种思想在今天利害至上的世界里也显得格外重要。

在孔子和子路被鲁国排挤,流浪他国,困居陈蔡之时,正是各国诸侯争夺厮杀不休之际。在混乱动荡的年代,这批人仍在潜心学习,钻研历史文化,掌握知识,修养身心,坚定意志。这是多么可贵的一批人。他们"笃信好学,守死善道,危邦不入,乱邦不居。天下有道则现,无道则隐。邦有道,贫且贱焉,耻也。邦无道。富且贵焉。耻也"(《论语·泰伯》)。

孔子晚年时给鲁哀公介绍儒者的品行,哀公听后,肃然起敬,"言加信,行加敬……终殁吾世,弗敢复以儒为戏矣"。这一大段话记录在《孔子家语》的《儒行》篇里,展示了儒生是一批什么样的人:

"儒有席上之珍以待聘,夙夜强学以待问,怀忠信以待举,力行以待取,其自立有如此者。儒有衣冠,中动作顺,其大让如慢,小让如伪,大则如威,小则如愧(kuì,惭愧),难进而易退,粥粥若无能也,其容貌有如此者。

"儒有居处齐难,其起坐恭敬,言必诚信,行必忠正,道涂不争

197

险易之利，冬夏不争阴阳之和。爱其死以有待也，养其身以有为也，其备预有如此者。

"儒有不宝金玉，而忠信以为宝，不祈土地，而仁义以为土地。不求多积多文以为富。难得而易禄也，易禄而难畜也。非时不见，不亦难得乎？非义不合，不亦难畜乎？先劳而后禄，不亦易禄乎？其近人情，有如此者。

"儒有委之以财货而不贪，淹之以乐好而不淫，劫之以众而不惧，阻之以兵而不慑。见利不亏其义，见死不更其守。往者不悔，来者不豫，过言不再，流言不极，不断其威，不习其谋，其特立有如此者。

"儒有可亲而不可劫，可近而不可迫，可杀而不可辱。其居处不过，其饮食不溽，其过失可征辩，而不可面数也，其刚毅有如此者。

"儒有忠信以为甲胄，礼义以为干橹。戴仁而行，抱德而处。虽有暴政，不更其所，其自立有如此者。

"儒有一亩之宫，环堵之室，荜门圭窬，蓬户瓮牖（yǒu），易衣而出，并日而食。上答之，不敢以疑，上不答之，不敢以谄，其为士有如此者。

"儒有今人以居，古人以稽，今世行之，后世以为楷，若不逢世，上所不受，下所不推，诡谄之民，有比党而危之，身可危也，其志不可夺也。虽危起居，犹竟信其志，乃不忘百姓之病也，其忧思有如此者。

"儒有博学而不穷，笃行而不倦，幽居而不淫，上通而不困，礼必以和，优游以法，慕贤而容众，毁方而瓦合，其宽裕有如此者。

"儒有内称不避亲，外举不避怨，程功积事，不求厚禄，推贤达能，不望其报。君得其志，民赖其德，苟利国家，不求富贵，其举贤援能，有如此者。

"儒有澡身浴德，陈言而伏，静言而正之，而上下不知也，默而翘之，又不急为也。不临深而为高，不加少而为多。世治不轻，世乱不洎，同己不与，异己不非，其特立独行，有如此者。

"儒有上不臣天子，下不事诸侯，慎静尚宽，底厉（砥砺）廉隅，强毅以与人，博学以知服。虽以分国，视之如锱铢，弗肯臣仕，其规为有如此者。

"儒有合志同方，营道同术，并立则乐，相下不厌，久别则闻，流言不信，义同而进，不同而退，其交有如此者。夫温良者，仁之本也；慎敬者，仁之地也；宽裕者，仁之作也；逊接者，仁之能也；礼节者，仁之貌也；言谈者，仁之文也；歌乐者，仁之和也；分散者，仁之施也。儒皆兼此而有之，犹且不敢言仁也，其尊让有如此者。

"儒有不陨获于贫贱，不充诎于富贵，不溷（hùn，肮脏）君王，不累长上，不闵有司，故曰儒。"

《儒行》篇的内容，是儒家在艰难困苦之中磨炼出的精神，中国儒家文明是浴火而生的！但这些精神到了后来都被人们忘记了。从今天来看，才看出孔子和子路的伟大。他们在乱世之中传承了文化，锻造了精神和品格意志，培养出一大批笃志于学的青年才俊、文化人才，把中国的文脉传播于中原大地。这是中国文化战线上筚路蓝缕的两个人，子路应当像孔子一样受到纪念。没有子路的辅佐，孔子的教育事业难以成功。儒家的思想体系，也是在子路的参与下建构的。子路在历史上被埋没了的功绩应当被今人所认识。

子 路 治 蒲

大约是公元前489年末或前488年春，子路与孔子告别上蔡的亲朋好友，众多乡亲，与弟子们回到了卫国，一住就是五年整。

去卫国的道路似乎特别漫长，弟子们在蔡、陈这块土地上慢慢地行走着。七八年了，生活在陈、蔡、楚之间，与这里的山山水水、一草一木都结下了深厚的情谊。尽管有诸多不快，但风风雨雨，磨难坎坷，让子路了解了陈、蔡、楚、叶、息、申等诸多南方国家的风土人情和历史变迁。

在这片土地上，到处留下了子路遇险的痕迹。汝河上游的激流险滩，渡河时的翻船落水；大别山古道的艰难崎岖，虎豹豺狼，都给子路留下了惊人的一幕。更有陈国宛丘的绝粮台，卫国蒲邑和匡邑的被围处，弦歌不绝，这些落难的地方都会令子路终生难忘。

但是，在陈蔡发生的这么多自然的险境和人为的危险，对子路来说都不算什么，接下来的危险才是真正致命的。当笔者写到这一章时，迟迟不愿动笔，一个星期没写一个字。因为，人们都喜欢英雄，不喜欢死亡。当危险在身边聚集的时候，子路和孔子全然不觉。这使笔者迟迟不愿揭开这不幸的一幕。但是，历史总要写下去的。

回到卫国，孔子仍然想象着要在卫国从政，卫国人也有这个意思。于是发生了司马迁写的这段话："是时，卫君辄父不得立，在外，诸侯数以为让。而孔子弟子多仕于卫。卫君欲得孔子为政。子路曰：卫君待子而为政，子将奚先？孔子曰：必也正名乎！子路曰：有是哉，子之迂也！何其正也？孔子曰：野哉由也！夫名不正则言不顺，言不顺则事不成，事不成则礼乐不兴，礼乐不兴则刑罚不中，刑罚不中则民无所错手足矣。夫君子为之必可名，言之必可行。君子于其言，无所苟而已矣。"（《史记·孔子世家》）

这一段话，道出了卫国的核心问题。由于卫灵公的儿子蒯聩要杀母亲南子，事败后逃到国外，所以卫灵公死，孔文子执政，立蒯聩的儿子姬辄为国君。尽管这样，"诸侯数以为让"，意思是国外诸侯对卫国多加指责。卫太子蒯聩也在国外四处游走，大造不满的舆论。卫灵公于公元前493年去世，到现在已经四年了。姬辄还是个六七岁的小孩，国内政务主要由孔文子料理，南子也会参与一些国家的事务。

孔子在这种情况下提出名正言顺一词，为政要先正名。名分对了，办事才顺利。那么孔子的正名是指什么？是让蒯聩回国为君吗？

一个狠心弑母、品行不端的人能当国君吗？既然卫国人选择了蒯聩的儿子继承君位，孔子还想说什么？还想正什么名？

所以，子路听了孔子这番话后，嘲笑了一句：夫子真迂腐啊！孔子也反口骂了一句：你这个野蛮的仲由。看来两人经常这样，你来我往，互不相让。不管怎样，孔子还是看出了卫国的问题。但看出归看出，谁也没把它放在心上，更没深想此事的危险。直到后来子路死，孔子才深刻地理解了危邦不入、危邦不居的重要意义，但那时一切都晚了。

回到卫国，子路便成为卫国人物色的对象。这时，孔文子把持朝政，正在为蒲邑宰挑选人。此地叛乱数年，最近才被籹（mǐ）平。让谁去治理蒲邑合适呢？此人必须是有威有严，有治理经验，卫国一时找不出合适的人选。孔文子有一天见到子路，心中大喜，这不正是蒲邑宰的最合适人选吗？子路曾是鲁国季氏家的家宰，管理着半个鲁国，治理个蒲邑不是小菜一碟吗？

蒲邑原来是公叔氏家的食邑，卫灵公时期，公叔氏家族因为聚敛财富太多，被卫灵公削弱。经过几年动乱，蒲邑收为卫国国君所有，但治理蒲邑的难题摆到人们面前。

不久，子路接到了卫君的任命，到蒲邑去做邑宰，这就是后来人们熟知的"子路治蒲"。对于蒲邑，子路并不陌生，当年他们在那里被围困过。今天，让他去治理这个叛乱了数年的地方，难度相当大。于是孔子帮子路出主意。《孔子家语·致思》记载了子路临行前与孔子的对话：

"子路治蒲，请见于孔子曰：由愿受教于夫子。子曰：蒲其如何？对曰：邑多壮士，又难治也。子曰：然，吾语尔，恭而敬，可以摄勇。宽而正，可以怀强。爱而恕，可以容困。温而断，可以抑奸。如此而加之，则正不难矣。"

蒲邑这个地方民风彪悍，多壮士，很难管理。子路去了，要是硬碰硬，效果不会好。孔子告诉子路，对于勇者，只要态度恭敬，就可以降服他。对于那些强者，采用宽松而正派的做法，可以使之归顺。爱心和宽恕可以解决争执，温和与果断可以抑制奸邪。孔子以前还对子路说了一些话，如：

子路问政，子曰："先之劳之。"请益。曰："无倦先之。"

子曰："其身正，不令而行。其身不正，虽令不从。"

子曰："苟正其身矣，于从政乎何有？不能正其身，如正人何？"

从孔子与子路的谈话中可以看出，正，是儒家做人做事的主要准则。正，实际上已成为中国人的一种信仰。儒家不仅提倡慎终追远、崇功报德，更注重修养自己身上的正气。人有了正气，才会公平办事，为人公正，才会堂堂正正，敢于同歪风邪气做斗争，敢于流血牺牲。文天祥《正气歌》总结得好："天地有正气，杂然赋流形，在地为河岳，在天为日星。"正气贯穿于宇宙，充沛于人间。山川地理无不靠正气维系。

于是，子路怀抱着正义之气走马上任了，在蒲邑一干就是三四年。五年前，他和孔子在这里被围时，蒲人是认识他的。今天，子路来执掌蒲邑政务了，当地人开始肯定不痛快。特别是公叔戍（xū）的人会对他百般刁难。

谈到公叔戍，不能不交代一下卫国的历史。公叔戍是卫献公曾孙。公叔氏是卫灵公时期的卫国四大世家之一，公叔戍的父亲公叔文子是卫国的贤大夫，大约死于公元前497年。他死的这一年，有一段对话被记录在《左传》上，大意是公叔文子曾在上朝时请求设享礼招待卫灵公，退朝后把这事告诉了祝史史鳅。史鳅说，您必定招来祸患，您富有而国君贪婪，祸患恐怕要降落到您身上吧。文子说那怎么办？史鳅说，没有关系，谨守臣道，就可以免祸。富有而能谨守臣道，一定能免于祸难，无论尊卑都适用这一原则。但你的儿子戍很骄傲，恐怕要逃亡吧！富有而不骄傲的人很少，我只见到您一个。骄傲而不逃亡的人，我还没有见过。公叔戍必定要成为其中的一个。

史鳅的话果然没错。公叔文子死后，卫灵公开始讨厌公叔戍。一个臣子的富有超过国君，国君能不嫉妒吗？公叔戍还与南子不和，想除掉夫人的党羽。夫人就向卫灵公控告说："戍将要发动叛乱。"于是，卫灵公便清除公叔戍。孔子从鲁国来卫国的那一年，公叔戍逃到了鲁国。《左传·定公十四年》："十四年春，卫侯逐公叔戍与其党，故赵阳奔宋，戍来奔。夏，卫北宫结来奔，公叔戍之故也。"公叔戍跑了，但他的族人却占据蒲地与卫灵公对抗。

一晃五六年过去，卫灵公死了，蒲地也平静下来。子路来到蒲邑，礼贤下士，以理服人，很快便把蒲邑治理得风调雨顺。

《孔子家语·致思》篇记载了一个故事，子路为蒲邑宰，为防水患，与民众一起修沟渠，见民工饥饿，就每人发放"一箪食一壶浆"，自己出钱给民工做饭吃。孔子听说了，赶紧派子贡前去制止。"子路忿不悦"，就去找孔子说理。子路说："民多匮饿者，是以箪食壶浆而与之。夫子使赐止之，是夫子止由之行仁也。夫子以仁教而禁其行，由不受也。"

子路说，这么多民工吃不上饭，你还不让我给他们饭吃，光是口头上说仁义，行动上却不做。我不听你的。

孔子说，民工吃不上饭，为何不向国君报告，发国库的粮食来赈济？用你自己的粮食来取悦民心，是在向世人昭示国君无恩惠，自己有美德。"汝速已则可，不则汝之见罪必矣"。孔子最后说，赶快收手吧，否则必然招来罪状。

这就是官场，你出了力，还不讨好。孔子深谙之道，子路深恶痛绝。

一晃三年过去了。有一天，孔子来蒲邑参观。从帝丘到蒲邑也就两天的路程，孔子坐着马车一路前行，不知不觉来到一个安详之地。进入蒲邑境内，孔子感到了不一样的氛围，不由得赞赏了一句"善哉"。进了蒲邑城里，景象和气象也不一样，孔子又禁不住说了一句"善哉"。子路将孔子迎进公堂，孔子又说了一句"善哉"。这就是后来传说的"三善治蒲"。《孔子家语·辩政》篇解释了孔子连说了三个"善哉"的原因：

子路治蒲三年，孔子过之，入其境，曰："善哉由也，恭敬以信矣。入其邑，曰：善哉由也，忠信而宽矣。至廷曰：善哉由也，明察以断矣。"

子贡执辔而问曰："夫子未见由之政，而三称其善，其善可得闻乎？"

孔子曰："吾见其政矣。入其境，田畴尽易，草莱甚辟，沟洫深治，此其恭敬以信，故其民尽力也。入其邑，墙屋完固，树木甚茂，此其忠信以宽，故其民不偷也。至其庭，庭甚清闲，诸下用命，此其言明察以断，故其政不扰也。以此观之，虽三称其善，庸尽其美乎？"

孔子说，来到蒲邑境内，见庄稼茂盛，田地里没有杂草，沟洫深挖，排水通畅，这是恭敬行信，说明乡民肯尽力于田畴。进入城中，见墙屋完固，树木葱茂，商铺繁忙，井然有序，这是由于忠信行宽，民众不偷懒。来到邑署公堂中，很清静安闲，没什么人打官司，这说明属下用命，子路断案明察秋毫，没什么扰民的事。

子路治蒲，政治清明，民风淳朴。子路不会贪污腐化，欺压百姓，作威作福。子路出身贫苦，心系百姓，同情疾苦。子路办事公正，不会容忍投机取巧。恶人听说子路到来，都要偃旗息鼓。政治家如果都像子路，那是人民之福。

子贡后来在描述子路的特点时说："不畏强御，不侮矜寡，其言循性，其都以富，材任治戎，是仲由之行也。"（《孔子家语·弟子行》）子贡特意引用了《诗经》里赞美仲山甫的一句话，"不侮矜寡，不畏强御"，可能与仲由和仲山甫都姓仲有关。子路虽然孔武有力，但从来不会恃强凌弱，而是对贫苦百姓充满同情关爱。对那些欺行霸市的恶霸，子路不会心慈手软。这种人执政，社会秩序怎能不好呢？

孔子在蒲邑住了几天，两个老伙伴又凑到了一起，怎么能不高兴呢！这是两人相识以来分别最久的一段时间。此时的孔子已六十七八岁了，子路五十八九岁，两人已经共同经历了将近四十年的风风雨雨。要论交情与友谊，世界上可能谁也比不上这一对患难兄弟了。

子路和孔子在一起，痛痛快快地喝顿酒是少不了的事情。子路能豪饮，孔子也酒量惊人。两人多年来已不知开怀畅饮多少次了。关于孔子的酒量，《论语·乡党》里透露过一句："惟酒无量，不及乱。"孔子是个生活讲究的人，《乡党》篇里介绍了大量他晚年生活起居的事情，其他事情都很有规律，只有喝酒时没有束缚，想喝多少就喝多少，喝到不大醉变态为止。但这一次，两人可能都要喝得晕晕乎乎，一醉方休了。

孔子说过一句话："片言可以折狱者，其由也与。子路无宿诺。"（《论语·颜渊》）这句话反映的就是子路治蒲的情况。当孔子看到子路处理社会矛盾时的干练果断和快捷，不由得发出这样的赞叹。子路此时已经对社会上的人情世故了然于心，目光犀利，有来打官司的，几句话就给人解决了。古代人的高效往往是今天走法律程序无法比的。不要瞧不起古人，古人一天就解决的事情在今天能拖上一两年。子路是不愿意废话和拖沓的人，办事的高效率非他人可比。

卫国为什么放着本国的大夫不用，偏挑子路来蒲邑上任？一是因为蒲邑乱了多年，卫国人谁也不敢来；二是因为只有子路这样的人才能降服蒲邑的戾气和人心。卫国的确选对了人，经过三年的时间，蒲邑大治。子路在卫国树立了很高的威信，以致子路随孔子回鲁国后，又被请回来做官。一个人到另一个国家，能得到这个国家人民的拥戴和认可，是很难得的。子路死后埋葬在卫国，世世代代被卫国人民所纪念，实际上子路已经成为卫国的一员。

孔子与子路见面，总要讨论一些为政之道。在孔子看来，"善人为邦百年，亦可以胜残去杀矣"，"如有王者，必世而后仁"（见《论语·子路》）。孔子的意思是，即使善人治理国家，也需要一百年才能消除残暴，废除刑罚与杀戮。孔子想把世界的人类全都变成知书达理、温文尔雅的善人，这个目标很高。但教化人民都成为善良的人，人人行善而不作恶，需要很长时间。人的教育和风俗习惯的形成，需要一个漫长的过程。这就是儒家文化的核心：胜残去杀。遍观今天的世界，两千五百年过去了，中东整天打仗，世界何时消除过杀戮？人类的本性何曾有过什么变化！不能不说孔子是个理想主义者，就是在今天的世界里，孔子的理想也是一个美好的想象。

蒲邑仅仅是小有成绩。孔子认为，如果有王者那样的人治国，也一定需要三十年才能实现仁政。孔子的核心思想是仁，有了仁爱之心，社会便不会争来夺去，打打杀杀。培养人民的仁爱之心、善良之心，是行政的重要举措。但主宰社会的往往是利，有人为了利而不顾一切。这就需要培养人民的仁德品性，让人心变善。这一时间需要几十年、几代人。这些话可以看出儒家文化的根本，即从人性上来改变世界。人心不善，单靠法治和法规也没用。以法治国是最低层次的方法，以仁治国是高层次。这是中国文明的特点。

两人促膝而谈到深夜，几十年里，这样的谈话不知有多少次。儒家的思想就是这样形成的。孔子的背后少不了子路。

孔子和子路流浪大半生，此时总算找到了蒲邑这么一个实现自己理想的落脚点。从公元前488年到前484年，在子路五十五岁到五十八岁这段时间，子路暂时脱离了教育工作，在行政岗位上开拓作为。从政对于他来说是游刃有余。孔子后来用《诗经》里的话来赞扬子路："受小拱大拱而为下国骏庞，荷天子之龙，不戁（nǎn）不悚，敷奏其勇。强乎武哉，文不胜其质。"（《孔子家语·弟子行》）

通过子贡和孔子的话，可以看出子路的性情特点，不害怕强暴，不欺辱鳏寡，说话遵循本性，相貌堂堂，威严端正，才华横溢，善于打仗带兵。接受上天的大法和小法，庇护下面诸侯国，接受天子授予的荣宠，不胆怯，不惶恐，施神威，奏战功，强力又勇敢，文采胜不过他的质朴。这样的人才任何时候都是需要的。

子路在治理蒲邑的四五年间，在国际上也树立起极高的威望。他的廉政爱民，除暴安良，一言九鼎，为人民办实事，获得了卫国上下一致的好评。子路治蒲获得了良好的口碑，子路是中国的政治楷模，从今天来看，子路都是值得官员学习的榜样。

离卫返鲁

从公元前488年到前484年，子路和孔子在卫国待了五年。春月秋风等闲度。子路在蒲邑做蒲邑宰，孔子在帝丘教弟子。卫国人对孔子很客气，但始终没用孔子。年近七十岁的人在那时已经属于很老的人了。孔子在卫国这段时间大多是和孔文子、蘧伯玉、王孙贾、伯高这些要人和饱学之士往来。

孔文子是卫国的主政者。王孙贾是大司马，掌管军旅，领兵打仗。《论语·八佾》记载了他与孔子的一段对话："王孙贾问曰：与其媚于奥，宁媚于灶，何谓也？子曰：不然，获罪于天，无所祷也。"

奥是放在屋子西南角的主神，属于天神，灶是放在锅台旁边墙上的灶神。灶神与人生活的关系密切，因此有些人更重视祭拜灶神。孔子反对这种实用主义的态度，对王孙贾说，违背了天神，再向灶神祈祷就没用了。

伯高这个人是卫国的高士，也是个大学问家，是子贡的姥爷蘧伯玉的好朋友，子贡将伯高介绍给孔子。这样，孔子在卫国又有了一个经常来往的学问朋友。孔子回鲁国后不久，伯高就去世了。《孔子家语·曲礼子贡问》记载了孔子听到伯高死讯的表现，孔子说我该到哪里哭他呢？本家兄弟死，我到宗庙去哭，父亲的朋友死，我到庙门外边哭，老师死，我在内寝里哭，朋友死，我在寝室门外哭，一般认识的人我到野外哭。论我和伯高的关系，到野外哭就显得太疏远，在内寝里哭又显得太重，我还是到端木赐家里去哭吧，因为我是通过子贡认识他的。孔子哭过伯高后，就派子张前去卫国吊唁。

说到端木赐，即子贡，随孔子回到卫国之后，可能先去一个地方做了一阵子地方官，后来开始做起了生意，经商搞贸易。《孔子家语·辩政》记载："子贡为信阳宰，将行，辞于孔子。孔子曰：勤之慎之，奉天子之时，无夺无伐，无暴无盗。"估计子贡做信阳宰，就在这个时候。干了几年也不知道，可能时间不长，子贡就做起了买卖。

卫国是中原的通衢要道，各国的商品都经这里集散、中转。子贡精明，了解各国市场情况，能准确地把握供求关系，专挑那些紧缺商品的买卖，结果总是能赚到钱。《论语·先进》载："子曰：回也其庶乎，屡空。赐不受命，而货殖焉，亿则屡中。"孔子说："颜回的学问道德接近于完善了吧，可是他常常贫困。端木赐不听命运的安排，去做买卖，猜测行情，往往都能猜中。"子贡就是从这个时候开始富裕起来的。他一边做买卖，一边为鲁卫两国政府做事，充当外交说客，利用外交之便了解各国商品行情，然后买进卖出，常获得高额回报。孔子弟子中，子贡是一个长袖善舞的人。孔子死后，子贡更是成为富甲一方的大商人，以至于连各国国君都要与他分庭抗礼。分庭抗礼是平起平坐的意思。

子贡经商成功的原因，不仅在于他懂得商贸行情，主要得益于跟孔子学习和周游列国。每到一处，子贡留心当地的物产及价格，通过比较便发现了买卖的商机。当公元前489年孔子和子路率弟子从上蔡返回卫国后，子贡回到家里便开始从事起一些贸易尝试，结果很成功。加上这几年间，鲁国和齐国整天打仗，吴国也掺和进来。孔子派子贡去各国之间进行游说，这几次出访，更使子贡开阔了眼界，了解了各国商品行情，以致使他在商业方面做出了骄人的成就。

现在有些不了解历史的人，说子贡资助了孔子周游列国，这纯属想当然。子贡父亲是卫国大夫，家中也没有多少钱。子贡在孔子周游列国前七八年期间，一直跟随孔子，陪伴左右，并没有经商。直到从上蔡回到卫国，才有可能从事商业贸易，才有可能赚些钱给老师。孔子和子路带弟子们周游列国，其主要经费来源有这样几个：一是亲朋赞助，譬如，到卫国后，先是住在子路的妻兄颜浊邹家，之后住在子贡的姥爷蘧伯玉家，住在谁家就要吃在谁家。二是弟子学费。三是各国国君资助，如卫灵公，张口就给孔子与鲁国一样的俸禄待遇。在上蔡时，其时上蔡已归楚国管辖，叶公估计也给了孔子不少资助。在陈国时，情况可能亦如此。

现在我们来谈一下卫国政治。卫国立了蒯聩的儿子姬辄做国君，此时也就八九岁，国务政事主要靠孔文子等几个大夫处理。经过卫灵公时期的打压，此时卫国的公族世卿已经只剩下孔氏和世叔氏两家了。公叔氏和北宫氏已经被卫灵公赶跑了，大权掌握在孔文子手里。

孔文子，姞姓，名圉（yǔ），是孔成子之孙，其父孔羁，孔昭叔。孔成子把五六岁的卫灵公立为卫君，辅佐卫灵公直到长大。今天，孔文子又像祖父一样辅佐小国君卫出公。

孔文子是一个什么样的人呢？通过孔子的话可以知道。孔子回鲁国后，埋怨卫灵公不用他，说卫灵公无道。季康子就说："夫如是，奚而不丧？"孔子说："仲叔圉治宾客，祝鲩治宗庙，王孙贾治军旅，夫如是，奚其丧？"（《论语·宪问》）孔子说卫国有三个好的大夫，孔文子管宾客，祝鲩管理宗庙，王孙贾领兵打仗，所以尽管卫灵公无道，卫国照样能治理好。

子贡有一次问孔子："孔文子何以谓之文也？"孔子说："敏而好学，不耻下问，是以谓之文也。"（《论语·公冶长》）敏而好学，不耻下问，就来自孔文子。

孔文子的妻子伯姬是卫灵公的女儿，蒯聩的姐姐。有这样的人主持政务，卫国一时还比较平静，出逃在外的废太子蒯聩还没有什么动作。所以，孔子与子路在卫国平静地待了五年。

公元前484年，齐国与鲁国又打起来了。齐景公于公元前490年去世，陈氏在齐国掌权，为了转移国内矛盾，剪灭异己，便对外发动战争。齐军兵临曲阜城下，鲁国人只能背水一战。此时的冉求已升任为季氏家家宰。冉求于公元前 491 年从孔子身边返回鲁国，到此时在季康子身边工作已七八年，由于其出色的才能，深得季氏信任，领兵打仗一事全靠冉求统率。孔子的学生有好几个都被冉求叫回国内委以重任。譬如樊迟和有若。《左传·哀公十一年》详细地记载了这次战役：

这一年春天，齐国的国书、高无邳带兵进攻鲁国，到达清地。季孙对他的家臣之长冉求说："齐国驻扎在清地，怎么办？"冉求说："您三位中间一位留守，两位跟着国君到边境抵御。"季孙说："不行。"冉求说："那就在境内近郊抵御。"季孙告诉了叔孙、孟孙，但这两人不同意。冉求说："如果不同意，那么国君就不要出去。您一人带领军队，背城作战。不参加战斗就不能算是鲁国人。鲁国卿大夫各家的战车要比齐国多，您一家的战车也多于齐军，您担心什么？孟孙和叔孙两位不想作战是很自然的，因为政权掌握在季氏手里。国政承担在您的肩上，齐国人攻打鲁国而不能作战，这是您的耻辱。这就完全不配和诸侯并列了。"

最后季康子和冉求说服了孟孙和叔孙，三家一齐上阵，孟孺子泄率领右军，颜羽为他驾驭战车，邴泄作为车右。冉求率领左军，管周父为他驾驭战车，樊迟作为车右。季孙说樊迟年纪太轻了。冉求说他能够听从命令。

季氏家的甲士有七千人，冉求带着三百个武城人作为自己的亲兵，老的小的守在宫里，驻扎在雩门外边。过了五天，右军才跟上来。公叔务人见到守城的人就掉眼泪说："徭役烦、赋税多，上面不能谋划，战士不能拼命，用什么来治理百姓？"

鲁军和齐军在郊外郎地作战。齐军从稷曲攻击鲁军，鲁军不敢过沟迎战。樊迟对冉求说，不是不能，是不相信您，请把号令申明三次。冉求照着他的话办，众人就跟着他过了沟。

这场战役是在今天曲阜西边的兖州西南一带打的，这个地方叫郎，所以此战叫郎之战。洙水从曲阜城北向西流，与泗水汇合后流到今天济宁南边的鲁桥镇仲浅村一带向南拐弯。由于洙水和泗水河阻挡的原因，齐国人从北边下来，没有从曲阜城北边过河，这里地形不开阔，而是从西边仲浅村一带过河，进攻鲁军。

战斗打响了，鲁军攻入齐军。孟孺子率领的右军打不过齐军，便向后撤退。齐军将领陈瓘和陈庄徒步渡过泗水追赶。鲁国的左军在冉求的指挥下奋勇杀敌，将齐军击溃。鲁军砍下了八十个甲士的脑袋，齐军溃不成军。晚上，侦探报告说，齐国人逃跑了。冉求三次请求追击，季孙没有允许。

郎之战，冉求名声大振。战后总结经验，左军之所以胜利，是冉求使用长矛攻击齐军，取得了战场上的优势。

春天打了一仗之后，五月份入夏之际又开始打仗。鲁哀公联合吴王夫差一起进攻齐国。五月二十七日，两军在艾陵作战，吴军大败齐军，俘虏了国书、公孙夏、闾丘明、陈书、东郭书，革车八百辆，砍下了甲士的脑袋三千个，都献给了鲁哀公。

冉求率领鲁国军队参加了这次战斗。子贡跟着叔孙氏（叔孙州仇）也参加了艾陵战斗。吴王夫差赐给叔孙州仇盔甲等礼物，叔孙不懂答礼，子贡赶紧上前替叔孙致谢。此时的子贡，穿梭于鲁、吴、齐、卫之间，已成为一个优秀的说客和外交官。孔子的学生个个都派上了用场。艾陵之战是子贡成功外交的杰出案例。子贡通过游说齐、吴，使这两家强国刀兵相向，鲁国得以从中保全。

艾陵，位于今天山东莱芜市的北边。艾陵之战对鲁国来说十分重要，也是当时诸侯国之间打的最大的一场仗，双方都出动了四千多乘兵车，十万人。吴军从南方的苏州一路北上，从今天的江苏新沂进至山东郯城、兰陵，经平邑县境内的郑城镇和仲村镇到达今天新泰市境内的放城镇、石莱镇，然后从西向东经博、嬴两地进至莱芜城北一个叫艾陵的地方，在这里展开了激战。

博地可能是今泰安市南十五公里的旧县村，古时为博城。嬴即今莱芜市莱城区羊里镇城子县村，古时为嬴城。吴军从平邑北上捕捉战机，齐军一部原来驻扎在今泰安以南的地方准备攻打鲁国，见吴军气势汹汹而来，就向东边莱芜方向撤退，与齐国增援部队合兵一处，在艾陵摆开了阵势。

吴军远道而来，齐军以逸待劳，结果却被吴鲁联军打得大败。冉求率领的鲁军在此役再次表现出色。战后，鲁哀公派太史将国书的头送回齐国，此头放在一个新编的筐里，下面垫上黑色和红色的丝绸，加上绸带，在上面放着一封信，说："上天如果不了解你们的行为不正，怎么能让下国得胜？"

艾陵一仗，彻底打垮了齐国的士气，鲁国从此可以安稳几年了。由于冉求在两次战斗中杰出的表现，季康子好奇地问冉求："子之于军旅，学之乎？性之乎？"冉有曰："学之于孔子。"季康子曰："孔子何如人哉？"对曰："用之有名，播之百姓，质诸鬼神而无憾。求之至于此道，虽累千社，夫子不利也。"康子曰："我欲召之，可乎？"对曰："欲召之，则毋以小人固之，则可矣。"（《史记·孔子世家》）

季康子问冉求，你的军事才能是学来的还是天生的，冉有回答，是从孔子那里学来的。季康子又问，孔子是怎样的一个人呢？冉有回答说，任用他要符合名分，他的学说不论是传布到百姓中，还是对质于鬼神前，都是没有遗憾的。我对于军事，虽然有功而累计封到二千五百户人家，而孔子却会毫不动心。康子说，我想请他回来，可以吗？冉有说，你想召请他回来，只要不让小人从中阻碍他就可以了。

冉求回国七八年了，此时才有机会和资格提出邀请孔子回国的请求，可见鲁国一直有一股势力阻止孔子回国。这年秋天，季康子派公华、公宾、公林带着礼物来卫国迎接孔子。

卫国此时也在发生内斗。世叔氏家族的太叔疾娶了孔文子的女儿，但在外面又养了一个妾。孔文子生气了，把女儿要回来，要攻打太叔疾，并向孔子询问计策。孔子推说不知，回去后便找子路商量准备离开卫国。卫国此时只剩孔氏和世叔氏两大世族了，但这两家也要打仗。孔子不愿看到卫国的内斗，想避开祸患和利害关系，一走了之。这次子路没有反对，但孔文子坚决挽留孔子。孔子说："鸟能择木，木岂能择鸟乎！"正在僵持不下之际，鲁国迎接的人来了，孔子就和子路一起返回鲁国。子路当然辞掉了蒲邑宰的职务，随孔子回乡。

回程的路途，道阻且长。深秋的鲁卫大地，寒风瑟瑟。子路和孔子坐在马车上，望着路边的风光，回想当年来卫国的情景。来时凄凄惶惶，回时却衣锦还乡，鲁国来迎接的马车前呼后拥，好不气派。当年那一批二十多岁的弟子一晃都人到中年了。冉求此时三十九岁，子贡、颜回和高柴三十八岁。好在身边又多出几个二十岁左右的青年弟子。令人宽慰的是，中年弟子已成国家栋梁之材，年轻弟子朝气蓬勃，蓄势待发。

十三年啊，离别鲁国。人生最后的时光几乎都花在异国他乡。六十八岁的孔子和五十九岁的子路，已经来到人生暮年，能回到自己的家乡，落土为安，也算是人生的幸福了。

卫国的弟子们送了一程又一程，望着老师们直到远去。

> 燕燕于飞，差池其羽。
>
> 之子于归，远送于野。
>
> 瞻望弗及，泣涕如雨。
>
> 燕燕于飞，颉之颃之。
>
> 之子于归，远于将之。
>
> 瞻望弗及，伫立以泣。
>
> ……
>
> 雄雉于飞，泄泄其羽。
>
> 我之怀矣，自诒伊阻。
>
> 雄雉于飞，下上其音。
>
> 展矣君子，实劳我心。
>
> 瞻彼日月，悠悠我思。
>
> 道之云远，曷云能来？
>
> ……

第九章　结缨澶渊

风乎舞雩

　　子路和孔子归来了，曲阜城张开双手欢迎他们。渡过泗水河，阔别多年的曲阜城墙展现在他们的眼前。望着家乡的一景一幕，孔子忍不住老泪纵横，子路在马车上也不禁动情。

　　整整十三年，孔子和子路滞留国外，可见鲁国国内的反对力量有多么强大。如果不是冉求在季氏家埋头苦干，崭露头角，掌握权力，如果不是季康子点头召唤，孔子和子路可能就要老死他乡。幸亏有冉求和子贡这么几个弟子，他们在鲁国的政治和外交中发挥了作用，才使鲁国当政把孔子接回鲁国，并给予丰厚的俸禄，养了起来。

　　由此可以看出孔子和子路是一对疾恶如仇的人，他们在鲁国执政时期惩处了一些坏人，以致这股势力必欲置他们于死地。这些年里派没派刺客到国外暗杀他们都不知道，因为有些历史是不能记载的。《春秋公羊传·闵公元年》说："春秋为尊者讳，为亲者讳，为贤者讳。"孔子编纂《春秋》时就遵循这一原则，后来的史学家也跟着孔子学，写避讳的历史。儒家的历史有很多是被隐藏起来的，凡是对孔子不利的，都不写。春秋之笔是不能乱写的。但客观事实可以使我们推断出当时的情况。

迎接的人们涌上来了，弟子们在曲阜城门外夹道欢迎。人群中出现了曾点和一个二十多岁的英俊青年，此青年见了孔子扑通一声跪倒在地。他就是曾点的儿子曾参，公元前505年出生，此时已经长大了。从此以后，他成为孔子晚年最后的一批弟子之一。

欢迎的人群中还有公伯寮，他是孔子的老弟子，此时和冉求一样，也在季氏家里做事，已经担任了一官半职。

颜路和颜回父子俩也来了。颜回可能是因为身体不好，从卫国回鲁国已经两三年了。

欢迎队伍中的主要人物还是冉求，他此时已成为季氏家宰中的一把手，鲁国重要的士大夫。尽管冬日里的寒风已经凛冽，但此刻人们的心中暖洋洋的。这是一个孔门弟子大会合的日子，师生相聚，盛况空前。冬天即将过去，春天就要到来。

安顿下来之后，孔子就病倒了。或许是旅途劳累，或许是精神激动，消耗了他仅有的这点体力。《论语》中有好几段记载了他得病的事情。

《论语·述而》载："子疾病，子路请祷。子曰：有诸？子路对曰：有之。诔曰：祷尔于上下神祇。子曰：丘之祷久矣。"孔子病情严重，子路向鬼神祈祷。孔子听说后问他："有这回事吗？"子路说："有。《诔》文上说，为你向天地神灵祈祷。"孔子说："我也祷告好久了。"

《论语·述而》记载："子之所慎：齐，战，疾。"孔子认为最应谨慎对待的是斋戒、战争和疾病这三件事。今天孔子得了病，他能不默默地祈祷吗！

这场病真是病得不轻，"子曰：甚矣吾衰也！久矣吾不复梦见周公。"（《论语·述而》）孔子说："我衰老得这么厉害，好久没有梦见周公了。"

多年在外奔波，消耗了孔子的体力。一旦病倒，奄奄一息。子路见情况不妙，安排弟子原宪来做孔子的家臣，负责料理后事。原宪是子路的卞邑同乡，为人忠厚耿直，深得子路喜爱。有什么重要的事，子路都让原宪来做。后来，孔子却渐渐好起来。他看见子路给他安排的家臣，感叹地说：安排什么家臣，别干这种弄虚作假的事了。我欺骗谁，上天吗？我不是大夫，哪来的家臣？就让弟子们侍候我好了，即使不能像大夫那样被安葬，还能死在路边吗？

这段话记录在《论语·子罕》里："子疾病，子路使门人为臣。病闲，曰：久矣哉！由之行诈也，无臣而为有臣。吾谁欺？欺天乎？且予与其死于臣之手也，无宁死于二三子之手乎？且予纵不得大葬，予死于道路乎？"

这是孔子最危险的一场病。以前子路不知照顾过他多少次患病了。子路想让孔子死得像个样，孔子却有自知之明。尽管他回鲁国后不担任官职，但季氏还是给了他大夫级的待遇。

孔子得病的时候，颜回也在病中。跟孔子周游列国多年，颜回的健康损伤很大。颜回是个严以律己、宽以待人的人，吃苦受罪的事都是他去抢着干，而享受的时候他却躲在后面。被困陈国，绝粮七天时，他饿着肚子把饭让给其他弟子吃，在煮最后的一锅饭时，掀开锅盖，屋梁上一块灰土掉到锅里，为了不浪费粮食，他就把这块带灰土的米吃了下去。好人的命都不长，因为他们总是严格要求自己，把方便和好处留给别人。时间长了，他的身体怎么能好呢！

并且，颜回是个无官无职、无田无地的城市贫民，生活极其拮据。跟孔子学习和从教多年，一身清贫。孔子说："贤哉回也！一箪食，一瓢饮，在陋巷，人不堪其忧，回也不改其乐。贤在回也。"（《论语·雍也》）

据记载，此时的颜回头发已经全白，仅仅是一个三十七八岁的中年人，身体虚弱到这个程度。两年之后，大约是公元前481年，颜回终于死去了，刚刚四十岁。孔子最心疼的一个孩子走了，心里的疼痛无以复加。这么多年，只有子路和颜回陪伴着他，形影不离，比妻子和儿女还要亲密。一旦离去，孔子的悲伤可想而知。

颜回去世时，连做口棺材的材料都凑不齐。父亲颜路见孔子的马车闲在那里，就来求孔子，是否把马车拆了去做棺椁。孔子拒绝了。孔子说，我是大夫，不能没有马车。并且，我儿子孔鲤死时棺材也没有椁，做大夫的人不能徒步走路。此事见《论语·先进》："颜渊死，颜路请子之车以为之椁。子曰：才不才，亦各言其子也。鲤也死，有棺而无椁。吾不徒行以为之椁。以吾从大夫之后，不可徒行也。"

颜回死前，孔子的儿子孔鲤就死了。孔子此时已经成了真正的孤寡老人。所以，等子路的死讯传来没过三个月，孔子也溘然离世。这是四年以后的事情了。

我们还是说点高兴的事，大约是公元前 483 年春天，孔子的病好了，天气也暖和了。这一天，冉求驾着马车来拉老师到郊外散散心。曲阜这个地方没有山，只有水，四周都是河。孔子最愿去的地方是南门外的舞雩台，这个地方向阳，温暖，春天最先来到这里。

出了曲阜南门是一条河，叫沂水。沂河边上有一座高台，这就是舞雩台。这里是曲阜人敬天祭地的地方，也是孔子带弟子经常游玩的地方。

在台上坐定，大家聊起天来。这是子路陪孔子最后的一次对话记录，让我们记住这次春游，留住历史最后美丽的画面。这次春游，多了小弟子公西赤。公西赤是卫国人，今天河南濮阳人，是孔子到卫国之后培养大的弟子。如今他跟着孔子来到鲁国，在国君手下从事外交事务。公西赤出生于公元前 509 年，比子夏大两岁，比曾参大四岁，此时二十六七岁了。冉求此时将近四十岁，子路和曾点这一年都六十岁了。另外，子夏、子游、子张、有若、曾参等小弟子可能也跟在身边，因为年轻，没有他们插话的机会。

《论语·先进》记载了这次对话："子路、曾晳、冉有、公西华侍坐。子曰：以吾一日长乎尔，毋吾以也。居则曰：不吾知也！如或知尔，则何以哉？"

孔子说，我年龄比你们大一些，不要因为我年长而不敢说。你们平时总说没有人了解我呀，如果有人要了解你们，那你们要说什么呢？

第一个肯定要让师叔子路来说，于是子路率尔而对曰："千乘之国，摄乎大国之间，加之以师旅，因之以饥馑，由也为之，比及三年，可使有勇，且知方也。"夫子哂之。

子路充满英雄气概。当年在鲁国季氏家当家宰四年，后在卫国治蒲多年，已使子路具备了治理大国的经验，在这个时候，对于子路来说，治理一个千乘大国根本不在话下。并且，三年之后，可以使这个国家的人民勇敢，且懂礼节。

"可使有勇"，这句话最难得。在一个丛林法则的时代，如果一个国家的人民不勇敢，不敢打仗，那只有被奴役的结果。勇敢是一个国家人民必备的精神素质。因为，对强盗来说，仁义礼智信根本讲不通。然而，孔子对此不仅没有赞赏，脸上露出的却是讥笑。

孔子对子路是了解的。有一次孟武伯问他："子路仁乎？"孔子回答说："由也，千乘之国，可使治其赋也，不知其仁也。"（《论语·公冶长》）孔子为什么在这时哂笑子路呢？不是因为子路不谦让，主要是子路的主张有违他的和平思想。凡是要动武的事，孔子一律避免。凡是让人有勇气、有斗争精神，孔子就不舒服。这是子路与孔子的根本分歧。另外，孔子也不喜欢子路的直来直去，痛痛快快，孔子总想让人谦虚一点。孔子这种去勇和谦让的表现，影响了中国两千年经常被动挨打。

冉求第二个开口，他在师叔面前不好意思说大话，所以他说："方六七十，如五六十，求也为之，比及三年，可使足民。如其礼乐，以俟君子。"冉求的格局显然比子路小多了，只敢治理一个方六七十里的小国，礼乐方面的事还要另请人去帮忙。这也看出冉求的谦虚谨慎，符合孔子的要求。

公西赤说："非曰能之，愿学焉。宗庙之事，如会同，端章甫，愿为小相焉。"这个青年人愿意学习,在宗庙祭祀的活动中,或者在与别国的盟会中,他能穿着礼服,戴着礼帽,做一个规规矩矩的赞礼人。公西华是孔子培养出的最漂亮的场面人物。

这期间,曾点一直在一旁鼓瑟。孔子出国这些年他在家赋闲,要么回武城种地,要么来曲阜打工,年纪也不小了,一生碌碌无为,空怀一身才艺,却无法发达富贵。他的爷爷和爸爸都在季氏和叔孙氏家做家臣,但他就不愿去干这种差事。曾点和颜回一样,都是终身的职业学者。他们对功名利禄不看在眼里,渴求的只是知识和自由。

孔子对他说,你也说说吧。曾点放慢了弹瑟,把瑟"铿"地拨了一下,然后转过身来说,我和他们三个想的不一样,我所喜欢的是:"莫春者,春服既成。冠者五六人,童子六七人,浴乎沂,风乎舞雩,咏而归。"曾点的特点在这段话里充分地显示出来。这是一个李白杜甫式的大文豪,可惜没有著作传世。儒家成员的鲜明个性在子路和曾点身上表现得特别明显。一个是赳赳武夫,一个是儒雅书生。武的能武,文的能文;文韬武略,各显其能。

孔子听完大家的话喟然叹曰:"吾与点也!"孔子欣赏曾点的话。是啊,年近七旬的孔子还能干什么呢?他怎能不渴望在暮春三月,穿上春天的衣服,和五六位成年人,六七个少年,出城到沂河边散散步,洗洗澡,在舞雩台上吹吹风,然后再一路唱着歌回来。出将入相对于他还有什么意义吗?

子路此时的心态显然和孔子不一样,孔子已感到老之将至,子路还仍然雄心勃勃,精力充沛,仍然还想有所作为。两人毕竟有着九岁的差别。治学不是子路的长项,入仕才是他适合的选择。

此时孔子唯一的乐趣或许是看看两岁的小孙子孔伋。身边已经没有什么亲人了。孔子的妻子此时已去世数年,儿子孔鲤也于前一年去世,只剩下一个孤苦伶仃的小孙子孔伋。小孔伋的命运很像爷爷孔丘,孔子的父亲叔梁纥在快六十岁时生孔子,孔子的儿子孔鲤在四十七八岁时才生孔伋,这两个人都是早年丧父,孔子三岁丧父,孔伋两岁丧父。但爷爷和孙子这两个人都十分聪明，孔伋长大后继承了孔子的衣钵。孔伋四岁时，爷爷去世。小孔伋几乎成了孤儿。曾参对孔伋的成长和学习帮助很大，以致使子思（孔伋）成了孔子学说的主要继承人。

此时，常与孔子在一起的有子路、荣旗和曾点这几个人。孔子晚年整理诗书，除了有小弟子伺候，荣旗、曾点、冉雍这几个老弟子可能也会常来帮忙，任不齐不知道还在不在，老一代弟子可能已死得没几个了。七十多岁的孔子此时已经成了鲁国的国老，从国君到朝廷大夫都比较尊重孔子。鲁哀公此时也已五十多岁了，经常请教孔子。他让孔子流传于世的一段最著名的对话是《儒行》，此文后来被编入《孔子家语》，成为儒家经典最重要的内容。

祸 起 萧 墙

子路回鲁国后，仍然去季氏家做家宰。十五年前堕三都时，子路便是季氏家宰之长，今天的子路更是老资格了。那么，子路在季氏家干了多长时间之后去了卫国呢？大约两年。《左传》的记载可以证明。

公元前481年，哀公十四年，小邾国的射与国君闹掰了，要带着一块土地投奔鲁国。这个地方叫句绎，在鲁国南边两国接壤的地方。来鲁国是要讲条件的，讲好条件是要盟誓的，但这个射说："派季路和我约定，可以不用盟誓了。"

从这件事可以看出子路当时在鲁国的权势有多大，威信有多高，影响有多重要。季氏的家宰，就是一国之主。只要子路点头答应，此时就办妥了。射相信子路，而不相信鲁国的其他人。子路为人一诺千金，周边国家的人都知道，只要子路确定的事十有八九是可靠的。

但季康子让子路前去办理此事时，子路却推辞不去。季康子感到奇怪，他派冉有去对子路说："一千辆战车的国家，不相信盟誓，反而相信您的话，您去一趟有什么屈辱呢？"

子路回答说："鲁国如果和小邾国发生战事，我不敢询问原因曲直，战死在城下就行了。但今天这件事，射这个人不尽臣道，干出卖国家的事，我如果让他的话得以实现，就把他的叛国行为当成正义了。我不能这么办。"

此段话见《左传·哀公十四年》："小邾射以句绎来奔，曰：使季路要我，吾无盟矣。使子路，子路辞。季康子使冉有谓之曰：千乘之国，不信其盟，而信子之言，子何辱焉？对曰：鲁有事于小邾，不敢问故，死其城下可也。彼不臣而济其言，是义之也。由弗能。"

此事可以看出子路做事旗帜鲜明，不义之事不做，不能鼓励背叛国家利益的行为。即使鲁国的地盘增大了，但不为变节之人开绿灯。射这个人可能还是子路的朋友，素来仰慕敬佩子路。但即使是朋友，做了错事也不能纵容。子路是有原则的人，在不义之事面前岿然不动。做一个政治家不仅要为政清廉，更要在大是大非面前立场坚定，不为诱惑所动。这就是子路的品格。

此时的冉求也是季氏家宰，子路作为一个长者，动动嘴就行了，更多的事要靠冉求去做。孔子的学校可能此时还办着，但孔子此时的主要精力是带着几个徒弟整理古籍。《尚书》《诗经》《易经》《春秋》都是他死前这几年整理的。

鲁国在击败齐国之后，有了几年的喘息时间。季康子可以腾出手来收拾国内的几个小邦。颛臾就是一个。颛臾位于鲁国境内，在卞邑的东边，即今天的平邑县东北，蒙山脚下。笔者已去考察过几次。颛臾城的边长大约有四百米，墙基仍有四五米高。

颛臾与曲阜西边的宿国、须句国、任国都是大皞的后裔，风姓，是东方最古老的小国，被历代帝王封为东蒙主，专门祭祀蒙山。周人东侵之后，这些风姓的小国都归顺于周，彼此平安地过了五百多年。

但长期地各自为政，季康子心里很不舒服。因为颛臾就在他的地盘之中，在卞邑和费邑中间，简直是个眼中钉。于是，季康子就让子路和冉求攻打颛臾。

子路心里不踏实，就和冉求一起来咨询孔子。于是《论语·季氏》里就记下了"季氏将伐颛臾"这一段。这次对话是中国古代政治学思想的一次重要体现，影响了中国历史几千年。子路虽然在现场没说话，但可以判断他是同意孔子观点的。

季氏将伐颛臾。冉有、季路见于孔子曰："季氏将有事于颛臾。"

孔子曰："求！无乃尔是过与？夫颛臾，昔者先王以为东蒙主，且在邦域之中矣，是社稷之臣也。何以伐为？"

冉有曰："夫子欲之，吾二臣者皆不欲也。"

孔子曰："求！周任有言曰：陈力就列，不能者止。危而不持，颠而不扶，则将焉用彼相矣？且尔言过矣。虎兕出于柙，龟玉毁于椟中，是谁之过与？"

冉有曰："今夫颛臾，固而近于费。今不取，后世必为子孙忧。"

孔子曰："求！君子疾夫舍曰欲之，而必为之辞。丘也闻有国有家者，不患寡而患不均，不患贫而患不安。盖均无贫，和无寡，安无倾。夫如是，故远人不服，则修文德以来之。既来之，则安之。今由与求也，相夫子，远人不服而不能来也；邦分崩离析而不能守也。而谋动干戈于邦内。吾恐季孙之忧，不在颛臾，而在萧墙之内也。"

孔子先批评冉求说，这是你挑唆的吧？颛臾是主持东蒙祭祀的，是国家的功臣，为什么要讨伐它呢？周任有句话：尽自己的力量去担负你的职务，实在做不好就辞职。有了危险不去扶助，跌倒了不去搀扶，那还用你干什么？而且你说的话错了。老虎和犀牛从笼子里跑出来，龟甲和玉器在匣子里毁坏了，这是谁的过错呢？

冉有说："现在颛臾城墙坚固，而且离费邑很近，现在不去夺取它，将来一定会成为子孙的忧患。"

孔子说："不要硬找理由来为自己辩解。一个国家，不怕东西少而怕分配不均，不怕穷而怕不安定。均匀了就没有什么贫穷，和睦了就不会感到缺少，安定了就没有颠覆的危险。远方的人不归服，就用仁、义、礼、乐感化他们。既来之则安之。现在，你们两个人辅助季氏，远方的人不归服，不能招徕他们，国内民心离散，邦分崩离析而不能守，却谋动干戈于邦内。我怕季孙之忧，不在颛臾而在萧墙之内啊。"

通过孔子话，可以看出季康子继位以来，鲁国与颛臾国的关系搞坏了。季康子上台后不知搞了一些什么动作，惹得颛臾不痛快。关系一僵，就想动武，以恶制恶。孔子是和平主义，不想用武力压服别人，想用道德和道义感化他人。远人不服，则修文德以来之，这一思想，成为中国政治学的主导思想。中国成为一个和平的国家和民族，与孔子这段讲话有密切的关系。

估计让孔子这么一说，打颛臾的事就搁下了。周人到东方来，五百年间与东夷人都是和平共处，但到春秋末期，形势变化了。孔子警告季氏，要小心祸起萧墙。

季康子虽然善待孔子，但他的一些做法却让孔子不满，以致到后来，孔子不认冉求这个学生了，因为他帮着季氏横征暴敛，助纣为虐，孔子要弟子们鸣鼓而攻之。这件事见于《论语·先进》："季氏富于周公，而求也为之聚敛而附益之。子曰：非吾徒也，小子鸣鼓而攻之，可也。"冉求进季氏家工作，还没十年，就变得让孔子没法接受。

显然，鲁国的事情又让孔子和子路看不惯了，这两个人走到哪儿都是批评者。这些意见可能被公伯寮听到了，就到季康子面前打小报告，说子路的坏话。公伯寮也是孔门出身，做人却实在不咋地。

当孔子号召弟子们去讨伐冉求时，子路还能在季氏家里待吗？当公伯寮这种小人在背后攻击子路时，子路还愿意去与他们为伍吗？不过这事也与孔子有关。孔子听到公伯寮挑拨离间后，无动于衷，不采取反制的办法，这使子路愈加被动。

《论语·宪问》载："公伯寮愬（sù）子路于季孙。子服景伯以告，曰：夫子固有惑志于公伯寮，吾力犹能肆诸市朝。子曰：道之将行也与，命也。道之将废也与，命也，公伯寮其如命何。"

此段意思是，公伯寮在季孙那里说子路的坏话，子服景伯大夫把这件事告诉了孔子，说季孙氏已经被公伯寮迷惑了，我的力量还能把公伯寮杀了，把他陈尸于市。孔子说，道能够得到推行是天命决定的，道不能得到推行也是天命决定的。公伯寮能把天命怎么样呢？

孔子又走到天命论的道路上去了。在孔子看来，人不需要主观努力，一切皆由天命安排，该怎么样就怎么样，不必去做人为的斗争。在卫国的匡地遇难时，他说："文王既没，文不在兹乎？天之将丧斯文也，后死者不得与于斯文也。天之未丧斯文也，匡人其如予何！"

他这话的意思是，周文王已经死了，他的典章制度都在我这里，老天如果想消灭斯文（礼乐制度），那就让我死，但上天是不会消灭周朝的礼乐的，匡人又能把我怎么样。每到危险关键的时候，孔子总是听天由命，不敢做斗争。看来问题出在季康子身上。

孔子有过心狠手辣的时候，夹谷会盟时，他毫不犹豫地杀掉了嬉闹的齐国艺人，由大司寇相鲁之后仅七天，杀少正卯。但此时，孔子已锐气尽失，迟暮之人已经心静如水了。

这时，卫国派人来了，请子路去卫国辅政。孔子和子路离开卫国后，卫国人就惦记着子路，他们不舍得子路离开。估计在公元前481年晚些时候，子路去了卫国，到孔文子家做家宰。这个职务和身份与在季氏家做家宰一样，但在卫国，孔文子家一家独大，比季氏家族还厉害。孔氏家宰就是一国之宰。子路这次去卫国责任重大。

关于子路为什么去卫国，史料没有明确记载，我估计是受孔文子的邀请。孔文子此时年迈多病，感到余日无多。卫国的大权在他手里，他死后肯定要交给儿子孔悝（kuī），但孔悝仍然年轻，难当大任。于是他想起了子路，要子路来辅佐孔悝和卫出公。子路的为人他是一百个放心的。

此事可以看出卫国人对子路的喜欢。有了多年治蒲的经历和口碑，子路的能力和人品已被卫国上下所认识。所以，在政治人才缺乏的情况下，子路再次被邀请过去担当重任。孔氏家宰就相于国家总管。

临别前，孔子和子路这对老伙伴又坐到了一起。六十二岁的子路和七十一岁的孔子，分手时又能说些什么呢？随便从《论语》挑出一段话都行。子路曰："子行三军，则谁与？"孔子说："暴虎冯河，死而无悔者，吾不与也。必也临事而惧，好谋而成者也。"（《论语·述而》）

孔子还是告诫子路，要少意气用事，不要暴虎冯河，要临事而惧，好谋而成。孔子对子路太了解了，总是让子路注意安全。厮守了一辈子，晚年分离，对于孔子来说是不好受的。此时的二人只能希望对方多保重了。

子路离开鲁国时也见了颜回一面。《论语·子张》载："子路去鲁，谓颜渊曰：何以赠我？曰：吾闻之也，去国，则哭于墓而后行。反其国，不哭，展墓而入。谓子路曰：何以处我？子路曰：吾闻之也：过墓则式，过祀则下。"

颜回告诉师叔，离开故国，应该先到祖坟上哭一番再动身。返回故国，只要到坟上转一圈就可以入城，不用哭。子路给颜回留了一句话："我听说，经过墓地就应凭轼致敬，经过社坛就应下车致敬。"

这师徒俩临别说的话都与墓地有关，似乎不吉利。可能冥冥之中墓地已在向他们招手。果然，子路走后没多久，颜回就病逝了，享年四十岁。再一年，子路也遇难了。

结 缨 而 死

公元前481年，子路再回卫国。这次来，是肩负责任而来。卫国的老臣像史鱼、王孙贾等都先后死去，孔文子也危在旦夕，卫国急需辅佐年轻国君的政治人才。子路是卫国人信任的人，卫国仍然需要他发挥作用。

卫国已经是子路的第二故乡。卫国位于中原腹地，是南来北往的通衢要道，也是古代帝王的居住地。从颛顼帝、帝喾帝到尧帝、舜帝、禹帝，这些帝王大多生活和活动在这一带。20世纪五六十年代，郭沫若先生曾派人来河南濮阳地区寻找颛顼古城遗址。

1987年，在濮阳县城附近修西水坡水库时，在地下墓葬中发现了六千五百年前用贝壳铺成的龙虎图形和中国天文学中的"四象"，即东苍龙、西白虎、南朱雀、北玄武。此墓说明，四象学说早在六千五百年前就形成了。从此，濮阳成为中华第一龙所在地。

春秋时的卫国，经济发达，市面繁华，有很多的手工艺人，当时这些人被称作百工。通过地下发掘发现，帝丘城比曲阜城还要大，四面城墙的长度都有七八里地，在范围和规模上来说，是当时中国最大的都城之一。无怪孔子到卫国后感叹"庶亦"。

另外，卫国还有"桑间濮上"之说，即这个地方比较多情。桑间濮上是男女幽会的地方。《礼记·乐记》记载："桑间濮上之音，亡国之音也。"《汉书·地理志下》："卫地有桑间濮上之阻，男女亦亟聚会，声色生焉。"

帝丘风景优美，黄河在北边不远的地方流过，濮水在城南缓缓流淌。城南边是大片的桑林，每到阳春三月，青年男女便结伴出城，他们或穿梭于桑树林之中，或漫步于濮水河边，沐浴着阳光，吹拂着春风，在桑叶和柳枝下，尽情收获爱情的果实。这就是"桑间濮上"的出处，后代的封建卫道士多把"桑间濮上"称为淫。

"桑之未落，其叶沃若"，"桑之落矣，其黄而陨"（《诗经·卫风·氓》）。郑卫之音是中原地区的风俗，不能用后来的封建眼光将其评论为淫靡之音，只能说明这里的人们更有情调。

六十多岁的子路，生活在这么一个富庶、浪漫的地方，安度晚年，也是一件不错的事。这里还有自己的妻兄颜浊邹一家，从青年时期到现在，子路和颜浊邹患难与共，肝胆相照，气味相投。子路此时家人也都来到了卫国。两家人在一起，亲热无比。但卫国却不是一个避风港，在表面繁华的景象下，暗流涌动。

子路来卫国后的第二年，即公元前480年，卫国执政孔文子去世了，卫国执政一职落到他儿子孔悝手里。孔悝年龄不大，估计不到三十岁。卫出公此时是个不到二十岁的青年。被孔子称赞过的卫灵公时期的那些老臣全都过世了。卫国此时年龄最大的老臣可能就是六十三岁的子路了。邀请子路来，是孔文子临死前的战略安排，让子路来辅佐年轻的卫出公和孔悝。但卫国的这种人事结构已显出它的不稳定性，国君和执政大夫两人都年轻，压不住阵脚，卫国的事情就要起变化了。

逃避在外的太子蒯聩，出国十六年，未尝一日放弃回国夺位的念头，但由于卫灵公在，孔文子在，他这愿望一直难以实现。今天，孔文子死了，阻碍他归国篡夺君位的障碍终于消失了。这些年里，他一直居住在卫国戚邑附近的一个地方，招募了一批死士和杀手，进行厮杀训练，为回国政变做武力准备。这些死士都是各国的一些武艺高强的武士，其中有石乞、壶黡等职业杀手。当孔文子的丧事办完之后，卫国渐渐平静下来之时，蒯聩就要开始行动了。

子路此时却在关心鲁国的命运。身在国外，时刻不忘祖国的利益。这年秋天，齐国陈氏家族的重要成员陈瓘（guàn）访问楚国，路经卫国，卫国的国家领导人肯定出来接待。齐国的政权此时已落入陈氏之手，陈瓘是齐国的一号人物。卫国不能怠慢了他。于是，子路出来和他见了面，除了谈齐卫之间的事，还谈了齐国与鲁国的事情。《左传·哀公十五年》对此做了记录：

"秋，齐陈瓘如楚，过卫，仲由见之，曰：天或者以陈氏为斧斤，既斫丧公室，而他人有之，不可知也。其使终飨之，亦不可知也。若善鲁以待时，不亦可乎？何必恶焉？子玉曰：然，吾受命矣，子使告我弟。"

《左传》能记录这次谈话，说明齐国和鲁国的两个重要人物的会面和谈话很重要。子路的意思是，上天或许是把陈氏作为斧子，既砍伤公室又砍削别人。陈氏最后在齐国能不能善终，现在还不知道。如果和鲁国友好，以等待时机，不也是可以的吗？何必与鲁国搞坏关系呢？陈瓘说，对啊。我接受您的命令。请您派人去跟我弟弟陈成子（田恒）说说。

齐国去年发生了弑君的事情。公元前481年，陈氏把齐国国君齐简公杀了，立了简公的弟弟齐平公。此时陈氏家族在齐国已经攫取了军政大权，国君只是一个虚位而已，以后多少年都是由陈氏专权。陈瓘是陈成子的堂哥，是陈氏家族的重要成员。三年前攻打鲁国时，就是陈瓘指挥的。此时他和子路私下交流，讨论如何改善鲁国和齐国的关系，以后不再打仗。可能两人以前认识，关系还不错。他同意和尊重子路的意见，但他说了不算，还要做他弟弟陈桓的工作。

此时的子路不仅在卫国已成为重要人物，在国际间也具有重要影响力，是决定和操纵国家命运大事的人。虽然他身在卫国，但却关心着鲁、卫、齐、晋之间的关系，当然他也时刻提防着卫国可能存在的危险。不过接下来发生的事情还是出乎了他的意料。

公元前480年的冬天，按周历算应当是公元前479年的正月，在一个寒冷的夜晚，蒯聩装扮成妇人，乘坐马车进入孔悝府。内应伯姬将他接入屋内，接下来便是绑架孔悝，强迫他盟誓，让卫出公下台，蒯聩来当国君。孔悝在威逼之下，只好答应了母亲和舅舅。

其实这场政变是一家人之间的事。卫灵公死后立了儿子蒯聩的儿子姬辄，这就是卫出公，卫灵公的女儿伯姬嫁给了孔文子，伯姬是蒯聩的姐姐，孔文子的儿子孔悝叫蒯聩舅舅，卫出公是孔悝舅舅家的表弟。这场政变的实质是父亲夺儿子的权，颠覆儿子的君位。但孔文子在世时，对蒯聩也是进行过一番防备的。孔文子死后，这个防线被内鬼突破。这个内鬼就是蒯聩的姐姐伯姬和她的情夫浑良夫。这对奸夫淫妇想获得更大的自由，便与蒯聩做了一笔交易。

《左传·哀公十五年》记载："卫孔圉取大子蒯聩之姊，生悝。孔氏之竖浑良夫，长而美，孔文子卒，通于内。大子在戚，孔姬使之焉。大子与之言曰：苟使我入获国，服冕乘轩，三死无与。与之盟，为请于伯姬。"

卫国的孔圉（孔文子）娶了太子蒯聩的姐姐（伯姬），生了悝。孔氏的年轻仆人浑良夫长得高大而且漂亮。孔圉死后，就和伯姬私通。太子蒯聩这时住在戚地，伯姬派浑良夫前去看望。蒯聩对他说："如果让我回国即位，给你大夫的冠服和车子，赦免死罪三次。"浑良夫和太子盟誓，回来后为他向孔姬请求。于是，一场篡权夺位的阴谋开始实施。

《左传·哀公十五年》详细记载了公元前480年冬卫国发生的这场政变：

"闰月，良夫与大子入，舍于孔氏之外圃。昏，二人蒙衣而乘，寺人罗御，如孔氏。孔氏之老栾宁问之，称姻妾以告。遂入，适伯姬氏。既食，孔伯姬杖戈而先，大子与五人介，舆豭从之。迫孔悝于厕，强盟之，遂劫以登台。栾宁将饮酒，炙未熟，闻乱，使告季子。召获驾乘车，行爵食炙，奉卫侯辄来奔。季子将入，遇子羔将出，曰：门已闭矣。季子曰：吾姑至焉。子羔曰：弗及，不践其难。季子曰：食焉，不辟其难。子羔遂出。子路入，及门，公孙敢门焉，曰：无入为也。季子曰：是公孙，求利焉而逃其难。由不然，利其禄，必救其患。有使者出，乃入。曰：大子焉用孔悝？虽杀之，必或继之。且曰：大子无勇，若燔台，半，必舍孔叔。大子闻之，惧，下石乞、壶黡敌子路。以戈击之，断缨。子路曰：君子死，冠不免。结缨而死。孔子闻卫乱，曰：柴也其来，由也死矣。孔悝立庄公。庄公害故政，欲尽去之，先谓司徒瞒成曰：寡人离病于外久矣，子请亦尝之。归告褚师比，欲与之伐公，不果。"

这段话直译出来是这个样的：

闰十二月，浑良夫和太子潜回到国都，住在孔氏家外面菜园子里。天黑以后，两个人用头巾盖住脸，寺人罗为他们驾车，到了孔氏家里。孔氏的家臣之长栾宁盘问他们，他们说是姻戚家的侍妾，就进了门。到了伯姬那里，吃完饭，伯姬手拿着戈走在前面，太子和五个人身披皮甲，用车装上公猪跟着，把孔悝逼到墙边，强迫他盟誓，然后把他劫持到一个台上去。

栾宁正要喝酒，肉没有烤熟，听说有动乱，便派人向子路报告，自己招呼了一辆马车，把酒和肉带到车上，拉着卫出公姬辄逃亡鲁国。

子路这时在哪里？他为什么没在孔悝宫中？估计子路这时在戚城，没在卫都帝丘。戚城是孔悝家的封邑，历史上也叫孔悝城，是镇守卫国北部边境的重镇，子路很多时间可能都在戚城。等到他接到栾宁派人送来的报告，可能已经到了第二天的早上。接到报告，没多准备，子路立刻就动身来帝丘了。

子路正要入城，碰上已经出来的高柴（字子羔），子羔说："门已关了。"子路说："我还是去一下。"子羔说："不要去，不要为他去承受灾难。"子路说："食人俸禄，不应躲避祸难。"子路此刻惦记着孔悝的生命安全，孔文子临死前托孤，要他照顾好孔悝。此刻孔悝生死不明，子路哪能撒手逃走呢？于是就让子羔回鲁国报信了。

子路进入。到达大门口，公孙敢在那里守门，说："不要进去干什么了。"子路说："这是公孙啊，在这里谋求利益却躲避祸难，我不能这样，利其禄，必救其患。"

这时，有使者从门里出来，子路就乘机进去了。见了蒯聩，子路说："太子怎么能利用孔悝？即使杀了他，一定有人接替他。"子路又说："太子没有勇气，如果放火烧台，烧到一半，就会释放孔叔。"太子听到害怕了，让石乞、壶黡下台和子路搏斗，用戈击中了子路，把帽带也削断了。子路说："君子死，帽子不能歪。"于是子路结好帽带就死了。

《左传》这段记载留给人们很多疑问。第一，这是帝丘城门还是孔悝府门？如果是帝丘城门，那说明子路当时并不住在国都，而是住在离帝丘不远的戚城，距离约二十里地。子路是接到家臣栾宁的报告之后，驰马而来的。走到城门口，见到高柴从城里逃出来。如果是孔府的家门，那说明高柴是从孔府家逃出来的，但高柴当时在卫国干士师（执法官），不可能住在孔府里面。所以，通过高柴可以说明这个门是城门。

城门关闭，说明蒯聩在晚上实施的政变已经成功，通知关闭城门，国君也已连夜出逃。子路接到消息从戚城赶过来至少要大半天的时间。子路到来的时间可能是第二天上午，在来的路上碰到了高柴。高柴是子路带大的弟子，跟随子路多年。这次子路来卫国，也把高柴带过来了。但这一次，高柴未能跟子路进城赴难。可能子路意识到了危险，打发高柴回鲁国报信，否则高柴是不会抛弃子路自己跑掉的。

第二个疑问是，子路进城救孔悝，带没带兵？是只身一人吗？从子路指挥人放火烧台子这一举动，说明身边是有人的。但可惜的是，子路带的人手太少，寡不敌众。特别是蒯聩招募的这些死士，个个武艺高强，以一敌十，加之子路年纪已大，体力大不如从前，所以死难。

子路在进城之前是经过慎重考虑的。进还是不进？生还是死？子路是有取舍的。但子路还是最后决定：不能让蒯聩这个坏人上台，必须出面反对。此时的卫国，主政的主要是子路，他不出来表态，就没人敢发表反对意见了。至于说"食禄不避其难"，仅仅是第二层因素。子路对蒯聩的为人是了解的，他意识到这个人篡权后的危害性，假如此刻不阻止，将给卫国带来巨大的祸乱。后来所发生的一切都证明了这一点。子路是慷慨赴难的，不是逞一时之勇，他早已置生死于度外。他明知道可能死，也要去表明一个态度。当身受重伤，自知不免一死时，他放下武器，把帽子带系好，扶正帽子，从容就义。歹徒一拥而上，乱刀砍向子路……

孔子在鲁国听到卫国发生动乱，说了一句：高柴可能回来，子路肯定要死了。后来报信的人说子路被砍成肉泥了，孔子赶快把一碗肉酱倒掉。

从子路被砍的惨况分析，当时厮杀的程度相当惨烈，一定是经过了一场激烈的混战，子路和手下人杀死了对方很多人，才遭到蒯聩歹徒如此仇恨的报复。如果仅仅是石乞和壶黡两个人来打子路，武士之间的格斗，后果不会是这样。所以笔者判断这是一场多人的混战。《左传》的记载往往是粗线条的，只叙述了一个简单的经过。

后人皆为子路的死而惋惜，但对子路来说，这不是逞一时之勇。在大是大非面前，敢于表明自己的态度，在道义上谴责蒯聩的罪恶，激发国民与邪恶做斗争的勇气。遇到灾难不躲避，为社稷而死，重于泰山。一个为正义而活着的人，这就是子路。正是他这种特点，孔子每每打击他、遏制他。但这次没有了孔子，没人能拦得住他。子路就这样走了。

消息传到颜浊邹处，颜子悲痛万分。他可能会埋怨子路，为什么不叫着他一起行事？正在他痛悔之时，却发现自己已处境危险。很明显，蒯聩不能放过子路的同党。在这种情况下，颜浊邹只有逃走，投奔齐国而去。

时年六十三岁，子路的人生结束了。死讯传遍各地，各地一片哭声。蒲邑的百姓在痛哭，戚邑的百姓在痛哭，范邑的百姓在痛哭，鲁国的人民哀悼他。孔子三千弟子，子路带过的弟子也有两千，这么多孔门儒家弟子听到师兄师叔遇难的噩耗，无不痛哭失声。特别是那些在爬山涉水时被子路救扶过的小弟子，想起当年师叔的关爱和呵护，对他的死无不痛心疾首。还有子路周游列国时接触过的那些友人，如荷蓧丈人的家人，曾接受过子路扶危济困的穷人，无不痛惜哀泣。

子路生前居住过的地方，都为他建立了衣冠冢。今天山东的莘县（早年的范县）、河南长垣县（蒲邑）、清丰县都有子路坟墓。最大的子路墓在今天的河南濮阳戚城，现已成为濮阳市最重要的文物古迹。

公道自在人心。古代的老百姓的感情是朴素的，谁好谁坏，谁善谁恶，他们心中清楚。全国这么多子路纪念遗址，说明人民对子路的爱戴，说明好人在人民心中的地位。子路为中国人树起一个榜样：恪尽职守，不辞其义！

"孔子哭子路于中庭"，他再也经受不住亲人离世的打击了，在煎熬了三个月之后，溘然长逝。《左传·哀公十六年》开头记载了两件事："十有六年春，王正月己卯，卫世子蒯聩自戚入于卫，卫侯辄来奔。夏四月己丑，孔丘卒。"

按周历，子路和孔子是同一年离世的，都是哀公十六年的春天，一个是正月，一个是四月，两人相隔仅三个月。孔子是在悲伤中死去的。早在前几天，孔子就在家里哀叹："从我于陈蔡者，皆不及门也。"现在又传来子路离世的消息，孔子已经悲恸欲绝。跟孔子在陈蔡的都有哪些人呢？首先是子路，然后是颜回、子贡、原宪、巫马施、子夏、公西赤、子游、子张等，现在这些人都离去了。并且，儿子孔鲤和颜回已经去世，妻子亓官儿早已去世。晚年的孔子已经是喧哗褪尽，孤苦伶仃了。不知女儿和女婿公冶长是否能来照顾他。

《礼记·檀弓上》载："孔子蚤作，负手曳杖，消摇于门。歌曰，泰山其颓乎，梁木其坏乎，哲人其萎乎。既歌而入，当户而坐。子贡闻之曰：泰山其颓，则吾将安仰？梁木其坏，哲人其萎，则吾将安放？夫子殆将病也。遂趋而入。夫子曰：赐，尔来何迟也。夏后氏殡于东阶之上，则犹在阼也。殷人殡于两楹之间，则与宾主夹之也。周人殡于西阶之上，则犹宾之也。而丘也，殷人也。予畴昔之夜，梦坐奠于两楹之间。夫明王不兴，而天下其孰能宗予。予殆将死也。盖寝疾七日而没。"

子路的死对于孔子来说，无异于泰山崩塌，大梁折断。这是孔子生前最后的一段记录：一早起来，孔子背着两手，拖着手杖，缓缓地在门外踱步，口中念叨着："泰山要崩塌了吧，大梁将要折断了吧？哲人将凋零了吧？"说完走进屋里，对着门坐下。前来探望他的子贡正好听到孔子的喃喃自语，心想："泰山如果崩塌，叫我们仰望什么？大梁如果折断，哲人如果凋零，叫我们依靠谁呢？听歌中之意，夫子大概要生病了吧？"于是他快步走进屋里。孔子说："赐，你怎么这么晚才来呀！夏代停枢于东阶之上，那是还把死者当作主人看待的。殷人停枢于两楹之间，那是介乎宾主之间的位置。周人停枢于西阶之上，那是把死者当作宾客看待的。我是殷人的后代。昨天夜里，我梦见自己坐在两楹之间。天下没有明君，谁会尊重我呢？我大概是快要死了。"之后，孔子卧床大概病了七八天就去世了。

子路与孔子两个患难伙伴共同走完了人生之路。人总有一死，或死得壮烈，或死得安静。子路死得轰轰烈烈，孔子走得平平静静。人生难得善终！

对于子路的死，人们会有不同的看法。有人会认为子路多管闲事，自寻找死，人家的家事关你什么事，不如像高柴那样，一走了之。但事情真像人们说的那么简单吗？人们何曾想到，不阻止一个恶人上台，后果会是什么样？假如子路反政变成功了，卫国后来还会有那么大的灾难吗？

歹 人 下 场

孔悝立了卫庄公，给卫国带来一场灾难。下面来看看恶人是怎样祸乱卫国的，是怎样一个个下地狱的。

卫庄公即蒯聩。他上台之后，认为原来的大臣都靠不住，想要全部除掉他们。就把这个念头先试探着对大司徒瞒成说了。蒯聩的意思是，我在外边受了这么多年苦，你们这些臣子没有一个为我着想的，现在也该请你们也尝一尝了。瞒成回去后把此事告诉大夫褚师比，想要和他一起攻打卫庄公，但一招呼人，就发现有些人已投靠了新君。

计划未能实现，瞒成就逃跑了。

蒯聩要报复所有人。除掉子路这个障碍之后，第一个报复的对象便是他的母亲南子。南子活到此时应该快六十岁了。《史记》和《左传》都没提过她的晚年结局，只有西汉刘向写的《古列女传·卫二乱女》记载了她的死："出公奔鲁，子路死之，蒯聩遂立，是为庄公，杀夫人南子，又杀浑良夫。"看来南子最终没能逃脱儿子的罪恶之手。这个禽兽不如、丧尽天良的蒯聩竟然将他母亲杀死，以解流亡十七年的心头之恨。

接着遭殃的是伯姬的姘头浑良夫，这个不知天高地厚的得志小人也没有好结果。尽管他与蒯聩盟过誓，"免子三死"，但　年之后照样被蒯聩杀掉。与蒯聩这样一个心理扭曲、言而无信的恶人打交道，浑良夫哪有什么好下场。

《左传·哀公十六年》记载：卫庄公对浑良夫说，我继承了先君的位子而没有得到他的宝器，怎么办？浑良夫说，公子疾和逃亡在外的国君姬辄都是您的儿子，召姬辄回来可以量才使用。如果没有才能就废掉他，宝器就可以得到了。

卫出公逃亡时带上了镇国之宝，蒯聩想得到这件宝贝，便设计引诱出公归来。但这个对话被躲在一边的童仆听到，他便密告公子疾。公子疾此时已被蒯聩立为接班的太子，他听到要召兄弟卫出公回国，心里老大不高兴，便带上五个人，用车子装上一头公猪，劫持了卫庄公。太子疾强迫父亲和他盟誓，并请求杀死浑良夫。卫庄公说："我和他盟过誓，说要赦免他死罪三次。"太子说："再有罪就杀死他。"卫庄公说："好。"这个太子疾与前边提到过的世叔氏家的太叔疾不是一个人。两个人经常被写成大子疾。

公元前478年，哀公十七年春天，卫庄公在藉圃建造了一座刻有虎兽纹的小木屋，造成后要寻找一位有好名声的人和他在里边吃第一顿饭。太子请求找浑良夫。浑良夫坐在两匹公马驾着的车子上，穿上紫色衣服和狐皮袍来了。进屋以后，敞开皮袍，没有解下佩剑就吃饭。太子派人把他拉出去，举出三条罪状就杀死了他。欲加之罪，何患无辞。坏人没有好下场。

蒯聩执政之后，大肆反攻倒算。卫庄公占卜他做的梦，他的宠臣和卜人勾结，给庄公解梦说："您有大臣在西南角上，不去掉他，恐怕有危害。"于是就驱逐了太叔遗，太叔遗逃亡到晋国。太叔戍已被孔文子驱赶到了吴国，其弟弟太叔遗又被驱逐，世叔氏家族遭到了彻底的扫荡。接下来就是孔氏家族了。

孔悝在正月里立了舅舅蒯聩为卫国国君，这也是暂时的交易。在瞒成、褚师比于春天逃亡到宋国后，孔悝六月份也出逃了。《左传·哀公十六年》载："六月，卫侯饮孔悝酒于平阳，重酬之，大夫皆有纳焉。醉而送之，夜半而遣之。载伯姬于平阳而行，及西门，使贰车反祏（shí）于西圃。子伯季子初为孔氏臣，新登于公，请追之，遇载祏者，杀而乘其车。许公为反祏，遇之，曰：与不仁人争明，无不胜。必使先射，射三发，皆远许为。许为射之，殪。或以其车从，得祏于囊中。孔悝出奔宋。"

孔悝看出来了，难以与虎谋皮，便找机会逃跑。在蒯聩请他喝酒并给他重赏之后，仍然带着祏出逃。祏是宗庙里中藏神主的石匣，古代人走到哪儿都要带着石匣。在派人去取神主盒子的时候，蒯聩方面知道了。子伯季子原是孔悝的家臣，现在投靠了庄公，想邀功请赏，便前来杀了取石匣的人。孔悝派许公为来迎接，见到子伯季子。许公为对子伯季子说，与不仁的人决斗，没有不胜的。让你先射。子伯季子连射三箭，都没射中。许公为一箭便把他射死了。然后取了祏，与孔悝逃亡宋国。

我们再来看看石乞和壶黡的情况。壶黡据说是被子路的儿子仲启在复仇时杀掉的，仲启也因此而死。石乞在卫国帮蒯聩实现篡权目的后，名声远扬，被各国阴谋家所关注，立刻就被楚国的白公胜请了去。

胜被封在吴楚之间的一个地方，号为白公。胜的父亲是楚国的太子建，被郑国人杀死。胜要求楚国的令尹子西攻打郑国，为父报仇。子西就是不肯，反而帮着郑国攻打晋国。白公内心对子西充满了仇恨，阴谋要杀掉他们。

据《左传·哀公十六年》记载，胜对石乞说，干掉楚王和令尹，用五百个人就行了。石乞说，五百个人不好找，市场南边有个叫熊宜僚的，如果找到他，可以抵五百个人。石乞就带着白公胜去见宜僚，见面后谈得很高兴。石乞就把要杀人的事告诉了宜僚。宜僚听后不答应。石乞把剑架在他的脖子上，他也一动不动。白公胜说，这是不被利诱、不怕威胁的人，他也不会泄露我们的话去讨好他人。走吧，离开这里。从这段记载可以看出，石乞到了白公胜这里，仍然在招募死士，专搞阴谋诡计。

公元前479年夏天，吴国人进攻楚国的慎地，白公胜率兵打败了他们。白公胜请求不解除军队武装到郢都奉献战利品，楚惠王同意了。到了国都，白公胜就发动了叛乱。七月，在朝廷上杀了子西、子期，并且劫持了楚惠王。

《左传·哀公十六年》记载："子西以袂掩面而死。子期曰：昔者吾以力事君，不可以弗终。抉豫章以杀人而后死。石乞曰：焚库弑王，不然不济。白公曰：不可。弑王，不祥，焚库，无聚，将何以守矣？乞曰：有楚国而治其民，以敬事神，可以得祥，且有聚矣，何患？弗从。"

这一段写了石乞刺杀令尹子西和子期的经过。子西用袖子遮着脸而死去。子期拔起一棵樟树与敌搏斗，也被杀死。石乞对白公胜说，干脆焚烧府库，杀死惠王。不这样，事情就不能成功。白公胜说，不行，杀死君王不吉祥，烧掉府库就没有积蓄了，将要用什么来保有楚国？石乞说，有了楚国就能治理百姓，恭敬地侍奉神灵，就能得到吉祥，物资积蓄就会有的，怕什么？白公胜不听。

石乞这个职业杀手和政客心狠手辣，无所不用其极。幸亏白公胜没同意杀害楚惠王。否则，楚国又要像卫国一样被搞得大乱。

正在白公胜和石乞在郢都滥杀无辜的时候，楚国各地的势力都在伺机进京勤王。楚国的地方势力以叶公为最，叶公此时在蔡地，管理着楚国北方大片地方。进不进郢都平叛，要看火候。叶公的理论是，凡是那些想靠冒险侥幸取得成功的人，都有填不满的欲壑，办事也不公平，百姓必不会依附。

这年秋天，叶公率领人马来到郢都，到达北门时有人说："国内的人们盼望您好像盼望慈爱的父母，盗贼的箭如果射伤您，这就断绝了百姓的盼望。为什么不戴上头盔？"叶公就戴上头盔前进。走了一会儿又遇到一个人，说："您为什么戴上头盔？国内的人们盼望您好像盼望丰收一样，天天盼望，如果见到您的面，就能安心了。百姓人人有奋战之心，还要把您的名字写在旗帜上在都城里巡行，您怎么能把脸遮起来呢？"叶公就脱下头盔前进。

《左传·哀公十六年》载："……乃从叶公，使与国人以攻白公。白公奔山而缢，其徒微之。生拘石乞而问白公之死焉，对曰：余知其死所，而长者使余勿言。曰：不言将烹。乞曰：此事克则为卿，不克则烹，固其所也，何害？乃烹石乞。"

各路兵马都纷纷加入叶公的队伍，很快就把白公胜打败了。白公胜逃到山上吊死了，尸体被他的部下藏了起来。叶公活捉了石乞，问他白公胜的尸体在哪里。石乞说："我知道藏他尸体的地方，但是白公不让我说。"叶公说："不说就烹了你。"石乞说："胜者王侯败者贼，这事成功了就是卿，不成功就被烹，这是应有的结果，有什么了不起？"于是叶公就让人烹了石乞。

石乞临死还显示出了侠士的风度，可惜他的死士风骨没像荆轲一样用在正道上。叶公之所以用油锅烹石乞，是因为石乞杀害了他的好朋友子路。叶公这是在为子路报仇，非要让这个凶恶的杀手遭到应有的惩罚。从跟蒯聩发动政变，时隔仅半年多，这个罪恶满盈的家伙就被结束了性命，真是罪有应得。

现在该轮到伯姬和蒯聩姐弟俩了。这对丑恶的阴谋家没有一个好结果。

公元前478年，鲁哀公十七年，也就是政变后的第二年，卫庄公蒯聩直做噩梦，梦见一个人登上昆吾之观，披头散发，脸朝着北面叫嚷说："登上这昆吾之墟，有绵延不断生长的大瓜小瓜。我是浑良夫，向上天呼诉无辜。"卫庄公又占卜，繇辞说："像一条浅色的红尾鱼，穿过急流而犹豫不安。靠近大国，消灭它，将要灭亡。"

这一卦果然应验。由于蒯聩回国篡位后对晋国的要求置之不理，晋国生气了。这年十月，晋军包围了帝丘。蒯聩一看不妙，慌忙逃出卫都。晋国人立了卫襄公的孙子般师为国君，然后就撤兵走了。

十一月，蒯聩见晋军走了，就从鄄地回来了。新国君般师出走。蒯聩对卿大夫石圃的表现十分不满，想把他赶走。但这时卫国的国内矛盾爆发了，卫国发生了历史上有名的百工起义，街上店铺里的工匠们暴动起来。当然这也与石圃的背后组织有关，石圃利用百工对蒯聩的不满，鼓动和率领百工起来造反，攻打蒯聩。

《左传·哀公十七年》："辛巳，石圃因匠氏攻公，公阖门而请，弗许。踰于北方而队，折股。戎州人攻之，大子疾、公子青踰从公，戎州人杀之。公入于戎州己氏。初，公自城上见己氏之妻发美，使髡（kūn）之，以为吕姜髢（dí）。既入焉，而示之璧，曰：活我，吾与女璧。己氏曰：杀女，璧其焉往？遂杀之而取其璧。卫人复公孙般师而立之。十二月，齐人伐卫，卫人请平。立公子起，执般师以归，舍诸潞。"

十一月十二日，石圃联合匠人攻打卫庄公。卫庄公关上门请求饶命，石圃不答应。于是卫庄公翻越北墙逃跑，跳下去时折断了腿骨，被人架着逃出了卫都，跑到城墙外一个叫戎州的地方。由于蒯聩过去虐待过戎人，戎州人就攻打卫庄公，太子疾和公子青被杀死。卫庄公逃到戎州的己氏家里。当初，卫庄公从城上看到己氏的妻子头发很漂亮，就派人让她剪下来，给自己的夫人吕姜做假发。这时庄公把玉璧给己氏看，说："救我的命，给你玉璧。"己氏说：

"杀了你，玉璧会哪里去?"就杀死了卫庄公蒯聩，取得了他的玉璧。卫国人让公孙般师回国并立他为君。十二月，齐国人进攻卫国，卫国人请求讲和。齐国人立了公子起为卫君，拘捕了般师回去，让他住在潞地。

恶有恶报。蒯聩在政变的第二年就死了。这种邪恶之人惹得卫国人天怒人怨，人神共愤。走到哪儿，人民都仇恨他。戎州的己氏也算为卫国除去一害。翻看《左传》，被平民杀掉的国君恐怕只有蒯聩一人，可见这国君不得民心到什么程度。

卫国也跟着遭了殃，国君一换再换。晋国人来立一个，齐国人来又立一个。《左传》记载，公元前477年，鲁哀公十八年夏，"卫石圃逐其君起，起奔齐。卫侯辄自齐复归，逐石圃，而复石魋与大叔遗。"也就是说，齐国人立了公子起半年之后，石圃与之不和，便把他赶跑了。齐国人又把卫出公送回来。姬辄回来后，驱逐了石圃，重新启用石魋与大叔遗。

卫出公复归，必然清算蒯聩余党。卫国大乱的第一个祸根是蒯聩，第二个罪魁祸首就是伯姬，就是她与蒯聩串谋，发动政变，导致了子路和南子的惨死。伯姬不除，天理难容。就在卫出公到达帝丘还没进城之时，愤怒的人们涌进伯姬家里，乱棍将她打死，抑或把她吊死。此时的帝丘已处于无序的状态，伯姬应该是被造反的平民和大夫们暴打而死的。

西汉刘向写的《古列女传·卫二乱女》记载："庄公以戎州之乱，又出奔，四年而出公复入。将入，大夫杀孔悝之母而迎公……悝母亦嬖，出入两君，二乱交错，咸以灭身。"

这就是一个为了自身肉欲而不顾天下社稷安危的淫妇的下场。在卫国政变中，各种人物充分展露了他们邪恶的欲望。当这些身居高位的人不遵循道义、胡作非为时，天下就会大乱，人民就会遭殃。政治家不是平民百姓，他们的一行一动都必须符合道义准则。为政以德，譬如北辰。政者正也，不正则乱。

由此看出，子路挺身而出，阻止邪恶，捍卫的是卫国的社会安定。子路与蒯聩打过交道，知道此人的品行，也知道他政变后会给卫国带来什么祸害，所以在势单力薄的情况下，仍然拼死出来发声，与之做斗争。子路的思想境界不只是"食禄不辞其祸"，更有重大的社会责任。

当政变发生那一刻，子路考虑的不是个人安危，而是卫国的命运。他凭预感便知道这个人篡权的危险性。在这重大的关头，如果子路不表态，卫国便无人敢表态。对于子路来说，没有退缩的余地。如果撒手不管，卫国就是后来所证明的那样，社会残破，经济动荡，百姓遭殃，野心家斗来斗去，政权十几年不得安宁，生灵涂炭。正是这种对国家命运的思考，才使子路知难而上。也只有通过子路死后卫国的动乱，才能看出子路赴难的意义。

尽管子路英勇牺牲了，但邪不压正，卫国人民以他们的实际行动将奸恶逐一铲除。这些作恶者没有一个好下场；相反，子路却被人民世世代代纪念和敬仰。子路在九泉之下可以瞑目了。

通过子路，可以看出人民永远爱戴忠诚，歌颂正义，向往正义，捍卫正义。那么多的子路墓、子路坟、子路读书处、子路问津处，都在说明人民对子路的爱戴。天地有正气！子路是一个榜样。笔者为有这样的先人而自豪和骄傲。

另外，子路出身贫苦，深知人民的苦难。即使进入社会上层，身居要职，仍然艰苦朴素，平易近人，廉政爱民。这是卫国人民爱戴子路的原因。今天，人们要向子路学习什么？最重要的一点是人格尊严。子路出生卑微，但他自强不息，衣敝缊袍与衣狐貉者立而不耻，不向强者低头，一生光明磊落，不奴颜婢膝，不摧眉折腰事权贵，不卑不亢，堂堂正正。这是发展中国家的人民最需要具备的品格。儒家文化的铮铮硬骨典型地体现在子路身上。

卫 国 干 城

子路离去了。天地变色，澶渊悲哀。濮河水在呜咽，戚城在哭泣，卫国大地陷入悲痛之中。动乱过后，人们更加深切地思念子路。子路之躯被永远地安葬在卫国的土地上，卫国人民世世代代怀念他。

子路和孔子一前一后相继走了。这两个人的一生无意中在历史上留下了重重的一笔。人生一世，有几个人能做出对历史有重大影响的事情？有几个人能使自己的声名永载史册？

写到这里，笔者终于可以静下心来，细细地回忆子路的性情特点。前些章节，只顾粗线条地描述历史，来不及关注子路的性格脾气和音容笑貌。人们往往以为子路是一个威严的人，没有好脸色的人。实际上子路和蔼可亲，孔子与他共处四十多年而不厌，子路的脾气不好，孔子也受不了。

子路曰："愿车马、衣轻裘与朋友共，敝之而无憾。"（《论语·公冶长》）这一句话看出子路的心胸与可爱，其为人慷慨、大方、豪爽。共产主义思想就源于子路这样的人。

子路虽雄壮有力，但不恃强凌弱，反而善于听取别人的意见。被中华民族流传了几千年的"闻过则喜"，就是出自子路。《孟子·公孙丑上》记载了孟子说的一段话："子路，人告之以有过，则喜。禹闻善言，则拜。大舜有大焉，善与人同。舍己从人，乐取于人以为善，自耕稼、陶、渔以至为帝，无非取于人者。取诸人以为善，是与人为善者也。故君子莫大乎与人为善。"

子路死后一百年，孟子出生。孟子是距离子路时间很近的人，对子路和儒家人物更有深刻的了解。孟子说子路，别人指出他的过错，他就很高兴。大禹听到有教益的话，就给人家敬礼。舜帝更了不起，善于与人合作，舍弃自己的缺点，喜欢学习人家的优点来做善事。从他种地、做陶器、捕鱼一直到做帝王，都是在向别人学习，取人之长来做善事。君子最重要的事情就是和别人友好相处，一起来做善事。

孟子在这里把子路与大禹帝和舜帝一起评论，可以看出子路在孟子心目中的重要性。子路在汉代之前，名气很大，因为子路身为鲁国的季氏家宰和卫国的孔氏家宰，这是国家总管的职务，社稷之重臣，已属于国际上的政治家，非孔子其他弟子可比。所以，孟子把子路与大禹和舜相比。但到后来，子路仅成了孔子的一个普通弟子，搞得子路在曲阜孔庙里连"四配"都不是，这与子路的身份地位严重不相符。子路的资格远高于四配，子路是孔子最高的一配。

一个善于听取别人意见的人，肯定是内心愿与别人友好相处的人。只有友善别人，才愿意听取别人的意见。子路的胸怀，来自他善良的天性。这就是子路可爱的一面。

子路的事迹感动着孟子，儒家人物慷慨悲歌的事迹感召着孟子，故孟子慨然写下了养浩然之气之句："其为气也，至大至刚，以直养而无害，则塞于天地之间。其为气也，配义与道，无是，馁也。是集义所生者，非义袭而取之也。行有不慊于心，则馁矣。"（《孟子·公孙丑上》）

子路就是充满了浩然正气的人。孟子说，这种气，至大至刚，正直的力量将它充盈于天地之间。这种气，要配上义和道，如果没有义和道，就会泄气。它集义而生，非义而不能取。心中不充满正义，行动就会泄气。

子曰："志士仁人，无求生以害仁，有杀身以成仁。"（《论语·卫灵公》）

子曰："知者不惑，仁者不忧，勇者不惧。"（《论语·子罕》）

天地有正气，从子路传到孟子，再传到文天祥，正气成为中华民族的生存发展的支柱和灵魂。文天祥被俘关押在肮脏污秽的环境里数年，拒不投降，反而挥笔写下留存千古的《正气歌》。这就是中华民族的道。一个有道的民族永远不灭，一个有道者虽死犹生。

宋代的朱熹被子路崇高的精神所振奋，感叹说："言子路之学，已造乎正大高明之域。"（《论语集注·先进》）

朱熹称"子路之学"，认为子路有自己独立的思想，已成为有体系的一家之学。后代人说什么儒分八家，其实在孔子与子路之间已有不同特色的思想。

子路不仅有实践，也有理论。子路的理论对儒家的影响十分重要，孔子不仅在行动上受子路的制约，在理论上也要受子路的检验。子路不同意的理论和思想，孔子也要修正。两人尽管合作共事多年，但仍存在着一些分歧。子路与孔子的分歧主要体现在战与和上面。

以力服人还是以理服人，要看情况，分场合。该运用力量时而不运用力量就是懦弱，就是软弱可欺。国际之间的事情就是这样，譬如，北宋时期，宋国与辽国签订了澶渊之盟。本来宋国的力量远大于辽国，可以一战取胜，乘机拿下北方燕云十六州，震慑北方，培养国民尚武的精神，但是尚文怯战，使宋真宗与辽人签订了赔款合约。虽然保证了之后上百年的和平，但酿成民风文弱、北方民族做大的后果，以致后来金人入侵、蒙古入侵，江山易主，改朝换代。

子路与孔子的分歧，其结果在中国历史上表现明显。孔子能不动武就不动武，子路凭实力办事，该动手时就动手。在匡地被围时，子路横戟要战，孔子止之，靠弦歌一曲化解了矛盾。但在蒲地被围，弦歌根本不管用，子路率领公良孺和颜高等拼死搏斗，"斗甚疾"，才保住了弟子们的性命。

为什么儒家没像墨家那样成为一个务实的武装集团，没像法家那样，崇尚功利，严刑峻法？原因在于孔子崇仰周公的礼治天下，以德来感天下，以文来化天下。墨家、法家的兴起，已经是礼崩乐坏的战国时期，墨家和法家只好崇尚功用和实效，而儒家重在修身，强调道德情操。法家是战国的产物，是使秦国强大的动力。墨家后来进入秦国，在秦国统一六国中做出了贡献。儒家在战国时期是一个失败者。

只有到汉代全国统一之后，儒家才发挥了作用。

孔子对人的要求是温良恭俭让、德智礼、仁勇毅、忠孝信，做到了儒家的这些要求，便是一个彬彬有礼的君子。孔子的最高境界是大同，天下和平，没有战争，没有争抢，没有欺骗，没有贪婪，没有懒惰，没有奢靡，人人恭敬有礼，大公无私，邻里和睦相处，马放南山，刀枪入库。从世界各国文化比较看，儒家文化是最高的文明。但问题是，人文明了，便缺少斗争性。特别是儒学后来被统治者所利用，儒学成了制造顺民的工具，以致中华民族自宋代以后，战斗力减弱，几次被外族入侵和奴役。

纷争的世界很少给儒家文明施展的条件。只有从历史角度才能看出儒家的问题。凡是在战乱时期，儒学都被搁置到了一边，斗争双方用的大多是法家、兵家、墨家和术家的智慧，只有到大一统的和平时期，儒学才有了作用。对儒家迫害最厉害的是秦始皇，他对儒家的厌恶竟然达到了焚书坑儒的地步。

儒家在战国时期并不为主流所容，儒学在今天也难以成为主流，因为当今的世界与春秋战国时代没什么差别，是靠力量和资本取胜的世界。中国在这种国际环境中，只能更多地运用法家、兵家、鬼谷子之学。这个时代，是显示子路"有勇"的时代。

子路以勇武著称，但在孔子面前，子路的好勇精神常常受到压抑。孔子是和平主义者，不主张动用武力，所以，子路在孔门之中往往无所作为，英雄无用武之地。儒家偏文，在和平时期这是优点，但在战争时期这种文弱和谦恭就成了缺点。

人类社会从本质上来说是一个丛林社会，争权夺利的社会，只要不是进入了共产主义社会，人类的恭敬、礼让都是有限度、有边界的。特别是在春秋末期，周天子的王权已经衰落，中央权威尽失，大国的霸权在挑战中此起彼伏，中国进入了一个以力取胜的时代。在这个时候，孔子不注重力的作用，而过分偏重礼和德的作用，不能不处处碰壁。给那些野心勃勃的君主讲道德仁义，无异于对牛弹琴。

　　子路与孔子共事一生，两个人最大的分歧就是有勇或去勇。在有一次对话中，子路说自己："千乘之国，摄乎大国之间，加之以师旅，因之以饥馑，由也为之，比及三年，可使有勇，且知方也。夫子哂之。"

　　子路这样一番雄壮有力的语言却遭到孔子讥笑，这也决定了中国后来屡遭欺辱的命运。子路治国的标准，不仅是让人民吃饱肚子，更重要的是让人民勇敢，且懂礼貌。一个国家，人民勇敢不勇敢，是衡量国力的重要标准。如果国民懦弱，那么物质再丰富，也只有被欺负的下场。

　　孔子不但不赞扬有勇的精神，反而耻笑子路，这种做法给中国文化留下了深远的影响，以致使儒学到了明清变成了绵羊文化。从宋代以来，后儒越来越文弱，从他们对儒家人物尊崇的倾向看，颜回被列为儒家第一楷模，颜回成为国民的第一榜样。颜回的确是道德修养和性情脾气最好的一个学生，但他也有缺陷，即功名政事方面一无所有。如果儒学培养的只是一批文弱书生，谦谦君子，在外敌来犯时，毫无抵挡能力和反抗精神，这种文明就是软弱的。一个国家的文化里，缺少了尚武的阳刚之气，这个国家能强大吗？

　　认清后儒的问题，才能正确认识儒学。儒家的思想是什么？必须是仲子与孔子思想的相结合，一文一武，才能一张一弛。只有发扬子路敢于斗争、勇往直前的精神，中华民族才有希望。当然，有奋斗就会有牺牲。子路是牺牲了，但子路的死，践行了儒家义勇的精神，为儒学添上了壮烈的光彩。假如儒家没有一个英雄人物和壮烈行为，那儒家和儒学会多么平淡！

　　今天，我们重新认识子路，学习子路，就是发扬早期儒家的阳刚之气和斗争精神，弥补后儒造成的儒学勇武精神不足，要敢于斗争、善于斗争。也只有这样，儒学才能在新时代里浴火重生。

　　其实，孔子当年招学生时，"礼诱子路"，是看到了武力的重要性。孔子设礼诱子路，暗含着一个启示，即行动不能光以理服人，还要以力服人。管理上要有文有武，有些人是不讲道理的，成心找别扭。对待这种人不能心慈手软，否则，秩序就要被搅乱，事情就会干不成。对一些不讲道理、不遵守规矩的人就要强迫执行。公安和国防都是以力服人的手段。这就是子路的作用。文武之道，一张一弛。今天，在社会管理方面，两手都要硬。

如果一个社会过于偏重于道德自律，那么武治就会薄弱。在一个封闭的环境里可以这样，但在国际环境中，外敌不会跟你讲仁义。中国后来屡屡被外敌入侵，缺乏反抗能力，就是丢掉了武卫的能力。

但后代儒学，多以言语取人，忽视行动能力。给孔子的弟子排名次，把颜回捧为复圣，孟子为亚圣。儒学缺少尚武的精神，以力服人的传统湮没。隋唐之后，中国人在四书五经中迷失了方向，多以文质彬彬为楷模，以德行为衡量人的唯一标准，轻视力量和武功，这使儒学变成了一门只追求德行的学问。过度依靠德力，民力陷入软弱，武道旁落，酿成中华民族软弱挨打的悲剧。

相比墨家舍生取义、杀身成仁的刚烈性，儒家明显地缺少竞争性。这在一个竞争的时代是难以适应的。其实孔子时期，对学生的要求还是全面的，六艺的教学内容包括了武，体现了勇，他对弟子们的特长进行总结时提到了政事，子路是儒家人物中在政事方面最有成就的人。但到了后代，儒学的教学目标就缩小到德行一项上来了，对政事、武功、言语并不看重。这是对孔子文武之道教学理念的背离。今天复兴传统文化，必须矫正几千年来重文轻武的儒学弊病，给儒学充实阳刚之气。而要矫正，就必须重新认识子路。子路是儒家文武之道武道的代表者。

"肃肃兔罝（jiē），椓之丁丁。赳赳武夫，公侯干城。"历来人们用《诗经》里"干城"这个词来称赞子路为卫道干城，其实子路更是卫国干城。

斯 人 永 存

倏忽，子路的一生写完了。仅仅用了两个多月，这本书就写到了末尾。写史让人意识到人生之短暂，产生了对时光的留恋和徘徊。此刻，笔者又开始回想子路的少年、青年时代。那是多么幸福、浪漫的时光啊！清清的浚河水在门前流过，河边是茂密的树林。在泗水河边奔跑，在雷泽湖里捞鱼，在森林里打猎，在清泉流淌的溪水里洗澡，在田野里耕耘……

就是这样一个淳朴的乡村青年，走出了一条人生大路：从卞邑到曲阜，从曲阜到成周洛邑，从曲阜到齐国临淄，从临淄到范地，从范地到郯国、到费邑、到鲁国各地，再从曲阜到卫国帝丘、到匡地、到宋国商丘、到郑国、到陈国宛丘、到晋国边境临河而叹、到楚国的上蔡，西游叶地、南阳，南游于楚，跨过汝水，穿越大别山，饮马长江边，困厄于绝粮台。子路的足迹踏遍了江河之间，齐、鲁、卫、陈、楚、蔡的大地，培养的学子满天下。

如今子路长卧在河南濮阳的大地上。仲由墓位于濮阳县城北五公里，今京开大道的西侧，其西南半华里是戚城遗址。子路死在帝丘城里，被运回到戚城，埋葬在戚城旁边。这是他生前工作和生活的地方。

戚城，是卫国都城帝丘的北方门户，两地相距也就二三十里。公元前602年，黄河大改道，从帝丘北边的戚城流过，戚城成了黄河南岸的交通要道和重要城邑。黄河的经过，给当地的农业带来水利之便。提水灌田，使粮食产量大量增加。农业的发展带动了纺织、皮革、竹木、冶铸等手工业的进步，促进了卫国的商业兴旺。濒临黄河的戚邑，水陆交通便利，经济十分繁荣。从公元前626年到前479

年，一百四十多年间，《春秋左传》经传中关于戚的记载有二十八处，诸侯来卫国的十四次会盟中，有半数在戚举行。

濮阳的子路坟与仲夫子祠

今天的戚城，已被建成一个游览景区，里边有壮观的秦汉阙门，古朴的颛顼玄宫，唐代气派的龙宫，汉代建筑风格的历史陈列馆以及大面积的草坪和各色植物。但这一切新建筑都比不上戚城东边的仲夫子祠的建筑宏大古朴。子路死后被埋在戚城东边的一块空地上，今天这里是一片飞檐斗拱的古代建筑，墓与祠连在了一起。到濮阳，最值得参观的是仲夫子墓祠。

子路坟墓经历代修茸，现今坟高四点三米，直径约二十九米，墓周有青砖砌成的围墙，墓前立一石碑，上刻"仲夫子之墓"五个大字，往南有石象生、卫国公石坊、石阙和望柱，有四通明清两代重修仲由墓祠祀碑排列两旁。路东侧还有一巨大石碑，上书"仲夫子落缨处"。墓园原来翠柏葱郁，大者可二人合抱，惜全毁于1958年。再往前，南为墓祠，其享堂面阔五间，进深三间，单檐歇山，绿琉璃瓦覆顶，宏伟壮观。还有东西两庑享堂，内有明清两代碑刻题咏二十来方，多为文人官绅赞颂仲夫子的诗词歌赋。

濮阳子路墓碑上的"仲夫子之墓"五个大字，体现出子路的正确身份。在后期的孔门，子路已是老师和教授，弟子称子路为夫子。从颜回、子贡这一代小学生开始，子路便是夫子。据说子路坟的东北一华里，有蒯聩台遗迹。蒯聩当年居住在戚地，就是这个地方。这里距离戚城很近，估计是在卫灵公死后，卫国在戚城旁边给了蒯聩一块地方，供他生活，但他不满被放逐的命运，硬要闹出一场祸国殃民的政变。

子路坟

子路担任过蒲邑宰，今天河南省长垣县也有子路墓，位于长垣城东北岳庄村东北一百米处。据《仲子三墓志》记载，长垣子路墓或葬其骨骸，或为衣冠冢。该墓在宋代子路被追封为河内公后，称河内公墓，元明两朝也一直称为河内公墓。清之后，俗称"子路坟"。有记载曰："自公结缨之后，蒲之民时而思之，父母祠而祀之，神明之者，有年矣。

山东莘县的子路墓在今天的观城镇，以前这里是旧观城县的县城。据《山东通志》记载："仲子子路墓，在观城县东南负瑕村。"相关记载在《观城县志》《曹州府志》中也有。该墓封土较早，宋代即有文字记载，明朝尤详。但由于该县建制屡次兴废，此墓很少为人注意，直到清代中期才被收入《仲子书》。由于该县位置较偏，且文人墨客足迹罕至，故而今天并没有留下一篇相关诗文。目前与观城县相邻的河南范县大部分区域已经划归山东莘县管辖。范县的子路堤、仲子庙（又名子路书院）已经归入莘县管辖。

2018年10月，子路诞辰的那一天，来自全国各地的仲氏族人在濮阳搞了一次纪念活动，仲子研究会的会长仲跻和先生参加活动后写了一篇文章，现摘录于下并附他在濮阳的照片：

戊戌祭祀先贤仲子

仲跻和

时维仲秋，谷风轻扬。群贤毕圣，齐聚戚城。华夏文明，源远流长。先贤仲子，厚德无量。

公元 2018 年 10 月 3 日，时值濮阳仲夫子祠先贤仲子二千五百八十周年诞辰活动日，全国各地仲氏在仲研会的号召下，相聚濮阳，敬颂始祖先贤仲子功德。

参会的族人将近五百人，以江苏、山东、河南为主，其他的来自安徽、江西、四川、湖北、宁夏、新疆、内蒙古、黑龙江、辽宁、河北、北京、上海等地，有的开车一千六百多公里，有的途中多次换车花了两天的时间才赶到。来者的辈分从仲子六十九代至仲子七十八代，共计有十代族人参加，年纪最长的为八十七岁，最小的六岁。

祭祀先贤仲子不是为了磕头、敬香、上供，而是利用这个活动，缅怀先贤仲子的功德、美德，让其发扬光大：江海滔滔，嵩岱茫茫；神像凛凛，祠貌煌煌；瓜瓞延绵，薪火炽旺；克绍家声，无愧炎黄；砥砺前行，初心不忘；自信在胸，步履铿锵；奋勇担当，刚健自强；崭新时代，伟业恒昌。

祭祀活动是短暂的，也是轰轰烈烈的。能有这么多人来，而且还有子路小校的学生，身着汉服，表演朗诵先贤有关仲子的古典名句，更增添了祭祀活动的文化内涵。从微信群反馈的效果看，此次活动的意义深远，意义重大……

濮阳仲夫子祠前

仲浅村仲子庙

子路的家乡卞邑不知为何没有子路的衣冠冢，或许是子路离家太久，父母早逝，家乡没什么亲人了。仲氏族人在卞邑居住到汉代末年，因躲避战乱，向西迁移到今天的山东省微山县鲁桥镇仲浅村。此地在大运河的东岸，是泗水汇入微山湖的地方。仲家人始终没有离开泗水河，只是沿着泗水向下游迁徙了一百八十里地。

大运河畔的仲浅村，是子路族人聚集的地方。这是个上千户人家的大村，村边有气势恢宏的仲子庙，前后有三座大殿。院内石碑很多，上至皇帝亲手御笔，下到文人墨客。由于村庄坐落在大运河边上，往来的船只常在此停靠，历代文人墨客路经此地，多来拜访。因此，仲浅村仲子庙的文化内涵厚重。

公元 72 年，汉永平十五年，汉明帝刘庄东巡至曲阜孔庙，祭祀孔子及七十二弟子，仲子开始享受皇帝的祭祀。唐开元七年，公元 719 年，任城（今济宁）县令贺知章见到仲子三十六代孙仲文，念其祖英烈，遂于仲浅村建庙以祀仲子。

仲浅村仲子庙

十几年前，笔者在浙江杭州萧山开会，在宾馆附近山上游览时，发现了贺知章塑像，原来这里是他的老家。我向他鞠躬致敬，感谢他对仲子庙所做的贡献。

仲子庙建成后，仲氏后裔和官员名士开始前来祭祀，从此香火不绝。唐玄宗开元二十七年封仲子为卫侯，北宋真宗大中祥符二年加封仲子为河内公，南宋咸淳二年追封为卫公。

既然是公的待遇，仲庙的大殿就要有七间的规模。今天的仲浅村仲庙，大殿五间，两边各有一间屋子宽的柱廊，总宽十八米，深十二点五米，高十八米，单层歇山式，殿内通天木柱八根，庙瓦为绿色琉璃瓦。大殿前有穿堂三间，悬山式。大殿后有寝殿，直山式，斜檐，三间两层，南北庑，各五间，硬山式，高六米。

仲子庙内，原有历代碑刻一百八十余块，现保留历代帝王将相、文人墨客珍贵刻石七十余块，其中有宋高宗的《御制仲子赞》碑，康熙帝御笔亲书的《圣门之哲》匾和《御制仲子庙诗》石刻，以及乾隆御制对联。

第一位给仲子立碑的皇帝是宋高宗赵构。宋高宗（公元1107—1187年），宋徽宗赵佶第九子，宋朝第十位皇帝，南宋开国皇帝，在位三十五年。赵构精于书法，善行书、草书，笔法洒脱婉丽，自然流畅，颇得晋人神韵。他在祭拜仲子庙时写下了一首诗，还没来得及篆刻，就撤退到南方去了。明朝嘉靖年间，才将这首诗刻到碑上，此碑刻十分精致，由篆书书写，文曰："宋高宗皇帝御制赞，斗堂惟先，千年惟权，陵替知非，委质可贤，折狱言简，结缨礼全，恶言不耳，仲尼赖焉。"诗文下部阴刻仲子像，衣着朝服，双手持笏。此碑为明嘉靖年间刻制。

清代康熙三十八年（公元1699年），康熙帝沿运河南巡，登岸拜谒仲庙，亲笔题写了御书"圣门之哲""克绍家声"几个大字，刻在石匾上，嵌于北庑和南庑的墙壁上。

康熙皇帝先后多次沿运河南下巡视，从康熙二十八年（公元1689年）、三十八年（公元1699年）、四十二年（公元1703年）到四十六年（公元1707年），路经济宁而驻跸仲浅村八次。因为仲浅村的仲子庙旁边有一座仲府，条件较好，可以招待皇帝。

公元1699年，康熙三十八年，康熙南巡路过仲家浅村，为仲子庙写下了《御制仲子庙诗》：

> 河口孤祠在，千年祀典存。
>
> 当阶松半偃，绕碣藓堪扪。
>
> 怀古题新额，遗风想圣门。
>
> 行舟清昼永，岸草采芳荪。

康熙己卯夏日御笔

雍正三年（公元 1725 年），颁赐"圣道干城"匾额。乾隆三十年（公元 1765 年），乾隆帝下江南途中，登岸拜谒仲庙，钦赐"三德达身修勇故不怠，四科从政事果则无难"木联，及"贤诣升堂"匾额，并赐大铁香炉一个。

今大，仲庙南庑和北庑四壁上镶嵌的明清碑刻，都是官员及名士拜谒仲庙时留下的题词和诗文。通过这些诗，可以看出仲浅村当年的繁华。

"舟行过仲里，仰止觐先贤。庙古松杉色，庭虚钟鼓悬。英风师百世，遗泽传千年。已见沧桑变，犹闻薪火传。功名易销歇，道德独长绵。裕后多名俊，箕裘信缵前。"（吕宫《题仲子庙》）

"数度经兹地，停舟谒大贤。祠新松有色，户迥句高悬。义勇昭千古，名声垂万年。沧桑几变易，吾道永相传。裘马友朋共，簪缨后裔绵。我来瞻仰处，浩气逼庭前。"（佚名《谒仲夫子庙》）

泗水仲庙

子路的故乡鲁国卞邑，即今山东省泗水县，县城内也有一座规模宏大的仲子庙，大殿与仲浅村仲庙的规格一样，"文化大革命"时大殿被毁，2018 年又重新建起。泗水仲子庙附近有仲子街，东边还有一所子路中学。泗水人民为了纪念子路，2001 年 12 月将原泗水县泗水镇中心中学更名为子路中学。

2018 年 10 月 11 日下午，笔者利用在蒙山开会的机会，路过泗水县城，在韩国英和仲伟帅的引领下参观了新修建的仲子庙。大殿刚刚完工，在夕阳中光彩熠熠，巍然耸立。只有躬逢盛事盛世，历史文物才能重现光芒。仲浅村的仲子庙都是在最近这些年里政府拨款重新修建的。

据说宋代以前泗水县城的东城墙边上即有仲庙，但真正建大庙是在明代。《泗水县志》记载了明代山东巡抚黄克瓒游览后写的一首诗：

"猗欤夫子，升堂是造。千乘治赋，负米称孝。朋友与共，志在缊袍。三善治蒲，庶几先劳。恶言不耳，捍御圣道。瞻兹宫墙，是则是效。私心仰止，德音孔昭。"

泗水县仲子庙

《仲里志》有一篇文章《钦修仲子庙碑记》，详细叙说了泗水仲子庙的复修过程："宋以前泗城东郭旧有祠宇，历朝典制祭泗为多，无奈金元以来，物换星移，未免金销木蠹。直至前明神宗初年，有谭君名好善者为泗令，始重修饰。迄于今又百余年矣，风飘其瓦，雨蚀其楹，垣折楣摧，神殿内可夜数天星。"

在这种情况下，雍正七年，皇帝下诏："圣贤忠烈，俱有茔墓祠宇应修葺者，着动存公银两，委官经理。"于是，乾隆元年，泗水地方官员将仲子庙的情况上报，获批之后，即发公帑，督工建造，三年之后大工以成，所用帑金约计一万零九百。乾隆六年，望着泗水新修的巍峨壮观的仲子庙，孔子的第七十代孙，光禄大夫袭封衍圣公孔广棨在《钦修仲子庙碑记》一文中欣然写道：

"昔之圮(pǐ)垣今则山立矣，昔之倾栋今则翚(huī)飞矣，昔之剥落而凋残者，今则伟丽而焜煌矣。过者曰：巍峨。瞻者曰：轮奂。"

卞里仲祠

除了仲家浅、泗水县城有仲子庙，卞里也有仲子祠。卞里就是我在本书开头说的仲里，即今天平邑县仲村镇的仲村。据说在仲村西边的民合村有一座仲子祠。此地早年应属于卞邑和泗水的地界。

康熙年间的《仲志》称："仲子父母墓在卞桥仲村，二代祖（仲启）自澶渊归葬，家于墓侧，故地以仲村名焉。"

乾隆年间的《兖州府志》载："（泗水县）仲子父母墓在县东六十里，地近泉林寺。"

康熙年间的《泗水县志》卷十三："仲子父母墓在卞桥东十里。"

临沂市出版的《蒙山文化研究》记载："（平邑县）仲村明清时有仲子祠，位于镇内民合村。今祠已废，双合村尚存清光绪三十三年（公元1907年）《重修仲子祠碑记》。1621年费县知县闫国脉立仲子故里碑。1905年费县知县公欣慕在仲村重立仲子故里碑。现碑已残，尚存仲子故三字。"

以上记载，都说明仲子父母的墓和仲子故里在今天的平邑县仲村境内。既然父母的墓在仲村，那么子路小时候生活的地方也会在仲村。至于说泉林镇的卞桥村也有仲子故里的牌坊，这就如同仲子庙建在泗水县东关一样，那是纪念物，并不能说明子路从小生活在那里。由于子路生活在卞邑的地盘，在卞邑城的位置立一块仲子故里的牌坊也未尝不可。从历史上讲，子路是卞邑人，泗水县人，仲子故里只是到后来才划为平邑县。

平邑县志中《重修仲子祠碑记》载："先贤仲夫子，卞人也。卞邑即泗之大卞桥，而费治又有小卞桥。又征志乘，费西境仲村为仲子故里，明侯闫国脉见之碑曰：仲子生身故里，其藜藿养亲之处。父老传闻，犹能仿佛道之。湫隘（jiǎo ài）。今无人居。西有桥，曰仲子三桥。东有祠，道光年碑志犹存。"

现在我们可以确凿地知道了仲子故里的大概位置，就在今天仲村镇西边的浚河边上。西有桥，是浚河上的桥，东有祠，是今天民合村的仲子祠。此处地势低洼，街巷狭窄，这是清人见到的仲子故里情况。

古之卞邑有大卞桥和小卞桥，大卞桥是今泗水县泉林镇卞桥村附近泗水河上的卞桥，小卞桥是今平邑县仲村镇西边浚河上的卞桥。在古代，这两座桥都在卞邑境内，故称大卞桥和小卞桥。仲子故里应该在小卞桥附近。

崇祯五年的《仲子三墓志》序中提道："余以水部督司河渠，尝于河浒见有仲夫子祠。不独是也，而于泗水创有特祠。不独是也，而于卞里复有古庙。"意思是不仅运河边上的仲家浅村和泗水县城有纪念仲子的祠庙，"卞里复有古庙"。卞里，指的是今天平邑县的仲村镇仲村。

清代末期，泗水人王廷赞写了一本诗集，在他的《排云诗集》里，有几首描写仲里仲子祠的诗。《仲里》一诗是这样写的：

"万木飒英风，山川气势雄。笃生贤好勇，守死孝移忠。

圣道干城寄，乡祠俎豆崇。范贻师百世，拟议愧言穷。"

这首诗是在平邑县仲村镇写的，当时这里的树林很多，万木飒英风。由于离蒙山很近，抬眼一看就是，所以诗里说"山川气势雄"。

明朝时，仲村隶属费县管辖。这里的仲子祠毁于明末战乱，清光绪年间祠堂得以重建，但"文化大革命"中再次被毁坏，现在可能已无踪影。很遗憾，当年笔者去仲村镇不知道仲祠一事，没有到民合村做一调查。仲村镇今天只有一个仲子广场，中央高耸着一座仲子塑像。仲村镇今天应当像泗水县复修仲子庙一样重新将仲子祠修复起来。

　　总体来看，在先秦历史人物中，像子路这样留下众多历史遗迹的人少有。子路的历史不仅是史书上记载的文字历史，而是筑造在中国大地上用实物垒起的历史。

　　子路的故事写完了。在一切都平息下去之后，笔者仍想着一个人，那就是原宪，子路一手带大的弟子。原宪也是鲁国卞邑人，他的家与子路的家相距不远。子路和孔子相继去世后，原宪和子贡等一批弟子在曲阜孔墓守孝三年。之后，弟子们各奔东西，原宪回老家卞邑，过起农耕生活。据说子贡独自又守孝三年，后回卫国从政和做生意。

　　原宪回来了，又回到子路小时候生活的那片土地。以原宪的学问和才能，为什么不在曲阜找个事做呢？这与他的性格和理念有关。原宪出生于公元前516年，比子路小二十七岁，十三四岁时可能被子路带到曲阜入孔门学习，受子路影响很大，后跟子路和孔子周游列国，是在子路和孔子身边年头最长的人。在经历了这么多的轰轰烈烈的事情之后，特别是子路的离世之后，原宪的心渐渐平静下来，对子路的思念之情常常充溢于心头。他厌倦了在曲阜的生活，回到家乡做一个田野的守望者。这片土地是子路生活过的地方，守着家乡就是守着夫子。

　　原宪不会充诎于富贵，周旋于官场，只能远离尘嚣，离群索居。儒家的固穷精神就体现在原宪这样的人身上。庄子是最了解原宪这类人的，他在自己的书中写道：

　　"原宪居鲁，环堵之室，茨以生草，蓬户不完，桑以为枢而瓮牖，二室，褐以为塞，上漏下湿，匡坐而弦。子贡乘大马，中绀而表素，轩车不容巷，往见原宪。原宪华冠縰履，杖藜而应门。子贡曰：嘻！先生何病？原宪应之曰：宪闻之，无财谓之贫，学而不能行谓之病。今宪，贫也，非病也。子贡逡巡而有愧色。原宪笑曰：夫希世而行，比周而友，学以为人，教以为己，仁义之慝，舆马之饰，宪不忍为也。"（《庄子·杂篇·让王》）

　　原宪住在鲁国，家住在巴掌大小的一间小屋里，屋顶都长着茅草，墙壁透风撒气，桑木为门，破缸为窗，用破衣服堵在漏缝之处。屋子上边漏雨下边潮湿，原宪却端端正正地坐着弹琴唱歌。子贡驾着马车，穿着暗红色的内衣和素雅的大褂，前去看望原宪。街巷狭窄，容不下高大华贵的马车。原宪戴着破帽子，穿着破了后跟的鞋，拄着藜杖在门口迎接。子贡说："哎呀！先生得了什么病吗？"原宪回答："我听说，没有财物叫作贫，学习了却不能付诸实践叫作病。如今我原宪，是贫困而不是生病。"子贡听了退后数步，面有愧色。原宪又笑着说："迎合世俗而行事，比附周旋而交朋结友，通过学识来博取别人的夸奖，通过宣教去炫耀自己，做事不讲仁义，追求宝马雕车和华贵装饰，我原宪是不愿去做的。"

原宪宁肯住在破漏的房子里，而不去干那些"仁义之慝、舆马之饰"的事。原宪真正实践了孔子所说的"不陨获于贫贱，不充诎于富贵"。受儒家学说的影响，历史上出现了不少原宪式的人物。违背仁义的事不做，荣华富贵的事不贪图。坚守朴素，不与权贵同流合污。君子安贫，达人知命。儒家文化对如何对待贫穷与富贵早已做出了解答。在今天这个市场经济时代，儒家的这些思想仍然值得国人深省。

儒家弟子的表现各不相同。冉求是鲁国政坛上炙手可热的人物，子贡是卫鲁齐晋楚越之间的巨商大贾，高柴还在鲁国默默地做官，颜回已经死去了。原宪隐居乡间，子夏返回了自己的家乡晋国，曾参、子张、有若等一批弟子仍在曲阜坚持治学。鲁国已聚集起一批文人学子，文化的力量从鲁国向各国扩散，终于有了后来的诸子百家崛起。

孔子与子路历经艰难险阻，建造了一座思想的高山。这座高山从此就光芒四射地巍然屹立在中华大地上。尔曹身与名俱灭，不废江河万古流。让我们永远记住子路这个奠基人物。在人们瞻仰孔子这座伟岸高山时，不要忘记与他并肩而立的子路。

后 记

《子路传》写完了，终于完成了多年来的一件心事。

中国是个历史悠久的国家，任何人对自己祖先的历史都会感兴趣，孔、仲、颜、曾这些家族只要一探索就会上溯到两千年以前。可是笔者在三十年前，对自己是子路的第七十五代孙，还茫然无知，只知道仲家的老窝在济宁，这还是从大爷爷写的蝇头小楷日记上看到的。大爷爷仲绍文是山东蓬莱县仲家村人，20世纪30年代曾在烟台一家报社任主笔，擅长文章。在这期间，他专程去济宁附近的仲家浅村寻根问祖，回来后将此事写在日记里。笔者从小在济南和蓬莱长大，对济宁这个仲家浅村并不熟悉。

1982年，笔者从上海复旦大学中文系毕业，分配到北京新华通讯社工作。1990年的春天，笔者到山东邹县发电厂搞调研。在招待所的房间里，有一份曲阜地区旅游图，上边标着仲子庙的位置。笔者想，这不就是济宁的仲家浅村吗？于是跟厂里要了一辆吉普车，匆匆去看了一眼。但庙门关闭，也没看见里面什么样，就回来了。回来后挺后悔，因为忘了问村里人辈分的问题。

1997年春天，笔者去济宁鲁花集团调研，距仲家浅村近在咫尺，也就有三十多里地。于是，再次前去寻根问祖。汽车从济宁开出，向东南只半个小时，便来到微山县的仲家浅村。村子很大，一千多户人家。在街上打听了一下，找到一位文化人仲肇覃，他在微山县的县志办工作，正好清明节回家。他说，这个村是于西汉末年从泗水迁移来的。公元18年，赤眉起义在莒县爆发，仲姓第十七代嫡孙仲世德为避赤眉之乱，率族人迁徙到这里。将近两千年过去，这个村子人口已发展成五六千人，也有一些杂姓。

仲氏第六十一代仲于陛，于康熙五年被赐进士第，世袭翰林，官阶正五品。自此，仲家浅村内有了仲府，即像曲阜那样的孔府，村内及周围一带地方事全由仲府执掌管理。到了仲于陛的孙子仲承述时，制定了仲姓下几代的辈字，顺序排列如下："蕴耀振贻绪，统延肇跻伟。崇惟昭光辉，怀如敦恒循。封典锡恩广，令德毓贤吉。昌旺胜明煌，荣茂超清香。国祚享贞利，乾坤乐太康。"笔者是"惟"子辈，算起来是子路的第七十五代孙。仲氏家族与孔子家族比较起来，繁衍速度差不多，后人今天都繁衍到七十几代，甚至八十代。

感谢仲肇罩！永远记着在他家里坐在小板凳上的这次谈话。接着，笔者和他一起前去瞻仰仲子庙。据他介绍，仲子庙在文化大革命前还保存完好，门前有一大牌坊，上书"气凌古今，志隘乾坤"八个大字。庙前有石墩子，庙门为六扇，宽敞高大。院内松柏森森，碑林密布。前后有两重大殿，一个后楼，左右有两庑。但此刻的仲子庙已经没有牌坊和庙门了。

敲了半天门，有一老者前来开门。进得院中，只见前院有几个草垛，几堆石子。一对六七十岁的老头老太住在院右侧的一间房子里，好像是看院人。

一前一后的两座大殿映入眼帘，屋顶飞檐凌空，气宇轩昂，但门窗经多年风吹雨淋，油漆早已脱落，呈现一片灰土色。由于殿门紧锁，我们无法进去，只好在院子转转。

仔细一看，不禁使人愁肠百结，痛心疾首。满院残垣断壁，门口不远有一堆石碑，有的拦腰截断了。两个厢房，古称两庑，已破败得不像样，且都成为羊圈和鸡窝，里面气味熏天，羊屎和杂草满地。笔者却在墙上惊讶地看到康熙皇帝的手迹："克绍家声。"原来南庑和北庑的墙上转着圈全是宋、明、清人的题字和碑刻。望着这些古代文人娟秀的字迹以及那些华丽的文章，再看看已成畜圈的厢房，心中不知是何滋味。宝贵的历史文物遭到了这样的对待，真是斯文扫地！这都是文化大革命期间极左思潮对文物古迹破坏的结果。

前殿与大殿之间的院子，早先的碑林和松柏已荡然无存，只是残碑断石散落各处。在前殿一侧，横卧竖倒着不少残破的石碑。其中一块大的长约三米，厚约五十公分，尤其引人注目。笔者上前念了一下，原来正是第六十一代仲于陛时的记事，碑文记叙了仲于陛被赐进士第、世袭翰林的经过。

大石碑仰面朝天，从1966年到现在，已躺了近四十年。上面的文字碑刻工整，但字迹已不甚清晰，恐怕用不了多少年，碑文就会看不清了。据仲肇罩说，庙内原先有石碑五十多尊，最高的龟驮碑有四五米多高。现在院内残存下来的大约只有一小部分。还有一块巨大而破损的石碑面朝下倒在前院的水池旁，成了守院人的洗衣台。

回北京之后，笔者写了一篇《重谒仲子庙》放在网上，后来笔者还写了一篇介绍子路的文章，就是这两篇文章引起一些仲氏人士对我的注意。

大概是2006年，山东省微山县的仲跻清和仲跻敏先生来京，他们那里成立了仲子研究会，进京想联系几个仲姓人士，就找到了笔者。仲跻清是微山县一中的校长，当年是山东大学文科的老大学生，笔者家就住在山大。聊起往事，我们谈得很高兴。后来看了仲跻清写的几篇文章，颇受启发。

2010年左右，黑龙江省讷河市的仲崇义先生给笔者寄了一本《仲里新志》，使笔者更多地了解了关于子路的事情。仲崇义先生在山东老家发现了旧本《仲里志》，与仲肇罩和仲跻清等人合伙整理再版，他们为仲家的历史做出了贡献。

2011年夏，笔者写的论述颛臾国的文章引起山东平邑县史志办王庆全先生的注意，他邀请笔者去考察了颛臾古城遗址和蒙山，同时参观了相距不远的仲村镇。这里就是仲子故里，但没有故居可寻，只到仲子广场谒拜了子路的塑像。

同年秋，笔者接到微山县仲跻敏和仲伟帅先生的邀请，去泗水考察仲子故里，整个活动由济宁市的仲维华先生安排。在泗水县笔者见到了《圣门之哲》一书的两位作者韩继谦和梁士奎先生，他们都是泗水县的领导。他俩合写的《圣门之哲》是笔者看到的关于子路研究最好的著作。我们与曲阜师范学院的骆承烈教授一起，考察了泗水泉林镇的卞桥三村，参观了一条小巷中的仲子故里，还游览了清代皇帝的泉林行宫。后来我们回到曲阜，参观了孔子故里尼山、梁公林、少昊陵等地。

这个时候，山东省微山县仲浅村仲伟帅先生还送笔者一本他写的小书，《仲子家世》。他依托老家的优势，把子路的事情做了简单的介绍。

2012年，笔者收到过山东省鱼台县李汉玉先生寄来的《子路评传》。

后来笔者应邀参加了徐州市和淮安市仲氏家人召开的仲子研讨会，认识了主办人仲卫华、仲伟进先生等人。各地仲家人都在加强对历史的研究，这也影响笔者不断加强对儒家历史及先人子路的了解。

2016年，接到江苏省海安县仲跻和先生的邀请，前去参加他们召开的修谱工作会议。仲跻和先生此时已经从仲崇义手里接过仲子华风研究会会长的职务，担负起在全国范围内修谱和写家志的艰巨工作。在这里见到了国防大学政治学院的仲彬教授，他写了不少弘扬子路精神的文章。

在这么多仲氏族人的推动下，子路研究取得了很大成就。笔者是在这么多人的鼓励和感召下，有了对一个历史人物的认识，最后导致了《子路传》的写作。在这个时候，笔者要感谢这些人。可以说，很少有一本书花费这么长的时间研究和准备。笔者相信这本书的出版，填补了历史一大空白，人们可以不用瞎蒙乱猜历史人物了。那些写文学剧本的，只要看了《子路传》，即使再想象虚构，也会建立在基本的历史事实上。一个历史人物只有到用文学艺术形式表现出来时，才真正地被历史和后人记住。这也是本书出版的一个目的：为文学作品和影视剧做铺垫。

在即将给出版社交稿时，笔者收到仲浅村仲伟帅发来的几张仲子庙今日的照片。看到仲子庙已经旧貌换新颜，从庙门到院里大殿全部焕然一新，心中不禁感叹：盛世出文物经典！我们国家的经济建设迅猛发展，有足够的财力物力修复文物古迹。子路这些先贤在历史上都受到如此高规格的纪念，难道在西风盛行的今天能被遗忘吗？《子路传》能在今天出版正是恰逢盛世。中华民族优秀的传统文化定能世代相传，发扬光大。

尤其高兴的是，正在将书稿交由中国文史出版社时，收到山东曲阜师范大学历史学教授、中国孔子文化传播促进会副会长、国际儒学联合会顾问骆承烈先生发来的短信："本书研精覃思，还原孔门初创的情景，以春秋路线再现孔子师徒的列国之行，以真实历史事件还原了孔门诸子的前后成就与贡献。该大作可填补中国儒学研究不足的空白，将真实地改写孔门初创的不确定论。"看后十分高兴，这是对笔者劳动成果的最大鼓励和肯定。感谢骆教授多年的指导与帮助。

祝我们伟大的祖国史学繁荣，文化昌盛，人民幸福！

2019 年 2 月